Jahrbuch

für Geschichte und Kultur der Mennoniten in Paraguay

Herausgegeben vom

Verein für Geschichte und Kultur
der Mennoniten in Paraguay

16. Jahrgang 2015

Umschlaggestaltung: Rendi Klassen, Grafil S.R.L Satz:
Gundolf Niebuhr
Korrektur: Beate Penner
Druck: Imprenta Litocolor, Asunción

Bibliografische Information der Deutschen Nationalbibliothek:
Die Deutsche Nationalbibliothek verzeichnet diese Publikation in der Deutschen
Nationalbibliografie; detaillierte bibliografische Daten sind im Internet über
http://dnb.dnb.de abrufbar.

Umschlaggestaltung: Rendi Klassen, Grafil S.R.L
Satz: Gundolf Niebuhr
Korrektur: Beate Penner
Satz und Layout für BoD: Rudolf Dück Sawatzky
Herausgeber: Verein für Geschichte und Kultur der Mennoniten in Paraguay
Herausgeber: Verlagsagentur JustBestEBooks.de Rudolf Dück Sawatzky.
25451 Quickborn, Deutschland
Herstellung und Verlag:
BoD – Books on Demand, Norderstedt, EAN 9783743117648

Jahrbuch 2015

für Geschichte und Kultur der Mennoniten in Paraguay

Schriftleitung:

Uwe Friesen	<gekome@chaconet.com.py>
Gundolf Niebuhr MA	<gundolfn@gmail.com>
Dr. Hans Theodor Regier	<theodor@rieder.net.py> Beate
Friesen de Penner	<beate.penner82@gmail.com>

E-Mail: menonitica@gmail.com   Internet:
www.menonitica.org

Umschlagfoto: Leutnant Estigarribia mit seinem Komandostab bei
Isaak Fehr in Laubenheim, Menno.

Inhaltsverzeichnis

Einleitende Gedanken

Uwe Friesen

Der Krieg als Mittel für den Frieden, oder: Mit Gewalt gegen Gewalt?

„Krieg ist der fürchterlichste Wahnsinn."
Arthur E. Elliott

„Jetzt, mit dieser erlebten Erfahrung eines Krieges, der beendet ist, kann mit Nachdruck behauptet werden, dass jegliche Gewaltanwendung Wahnsinn ist."
Roberto Böhrt Gastelú, bolivianischer Kriegsveteran

Als die paraguayischen Soldaten am 29. September 1932 die Fe- stung Boquerón nach 20 Tagen unerbittlicher und grausamer Kämpfe einnahmen, rief der paraguayische Leutnant Daniel Agui- lar reumütig aus, nachdem er die ausgemergelten Gestalten der bo- livianischen „Feinde" vor sich stehen sah: *„Mein Gott, mein Gott, so viel Feindlichkeit um dieses Landstück, das nichts wert ist...!"*
Das 20. Jahrhundert, ein Jahrhundert der Kriege mit insgesamt mehr als 150.000.000 Toten, hielt auch im südamerikanischen Chaco im Großformat Einzug, weil Menschen meinten, dass Töten Rechte und Frieden mit sich bringt. Der Chacokrieg zwischen den Brudernationen Bolivien und Paraguay war im 20. Jahrhundert   die

blutigste Auseinandersetzung auf dem amerikanischen Kontinent. Trotzdem ist dieser Krieg weitgehend noch ein „Blinder Fleck für die meisten HistorikerInnen", schreibt Thilo F. Papacek von der Freien Universität Berlin (/www.hsozkult.de/review/id/rezbuecher-20848?- title=test-url-titel).

Das Jahrbuch des Verein für Geschichte und Kultur der Mennoni- ten in Paraguay will keinen Krieg verherrlichen, sondern durch die Beiträge die Geschichte am Leben erhalten; erinnern, um dadurch aufzufordern, dass auch 80 Jahre nach Ende der blutigen Ausein- andersetzungen eines sinnlosen und wahnwitzigen Krieges Men- schen aufeinander zugehen und friedlich miteinander leben können. Und dass es eine Herausforderung ist, der man sich täglich stellen muss, friedliches Miteinander zu fördern und praktisch zu leben.

Es ist von Bedeutung, immer wieder darauf hinzuweisen, dass Krieg als Mittel der Politik nur zu gnadenloser Gewalt und Gräuel- taten führt, und dass, wo immer Gewalttaten und Kriege herrschen, auch die Frage einer friedlichen Lösung auftauchen sollte. Leider ist es bis heute so, dass dieser Friede größtenteils unter Druck von außen gesucht wird - im Chaco war es nicht eine große Ausnahme.

Das Mennonitische Zentralkomitee hat sich schon oftmals die Fra- ge gestellt, wie denn durch friedliche Handlungen Frieden in Kon- fliktgebiete gebracht werden kann. Es kann da nicht um Rechthabe- rei gehen, sondern es muss der Frieden gelebt werden. Kann man Gott, Jesus Christus und die Friedenstheologie des Neuen Testa- ments weglassen, wenn man Frieden leben will?

Ist es (ge)recht, wenn der scheinbar entscheidende Sieg der Para- guayer im Chacokrieg auch 80 Jahre danach noch gebührender ge- feiert wird als der Friedensschluss (29. September vs. 12. Juni)?

Ist es für Pazifisten wichtiger, den Frieden zu feiern, als selber Frieden zu leben, aufzubauen und instand zu halten? Wenn wir eine Friedenstheologie haben bzw. beanspruchen, sie zu haben, dann sollte doch der kleine Krieg unter uns beigelegt werden; dann sollte die Wehrdienstverweigerung nicht nur ein äußerliches Zeichen sein, sondern eine Lebenseinstellung beinhalten.

Tragen wir zum Frieden bei, wenn wir wirtschaftlich erfolgreich sind, viel erfolgreicher als (fast) alle Nachbarn im Land? Wie lange kann man da erwarten, dass nicht ein „Krieg" ausbricht, der von Neid und Hass geschürt ist?

Wie können wir die mennonitische Friedenstheologie stärken, da- mit die Gemeinden sich auf den Gebieten weiterbilden und Einsät- ze für Gewaltfreiheit organisieren?

Wie können wir das Friedenszeugnis klarer und effektiver anbieten, um Andersdenkende davon zu überzeugen, dass sie Frieden brau- chen?

Beim Lesen dieses Buches werden Sie feststellen, dass der Chacokrieg eine große Bedrohung für unser Land, Paraguay, aber auch für die Mennonitensiedlungen im Chaco, Menno (1927) und Fern- heim (1930), bedeuteten. Zugleich aber war das ganze Umfeld des Krieges, das mit ihm durch die mennonitischen Dörfer zog, eine gewaltige Herausforderung, sich mit dem Thema des Krieges und des Friedens auseinander zu setzen, und es als Chance zu sehen. Denn ungewollt sind Mennoniten wiederholt im Krieg Diener des Friedens geworden, indem sie Fremden eine Hilfe waren, und aber auch, indem sie von Fremden Hilfe erhielten.

Wir sind aufgefordert, Gewaltanwendung zu verhindern. Die Fra- ge, die dabei entsteht, ist dann: Bewaffnen wir uns oder mauern wir uns ein, um Ordnung zu halten, um Überfälle abzuhalten?... Um ein neues *Boquerón* zu verhindern?

Wer statt Militarismus zu fördern Krankenhäuser und Schulen baut, Ärzte, Verwaltungsfachleute und Lehrer ausbildet, Missionsarbeiter vorbereitet und Diener bereitstellt, stärkt die Gesellschaft. Das ist es doch, was der Chaco, was Paraguay heute braucht.

Zum Inhalt dieses Jahrbuches

Es stimmt uns dankbar, dass wir verschiedene Schreiber gefunden haben, die mit ihren Beiträgen den Inhalt des Jahrbuches vielseitig und lehrreich gestalten. Somit können wir einen breiteren Blick auf das Thema werfen und nicht nur den Krieg von 1932 - 1935, son- dern vor allem auch viele Aspekte beleuchten, die das Vorfeld und den anschließenden Frieden und ein friedliches Miteinander im Blickfeld haben.

Durch Erinnern, Analysieren und Reflektieren über den Chacokrieg und einigen Komponenten desselben wollen wir auffordern, sich Gedanken über Krieg und Frieden zu machen und dadurch selber einen Beitrag zum Frieden im Kleinen und Großen zu leisten.

Zu den Beiträgen:

Burt Klassen beschäftigt sich ausführlich mit den Verträgen, die vor dem Krieg gemacht wurden, und den Ansprüchen auf den „weißen Fleck" Südamerikas seit der Entdeckung durch die Spani- er im 16. Jahrhundert. Er kommt zu der Schlussfolgerung, dass der Krieg durch Verträge „zu den Akten" gelegt wurde. Die Frage ist, ob das in den Herzen der Staatsbürger auch geschehen ist.

Dass der Chacokrieg eine Verbindung - rückschauend - mit dem Dreibundkrieg und dem Schiedsspruch des nordamerikanischen Staatspräsidenten Rutherford Hayes hat, wird in dem Beitrag von Uwe Friesen hervorgehoben, der sich auf das Buch „Tierra dis- putada" vom U.S. Autoren John Fatherley bezieht. Der Chaco war ein „ungelöstes Thema", das sich durch die fast ganze Kolonisati- onsgeschichte Lateinamerikas und bis ins 20. Jahrhundert hinein gezogen hat.

Architekt Jorge Rubiani stellt einen Überblick über verschiedene Präzedenzfälle und Folgen des Krieges dar und rundet diese mit ein paar Überlegungen zur heutigen Situation im Land ab.

Hannes Kalisch stellt einen bedeutenden, aber von der offiziellen

Geschichtsschreibung grundsätzlich ignorierten Teil des Chaco- krieges dar. Die Eingeborenen haben diese gewaltsame Begegnung von Völkern ganz anders erlebt und empfunden und schildern des- halb ihre Situation auch anders. Dadurch lässt sich nachempfinden, dass die Grausamkeit des Krieges viele Seiten hat und viel mehr Menschen betroffen waren als nur die direkt an der Front kämpfen- den Soldaten.

Esther Breithof hat für ihre Doktorarbeit Forschungen im Chaco durchgeführt und gewährt uns einen Einblick in ihre Erkenntnisse über den vor 80 Jahren beendeten Krieg.

Gerhard Ratzlaff schreibt über die Begegnungen der Mennoniten mit dem Krieg und den Militärs und über Ereignisse, die in diesem Zusammenhang im Chaco geschehen sind, da der Krieg wenige Jahre nach Einwanderung der Mennos und Fernheimer in unmittel- barer Nähe ausbrach und diese Siedlungen stark beeinflusste, auch wenn die Kriegshandlungen nicht ihr Wohngebiet betrafen.

Da Krieg von verschiedenen Menschen und Volksgruppen unter- schiedlich empfunden und verstanden wird, untersucht Robert Wiens, wie unterschiedlich die Mennos und die Fernheimer den Krieg in ihrer Nähe miterlebt und darauf reagiert haben, um ein Friedenszeugnis zu vertreten.

Oftmals schon sind Mennoniten in Kriegsgebiete gekommen, oder der Krieg wurde auf verschiedener Art und Weise zu ihnen ge- bracht: In der Reformationszeit in Mitteleuropa, während der Zeit in Polen / Preußen (Schwedenkriege) oder auch in Russland (So- wjetunion). Krieg und Gewalt sind so Teil der mennonitischen Ge- schichte, wie auch in dem Aufsatz von Rodger Toews deutlich ge- macht wird, der sich auf die Situation der Mennoniten in Nordame- rika bezieht.

Um über Gewalt und seine Folgen nachzudenken, wirft Dr. Alfred Neufeld einen Blick in die Erfahrungen der Mennoniten um 1920 in der Ukraine, als sie einen Selbstschutz einführten, um sich gegen Angriffe bewaffneter Gruppen zu wehren. Am Ende wird aber die

Frage aufgeworfen, ob er nicht mehr Gewalt erzeugt hat, als wenn man auf ihn verzichtet hätte. Der Autor schlussfolgert: „... *es scheint beinahe noch stärker darum gegangen zu sein, verlorenes Eigentum zurück zu erbeuten, bzw. Wohlstand und Eigentum in Pri- vatjustiz mit der Waffe zu verteidigen.*"

Auch im Chaco gab es ja sehr schnell Begegnung mit Gewalt und Krieg.

Im kulturellen Teil werden einige Beiträge veröffentlicht, die sich auf den Chacokrieg beziehen, sowie etliche Bücher präsentiert, die bedeutende Inhalte zu verschiedenen Themen vorstellen.

Wenn Jorge Luis Borges, argentinischer Schriftsteller und Litera- tur-Nobelpreisträger behauptet, dass Paraguay „*Das einzige Land in Südamerika mit der Möglichkeit ist, eine nationale Literatur zu entwickeln, ... weil es eine Geschichte hat, die diese stützt*", dann sehen wir dieses Buch als einen Beitrag, die eigene Geschichte un- seres Landes, Paraguay, zu stützen, indem wir sie auf verschiedene Art und Weise reflektieren.

Ganz zum Schluss des Buches finden Sie noch das Protokoll der Jahresversammlung des Vereins für Geschichte und Kultur der Mennoniten in Paraguay.

Die Redaktionsgruppe des Jahrbuches wünscht angenehme Lektü- re.

Uwe Friesen, Vorsitzender

Von den Versuchen einer friedlichen Lösung der ungeklärten
Grenzsituation (Verträge vor dem Krieg) zur umkämpften
Festlegung der endgültigen Grenzen

Burt Klassen

1.   Die spanische Krone erobert den paraguayischen Chaco

Geschichte ist immer an Zeit und Raum orientiert und direkt mit diesen
Faktoren verbunden. Man kann sie ohne die Definition der- selben
nicht erzählen oder schreiben. Wenn es um den paraguay- ischen Chaco
geht, müssen wir erst eine generelle Studie der Er- oberungen Spaniens
in Südamerika und spezifisch im Río de la Plata machen, um den
Zusammenhang der Ereignisse in diesem Kontext zu verstehen.

Alles fing mit Christoph Kolumbus großer Entdeckung „Indiens" im
Jahre 1492 an. Nachdem das Eis gebrochen war, erkundete Juan Díaz
de Solís 1516 die Bucht vom Río de la Plata, die er damals noch Mar
Dulce nannte. Bei seinem Aufenthalt auf der Insel Martin García vor
der argentinischen Küste wurde er jedoch von den dort lebenden
Einheimischen, den Charrúas, ermordet. Seine Flotte rei- ste weiter und
erlitt vor der brasilianischen Küste auf der Höhe der Insel Santa
Catalina Schiffbruch. Hier blieben einige Matrosen zu- rück und
verlebten eine Zeit lang auf der Insel, wo sie die Ge- schichten der
Guaraní Indianer von der berüchtigten *Sierra de la Plata* zu Ohren
bekamen.

Begeistert von den Beschreibungen der Indianer, brach der aben-
teuerlustige Alejo García mit 2.000 Indianern auf, um dieses Land

zu erkunden. Jedoch nahm er nicht wie üblich den Wasserweg, d. h. den Fluss entlang; sondern er bezwang den Urwald und kam et- wa auf der Stelle an, wo später Asunción gegründet wurde. Hier wanderte er weiter flussaufwärts nach Norden bis er auf der Höhe der heutigen Stadt Bahía Negra ankam. Dort betrat er als erster Eu- ropäer im Jahr 1524 paraguayischen „Chacoboden". Da García für die spanische Krone arbeitete (er war gebürtiger Portugiese), hieß es nun, dass der Chaco (laut dem *Tordesillas Vertrag* von 1494) Spanien gehöre. Nachdem er seine Expedition bis zum heutigen Bolivien fortgesetzt hatte und mit edlen Metallen bepackt zurück- kehrte, wurde er auf dem Rückweg im heutigen San Pedro del Ycuamandiyú von den dortigen Eingeborenen ermordet.

Der Venezianer Sebastián Gaboto erkundigte im Auftrag der spani- schen Krone im Jahr 1526 auch den Río de la Plata und den Pa- ranáfluss.

Und dann schlug die Stunde des Eroberers, der die spanische Herr- schaft über das Río de la Plata Gebiet und damit auch den Chaco besiegeln sollte: Don Pedro de Mendoza. 1534 wurde er dazu be- auftragt, ein riesiges Gebiet in Südamerika zu erobern, die spätere sogenannte Provincia Gigante de las Indias. Das Gebiet sollte im Norden fast am Amazonasfluss grenzen, im Westen an den Gebie- ten Pizarros und Almagros (heute Perú), im Osten an der imaginä- ren Linie des *Tordesillas Vertrages* und sich im Süden bis nach Feuerland erstrecken. 1536 kam er im Río de la Plata an und grün- dete Buenos Aires. Nachdem er am Paranáfluss entlang einige Stützpunkte hatte gründen lassen, schickte er im Jahr darauf seinen Kapitän und Leutnant Juan de Ayolas auf eine neue Expedition von Buenos Aires flussaufwärts, während er todkrank nach Spanien zu- rückkehrte und unterwegs starb. Ayolas sollte endlich die Mission erfüllen und die *Sierra de la Plata* finden. So kam es, dass am 2. Februar 1537 in Paraguay im Chaco ein wenig südlich vom heuti- gen Bahía Negra, im Gebiet der Payaguá Indianer, der erste   Stützpunkt Spaniens von ihm gegründet wurde: Candelaria. Danach durchquerte er den Chaco bis zum Gebiet der Chané Indianer, die ihm dann auch edle Metalle zeigten, bevor er die Rückkehr antrat.[1]

2. Die Wurzel aller Streitigkeiten: Ereignisse in der Epoche der Konquista

Die Epoche der Geschichte Paraguays, in der man üblicherweise den Werdegang der Konquista (Eroberung) eingliedert, ist durch Gründung von Stützpunkten und Städten, blutigen Auseinanderset- zungen mit den Indianerstämmen und Explorationsreisen durch den Chaco mit dem Ziel, das *El Dorado* oder auch die *Sierra de la Pla- ta* zu erreichen, um Gold oder Silber auszubeuten, charakterisiert (ca. 1500 bis 1600). Ansonsten war der Chaco ein Niemandsland, in dem verschiedene kriegerische Indianerstämme lebten. Ab und zu machte man diese Explorationsreisen mit der Absicht, die rebel- lischen Indianer dieser Zone zu unterwerfen, da sie die Sicherheit der Einwohner Asuncións auf ihren Raubzügen in Frage stellten.

Der renommierte paraguayische Historiker und Politiker Efraim Cardozo behauptet, dass Paraguay drei Mal aus rechtmäßigen Gründen seine Grenzen im Chaco verteidigt hat. Zum ersten Mal in der Kolonialzeit (die Konquista mit einbezogen), dann während dem Schiedsspruch von Laudo Hayes und zuletzt vor und nach dem Chacokrieg; die letzten zwei Ereignisse schon während der Unabhängigkeit. Diese drei Höhepunkte der Verhandlungen und Verträge um die Grenzen des Chacos sollen anschließend analy- siert werden.

Expeditionen durch dieses Niemandsland der Spanier machten

---

[1] GONZÁLEZ DE BOSIO, Beatriz. *La Conquista. Kapitel II. SS.* 43- 131. In: *"Crónica Histórica Ilustrada del Paraguay"* Asunción. Aramí Grupo Empresarial Verlag. 2006. SS. 81- 100

Domingo Martínez de Irala, Alvar Núñez Cabeza de Vaca, Nufrio de Chaves und ein wenig später auch noch Hernandarias. Vorher hatte der König von Spanien im Jahr 1553 den Sitz des Erzbistums vom Plata in Paraguay gegründet. Laut dem Ex-Gouverneur von Paraguay, Joaquín de Alós y Bru (1786- 1796), soll in einem Brief, der an den Königshof von Madrid adressiert war, gestanden haben, dass dieses Erzbistum sich bis zum Parapitífluss im Norden des Chacos erstrecke und somit an dem von Charcas (das zu Alto Perú gehörte) grenze. Es stehe nicht geschrieben, dass es dem Alto Perú gehöre (heute Bolivien) und deshalb, schlussfolgere man, dass   es
Paraguay gehöre.[2]

Die Expedition von Chaves entfachte das Wettrennen um den Cha- co schon im 16. Jahrhundert (obzwar er insgesamt vier oder fünf Mal den Chaco erkundete). 1558 zog dieser Eroberer von Asunción mit 158 Spaniern und 1500 Eingeborenen den Paraguayfluss auf- wärts. Die Mission lautete: Man solle bis zum Gebiet der Xarayes
Lagune vordringen, um dort eine Stadt zu gründen, von der aus man leichter zum berüchtigten *El Dorado* vordringen könne.[3] Cha- ves, der die Expedition anleitete, hatte aber nicht die Absicht, eine Stadt in der Jurisdiktion der in Asunción wohnenden Autoritäten   zu gründen (Provincia Gigante de las Indias), sondern eine, in der er mehr Autorität hätte. Auch dass eine Gruppe seiner Anhänger als

---

[2]DEL POZO CANO, Raúl. El Chaco paraguayo y el Vaticano. Asunción. Imprenta Nacional Verlag. 1927. SS. 21- 23

[3]Die Xarayes Lagune war tatsächlich das Gebiet des Pantanal in Brasilien, Bolivien und Paraguay wo die Spanier im 16. Jahrhundert vermuteten, dass der Paraguayfluss entsprang. Man beschrieb diese Lagune als einen wunderbaren Ort wo man jegliche Wonnen und Lüste der Welt genießen könnte. Die Indianer, die dort lebten nannte man im üblichen Sprachgebrauch ‚Xarayes'. Laut Quellen soll der Ort auch oft mit dem ‚El Dorado' oder mit dem Inkareich verwechselt worden sein. Erhalten am 13.02.2015 aus *Acanomas; Juegos tradicionales, entretenimientos y diversión. Xarayes (Laguna de   los)*.   In: http:// www.acanomas.com/Diccionario-de-la-Lengua Espanola/256461/Xarayes-%28 Laguna -de-los%29.htm

Deserteure nach Asunción zurückkehrte, hielt ihn nicht auf. Chaves trieb die Karawane immer weiter, bis er westwärts am Guapayfluss (oder Grande) im Jahr 1559 die Stadt Nueva Asunción gründete.

Bald darauf traf ein weiterer Spanier mit Vollmacht vom Vizekönig ein, und zwar aus Andrés Manso Perú, um die Zone zu erobern. Kurz bevor das Aufeinandertreffen in einem Blutbad eskalierte, entschlossen die beiden Eroberer sich dazu, Chaves nach Lima zie- hen zu lassen, um den Vizekönig selbst mit der Schlichtung des Streites zu beauftragen. Andrés Hurtado de Mendoza, Vizekönig von Perú (und Verwandter von Chaves), machte Folgendes: Die umstrittene Zone wurde zu einer neuen Provinz ernannt und sie sollte fortan *Mojos* oder *Moxos* heißen. Als Gouverneur ernannte er seinen Sohn García Hurtado de Mendoza und Chaves als   Leutnant

und somit als Führer der Gegend der neuen Stadt.[4] Chaves hatte al- so eine Stadt im Auftrag der Asuncioner in ihrer Jurisdiktion ge- gründet, den Streit um dieselbe aber vom Vizekönig in Lima schlichten lassen und von ihm die Vollmacht erhalten, ein Land zu besiedeln, in dem er mehr Autorität hätte. Das führte dazu, dass die Paraguayer immer wieder vehement darauf bestanden, dass das von Chaves besetzte Gebiet in ihrer Jurisdiktion sei, während die Pe- ruaner es für sich beanspruchten. Obzwar hier von Grenzen noch keine Rede sein kann, entstand daraus jedoch schon ein Jurisdikti- onsproblem, das in Zukunft das „Grenzproblem" zwischen Para- guay und Bolivien schüren sollte.

1563 wurde die *Real Audiencia de Charcas* als eines der sechs Ge- richtsbezirke vom Río de la Plata von König Phillip II. gegründet. Die *Audiencia de Charcas* war dem Vizekönigreich von Perú un- terstellt und Paraguay fiel in allem, was juristische Angelegenhei- ten anging, in ihren Zuständigkeitsbereich. Diese hatte jedoch nicht

---

[4]CARDOZO, Efraím. El Paraguay de la Conquista. Asunción. El Lector Verlag. 1996. SS. 88- 91

die Befugnis zu regieren. Sie konnte lediglich Revisionsverfahren in Gerichtsangelegenheiten ausführen. Diese *Audiencia* wurde oft als Argument gebraucht: Von bolivianischer Seite, um den Chaco als rechtmäßiges Gebiet zu verteidigen, und von paraguayischer Seite, um das Gegenteil zu beweisen.[5]

Juan Torres de Vera y Aragón war der fünfte und letzte vom spanischen König ernannte *Adelantado* für die Region der Provincia Gigante de las Indias, in der Paraguay auch lag.[6] Dieser Posten wurde ihn im Jahr 1578 zugeteilt. Jedoch regierte er anfänglich nur bis 1580. Ab diesem Jahr setzte er Stellvertreter ein, um den Posten dann 1578 erneut für kurze Zeit zu besetzen, bevor er wieder einen Stellvertreter einsetzte und dann im Jahr 1591 endgültig dieses Amt niederlegte.[7] In dieser Zeit wurde die Gründung einer Stadt vollzo- gen, die für den Chaco von wichtiger Bedeutung war, nämlich

Concepción del Bermejo. Es war schon ein Bestreben des vorheri- gen *Adelantados* Juan Ortíz de Zárate gewesen, eine Stadt zu grün- den, die die Verbindung zwischen Asunción und La Plata (La Plata ist heute Sucre in Bolivien) in der *Audiencia de Charcas* herstellen sollte. Sein Neffe Alonso de Vera y Aragón, auch bekannt als *Cara de perro* (Hundegesicht - wegen seiner schlechten Gebärden und Grimassen), übernahm diese Aufgabe, indem er am 14. April 1585 am Bermejo ungefähr 40 *Leguas* flussaufwärts von der Mündung im Paraguayfluss die Stadt La Concepción de Nuestra   Señora

---

[5]DOMÍNGUEZ, Manuel. El Chaco fue, es y será del Paraguay. Asunción. Imprenta Nacional Verlag. 1927. S. 65

[6]Ein ‚Adelantado' war im Mittelalter ein Beamter der kastilischen Krone mit richterlichen und Regierungskompetenzen für einen festgelegten Bereich. Titel und Amt wurden später auch in der Kolonialverwaltung in Amerika verwendet. Es bedeutet auch wörtlich „Vorgerückter" vom spanischen „adelantarse". Erhalten am 21.03.2015 aus *Adelantado.* In: http://de.wikipedia.org-/wiki/Adelantado

[7]GONZÁLEZ DE BOSIO. 2006. S. 50

gründete; besser bekannt als Concepción de Buena Esperanza oder Concepción del Bermejo.

Während seinen Kundschaftsreisen in der Umgebung, stieß Alonso de Vera y Aragón auf die Bewohner von Santiago del Estero, die ihn sofort beschuldigten, im Gebiet der Provinz Tucumán einge- drungen zu sein und sich sogar mit Indianern von dieser Zone be- dient zu haben. Infolgedessen schrieb er den Bischof von Tucumán, Fray Francisco de Vitoria, einen Brief mit der Bitte, doch den Schiedsspruch bei diesem Grenzproblem zu fällen.

Um das Gebiet auf legitimer Art zu verteidigen, berief er sich auf Kapitulationen der *Adelantados* wie Pedro de Mendoza, Juan de Sanabria, Juan Ortíz de Zárate und nicht zuletzt auch auf die Expe- ditionsreisen von Ayolas, Irala, Alvar Nuñez und seine eigenen durch dieses Gebiet, das die Paraguayer seit den Anfängen ihr Ei- gen nannten. Die Bewohner von Santiago del Estero erhoben An- spruch bei der *Audiencia de Charcas*. Die *Audiencia* beschloss, dass der neue Gouverneur von Tucumán, Ramírez de Velasco, nach Untersuchung und Bestätigung der Anschuldigung Vera y Aragón vertreiben sollte. Dieser jedoch behauptete, dass sie hier kein Recht auf solche Entscheidungen hätten, da er die Stadt im Namen des Königs gegründet habe. Da die Krone nichts von sich hören ließ, entschied Fray Vitoria zu Gunsten der Provinz von Paraguay (Gobernación del Paraguay).[8]

Dieses Ereignis war die erste Verteidigung der Grenzen des Chacos in der Geschichte, die zu Gunsten von Paraguay ausfiel. Jedoch sollte sich dieses Phänomen noch mehrere Male wiederholen. Der Dozent und Journalist Manuel Domínguez zitiert in diesem Zu- sammenhang das Recht, das die Asuncioner unter Anleitung des Gouverneurs Hernandarias im Jahr 1598 erhalten hatten; nämlich ihre Viehherden im Chaco und spezifischer noch, in einem Um-

---

[8]CARDOZO. 1996. SS. 137- 138

kreis von 100 *Leguas*[9] von Asunción zu weiden.[10]

3.   Grenzprobleme   während   der   Kolonialzeit
Die Kolonialzeit ist die Epoche der Geschichte Paraguays, in der die
Spanier schon feste Stützpunkte und Städte errichtet hatten und in
weiten Gebieten Südamerikas ihre Kolonien durch Autoritäten, die die
spanische Krone speziell für Amerika ernannt hatten, re- gierten (ca.
1600- 1811). Diese Regierung wurde durch Gesetze wie die
Encomienda sowie missionarischen Einsätzen der katholi- schen Kirche
wie die Jesuitenorden gefestigt. Diese versuchten tat- sächlich die
Guaicurú um 1609 und im Jahre 1723 von Chiquitos im Norden mit
der Reduktion San Ignacio de los Zamucos zu mis- sionieren. Die
Reduktion musste jedoch 1750 wieder aufgegeben
werden.[11]

Weitere Ereignisse, die die paraguayische Präsenz im Chaco in die- ser
Zeit bestätigen, sind Folgende: 1618 schickte man Truppen los, um die
aufständischen Indianer im Chaco zu bekämpfen und zu
„zivilisieren". Alles wurde von Asunción aus organisiert und
durchgeführt. Ab 1662 sollen sechs Stützpunkte von paraguay- ischer
Seite aus im Chaco gegründet worden sein.[12] 1783 wurde Pedro Melo
de Portugal als Gouverneur in Paraguay ernannt. Die-
ser Gouverneur war vor allem dafür bekannt, dass er den Stütz- punkt
Fuerte Borbón, später umbenannt in Fuerte Olimpo, im Cha-

---

[9]Die spanische Legua im sechtzehnten Jahrhundert betrug zwischen 5.572 und 5.914 Km. Erhalten am 04.04.2015 aus *Legua.* In: http://es.wikipedia.org- /wiki/Legua

[10]DOMÍNGUEZ. 1927. S. 65

[11]KLASSEN, Peter P. Die Mennoniten in Paraguay. Band 2: Begegnung mit Indianern und Paraguayern. Bolanden- Weierhof. Mennonitischer Geschichts- verein e.V. 1991. S. 35

[12]DOMÍNGUEZ. 1927. Ebd.

co einrichtete. Dieser Stützpunkt war immer wieder ein Beweis des paraguayischen Vorstoßes im Chaco. Weiter beauftragte er auch den paraguayischen Katechet Amancio G. Escobar im Jahr 1778, die Reduktion Melodía im Chaco zu gründen und zu errichten.[13]

4.   Präzedenzfälle während der Unabhängigkeit bis zum Schiedsspruch von Hayes

Im Jahr 1811 wird Paraguay zum ersten Mal in der Geschichte in einem öffentlichen Vertrag der sogenannte *uti possidetis* (Latein: wie ihr besitzt) anerkannt. Der *uti possidetis* war ein Recht, das die neuen unabhängigen Länder der spanischen Krone gebrauchten, um Eigentümer verschiedener Territorien in den früheren Gebieten der spanischen Krone zu bestätigen. 1820 bekräftigt Dr. Francia, dass der Chaco bis zum Jaurúfluss Paraguay gehört.

1852 erfolgt in einem Vertrag von Seiten der Bolivianer der erste Protest über die Besetzung des Chacos durch Paraguay, verfasst vom damaligen bolivianischen Außenminister Juan de la Cruz Benavente. Weitere Versuche im Chaco einzudringen, erfolgten immer wieder durch die Brasilianer. Sie versuchten, die Stellung Paraguays bei Fuerte Borbón und Bahía Negra streitig zu machen, was jedoch dank der diplomatischen Bemühungen von Don   Carlos
Antonio López nie zustande kam.[14]

Nach dem Dreibundkrieg spielte Argentinien die Rolle des pazifistischen Bruders, der sich um die realen Interessen der Paraguayer kümmerte. Brasilien griff währenddessen frontal in die Politik Paraguays, indem sie Kandidaten für die Präsidentschaft vorherbestimmten usw. Auch zogen die Argentinier fast all ihre Soldaten

---

[13]BAEZ, Cecilio. Historia Colonial del Paraguayy del Río de la Plata. Asunción. Carlos Schauman Editor Verlag. 1991. SS. 74, 75 und 121

[14]Ebd. SS. 151- 155 und 165

zurück (außer einigen wenigen, die sie in der Villa Occidental - heute Villa Hayes - stationiert hielten), während die Brasilianer noch viele Truppen in Asunción stationiert hielten. Damit fing indi- rekt auch schon der Streit um das Territorium des Chacos zwischen den Flüssen Paraguay, Pilcomayo und Verde an.

1869 setzten die Alliiertenmächte (Brasilien und Argentinien) die Triumviratregierung (Rivarola, Loizaga und Díaz de Bedoya) ein. Diese erhielt schon bald eine Nachricht vom argentinischen Gene- ral Emilio Mitre, der ihnen erläuterte, dass ein gewisser Amerika- ner Namens Eduard A. Hopkins im Chaco eine Sägerei besitze und seine Steuern an Argentinien zahlen wolle, da der Chaco Argenti- nien angehöre. Infolgedessen würde er so schnell wie möglich eine Garnison mit einem Vorgesetzten zur Villa Occidental befördern, damit dieser die argentinische Fahne dort hisse, da der Chaco ex- klusiv dem argentinischen Staat gehöre. Dieser Andeutung wurde am 17. November Folge geleistet. Das Triumvirat sandte einen Brief an die argentinische Regierung, jedoch ohne Erfolg.

1871 ernannte Argentinien auch einen Gouverneur für diesen neu- en Teil ihres Staates im Chaco, der in der Villa Occidental seinen Sitz haben sollte: General Julio de Veda.[15] Viele solcher und ähnli- cher Ereignisse (eine Revolution auf den Straßen Asuncións, die von Argentinien und Brasilien zur Regierungszeit von J. B. Gill angefacht wurde u. a.) verschärften die diplomatische Situation zwischen Paraguay und Argentinien. 1876 legten die Außenmini- ster von Argentinien (Bernardo Irigoyen) und Paraguay (Facundo Machaín) deshalb die Indikatoren des Schiedsspruchs vom US- Präsidenten Rutherford B. Hayes im *Irigoyen-Machaín* Vertrag

---

[15]Vgl. SALUM- FLECHA, Antonio. Historia Diplomática del Paraguay, de 1869 hasta nuestros días. Asunción. Intercontinental Editora Verlag. 7ª Ed. 2007. S. 31 und AMARILLA FRETES, Eduardo. El Paraguay en el primer cincuentenario del fallo arbitral del Presidente Hayes. Asunción. Imprenta Nacional de Asunción Verlag. 1932. SS. 89- 90

fest, da beide Seiten sich nicht einigen konnten.

5.   Der Schiedsspruch von Hayes

Im dem erwähnten Vertrag waren die Voraussetzungen und Richtlinien der beiden Länder und ihre Verteidigung des Territoriums im Chaco zwischen den Flüssen Paraguay, Pilcomayo und Verde (südlich) festgelegt worden. Beide Länder bekamen eine Frist, in der sie Dokumente sammeln und dem gewählten Schiedsrichter zu- kommen lassen durften. Argentiniens Dokumente wurden zwei Ta- ge vor Vollendung der Frist vom Diplomaten Manuel R. García in Washington abgegeben, während Paraguays Diplomat, Benjamín Aceval, sie am letzten Tag der Frist in derselben Stadt abgab.

Rechtsanwalt Dr. Benjamín Aceval, der Paraguay vertrat und verteidigte (dabei wurde er vom Minister José Falcón unterstützt), hat- te die schwierige Mission, Paraguay mit einem vom Dreibundkrieg ausgeraubten Archiv (Dokumente von 1811 bis 1870) zu verteidi- gen. Jedoch hatte er den Vorteil, dass er zahlreiche Dokumente vorfand, die der Kolonialzeit entstammten und wiederholt den Chaco in seiner Ganzheit als paraguayisches Territorium unter- strich und behauptete. Die Dokumente und Beweise, die Dr. Ace- val über die Rechtsgültigkeit Paraguays auf den Chaco aufzuwei- sen hatte, waren so überzeugend, dass der argentinische Diplomat García Folgendes wortwörtlich in einem Brief an den argentini- schen Präsidenten schrieb: *„Die Dokumentation Argentiniens   war so bedauerlich, dass ich mich dringend gezwungen sah, mehr Be- weise aufzustöbern. "*[16]

Die berühmteste Behauptung Acevals ist jedoch die, die er in Be- zug auf den Schiedsrichter (Präsident der USA) und seinem Land vor dem Schiedsspruch machte: *„Mein Gewissen ist ruhig   ange-*

---

[16]CARDOZO, Efraim. Paraguay Independiente. Asunción. Servilibro Verlag. 2010. S. 374. Übersetzung des Autors.

sichts der positiven Gründe, die mich motivieren; denn wir haben die Grenzangelegenheit der Entscheidung eines unparteiischen Mannes, einem würdigen Richter einer großen und mächtigen Na- tion übergeben, er wird Gerechtigkeit walten lassen für ein durch die negativen Resultate der Waffen geschwächtes Volk, das sich je- doch gestärkt durch die Gewissheit ihres Rechts in diesem Fall präsentiert, da sie ihr Vertrauen in die Illustration und Richtigkeit eurer Exzellenz setzt".[17]

Auch muss man die Hintergründe des amerikanischen Präsidenten Rutherford B. Hayes einmal erwähnen. Er war ein authentischer Repräsentant des amerikanischen Volkes. Im Sezessionskrieg hatte er auf der Seite der Nordstaaten gekämpft, wo er sich bis zum Grad des Brigadegenerals emporgearbeitet hatte. Er hatte einen Ab- schluss in Rechtswissenschaften und war Abgeordneter des Staates Ohio. Später wurde er ein ausgezeichneter Redner und Anführer der politischen Partei der Republikaner. 1866 wurde er zum Gou- verneur von Ohio und 1877 zum Präsident der Vereinigten Staaten von Amerika gewählt.

Am 12. November 1878 fällte er folgenden Schiedsspruch:

Rutherford   B.   Hayes
Präsident der Vereinigten Staaten von Amerika
An alle, die diese Angelegenheit betrifft- Gesundheit.
Deshalb bekunde ich, Rutherford B. Hayes, Präsident der Vereinig- ten Staaten von Amerika, indem ich die Darlegungen und Doku- mente gründlich überprüft habe, dass ich entschieden habe, dass die Republik von Paraguay völlig aufrichtigen und legalen Titel auf das schon genannte Territorium hat, das sich zwischen den Flüssen Pilcomayo und Verde befindet, wie auch die Villa Occidental, die

---

[17]AMARILLA FRETES, Eduardo. 1932. S. 94. Übersetzung des Autors.

Präsident Rutherford B. Hayes

Dr. Benjamín Aceval

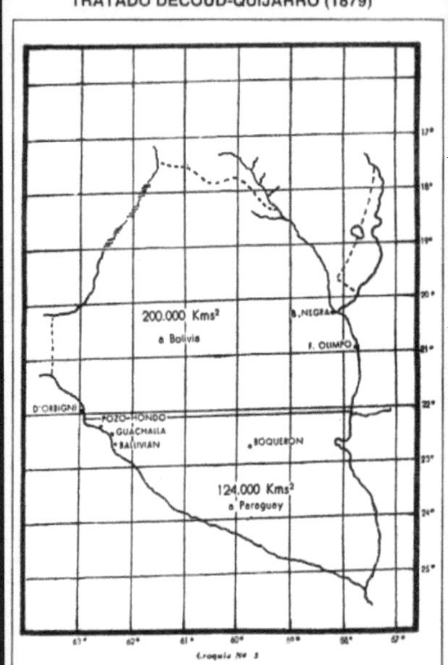
TRATADO DECOUD-QUIJARRO (1879)

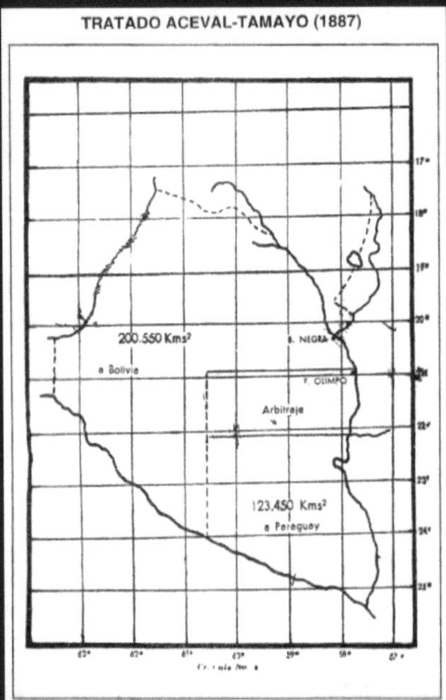
TRATADO ACEVAL-TAMAYO (1887)

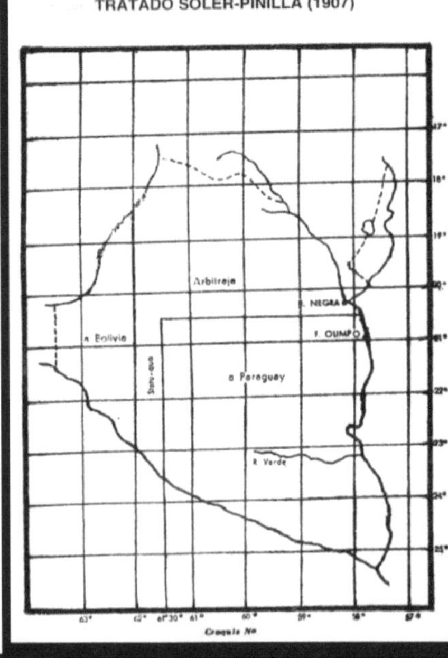
TRATADO SOLER-PINILLA (1907)

6.   Die Grenzverträge zwischen Paraguay und Bolivien kurz
        vor dem Krieg (Die nicht-ratifizierten Verträge)

Nach dem Schiedsspruch von Hayes reagierte Bolivien schnell, da man sich im Pazifikkrieg (1879-1883) befand und den Zugang zum Pazifischen Ozean bedroht sah, und schickte unumgänglich den diplomatischen Bevollmächtigten Dr. Antonio Quijarro nach Asun- ción. Das Ziel Boliviens war es, einen Vertrag mit Paraguay zu machen, der Bolivien das Recht geben sollte, ein Stück des Kü- stengebietes des Paraguayflusses für sich zu beanspruchen, um den Fluss bis zum Río de la Plata als Transportweg zu benutzen und damit einen zum Atlantischen Ozean zu haben. Dieser überzeugte den paraguayischen Diplomaten José Segundo Decoud, ohne ir- gendein Dokument als Beweis der bolivianischen Bevollmächti- gung des Territoriums vom Chaco vorzuweisen, am 15. Oktober 1879 von den hervorragenden ökonomischen Vorteilen, die ein Vertrag für sie hätte. Jedoch fand der paraguayische Kongress die- sen Vertrag für absurd und ratifizierte ihn nicht, während Boliviens

Senat ihn schon ratifiziert hatte.[19] Sowie die Karte zeigt, sollte eine

Linie parallel zum 22° Breitengrad entlang gezogen werden (auf der Höhe vom Apafluss), die an der Westseite zwischen D'Orbigny und Pozo Hondo verlief. Dadurch sollte Bolivien eine Fläche von

200.000 km² zugestimmt werden, während Paraguay sich südlich mit einer Fläche von 124.000 km² begnügen sollte.[20]

Danach stagnierten die Beziehungen bis 1886, das Jahr in dem General Patricio Escobar als Präsident antrat. Während seiner Präsidentschaft nahm die bolivianische Regierung die Verhandlungen

---

[19]SALUM- FLECHA, Antonio.7ª Ed. 2007. SS. 95- 96

[20]Ebd. S. 97

wieder auf. Dazu sandten sie im Jahr 1887 den diplomatischen Bevollmächtigten Dr. Isaak Tamayo nach Asunción, der mit dem paraguayischen Außenminister Benjamín Aceval verhandeln sollte. Dieser hatte schon viele Erfahrungen in Verhandlungen. Jedoch scheint er hier von der so gepriesenen Überlegenheit der boliviani- schen Armee eingeschüchtert gewesen zu sein, denn in dem dama- ligen Vertrag ließ er es zu, dass Bolivien wieder das größere Stück der „Chacotorte" bekam.

Der paraguayische Senat ratifizierte selbigen wieder nicht, während der bolivianische es schon hatte. Paraguay sollte wie üblich den südlichen Teil zwischen den Flüssen Pilcomayo und Paraguay kriegen. Aber diesmal wollten die Bolivianer noch mehr, nämlich das Stück Territorium, wo sie ihre Stützpunkte schon installierten, der südwestliche Teil in der Nähe des Pilcomayofluss (siehe Kar- te). Paraguay verbliebe dann also nur mit 123.450 km², während im Norden ein großer Streifen einem Schiedsspruch unterstellt werden sollte. König Leopold II. von Belgien sollte den Schiedsspruch aus- führen. Bolivien verbliebe dagegen mit einem Territorium von   circa 200.550 km².[21]

Der darauffolgende Vertrag ist der *Benítez-Ichazo* Vertrag vom Jahr 1894. Als die bolivianische Regierung merkte, dass man wohl keine Ratifizierung der vergangenen Verträge (1879 und 1887) im paraguayischen Senat herbeiführen könnte, sandten sie 1894 den Bevollmächtigten Dr. Telmo Ichazo zu Verhandlungen nach Paraguay. Er musste mit dem paraguayischen Außenminister Dr. Gre- gorio Benítez verhandeln. Bevor sie jedoch mit den Verhandlungen begannen, sahen sie sich gezwungen, die vorigen zwei Verträge als null und nichtig zu deklarieren, was am 3. August 1894 zu Proto- koll geführt wurde.

---

[21]Ebd. SS. 107- 109

Am 23. November desselben Jahres wurde der *Benítez-Ichazo* Ver- trag unterschrieben. Der Vertrag sah folgende Linie als Grenze zwischen beiden Ländern im Chaco vor: Vom Paraguayfluss drei *Leguas* oberhalb von Fuerte Olimpo sollte eine Linie schräg bis zum Hauptarm des Pilcomayo verlaufen. Sie sollte beim Pilcoma- yofluss auf den 61° und 28 Minuten Längengrad enden. Weiter sollten beide Länder nach 12 Monaten, nachdem dieser Vertrag ra- tifiziert würde, Beauftragte einstellen, die die definitive Grenze festlegen sollten. Danach stünden Paraguay 123.325 km² zur Ver- fügung, während Bolivien 220.675 km² besetzen dürfte. Und wie das Sprichwort sagt „Aller guten Dinge sind drei", war es der dritte Vertrag, der schon weit im Voraus von der Presse verworfen und
im Senat nicht ratifiziert wurde. [22]

Da Bolivien merkte, dass die Absichten, den Chaco mittels diplo- matischer Wege zu erobern, scheiterten, versuchten sie es anhand des sogenannten „friedlichen Eindringens". So gründeten sie zu Anfang des 20. Jahrhunderts am Ufer des Pilcomayos zwischen den 62 und 63° Meridian die Stützpunkte Ballivián und Guachalla, woraufhin der paraguayische diplomatische Bevollmächtigte in La Paz, Dr. Pedro Peña, sofort ein Protestschreiben an die boliviani- sche Regierung richtete. Um Vorfälle zwischen den Ländern vor- zubeugen, vermittelte die argentinische Regierung und bewegte sie dazu, den *Soler-Pinilla* Vertrag am 12. Januar 1907 zu unterschrei- ben (welcher von vielen Autoren nicht als Vertrag, sondern als Ab- kommen - convenio - bezeichnet wird).

Hier verhandelten der paraguayische Finanzminister Dr. Adolfo Soler und der bolivianische Außenminister Claudio Pinilla im Bei- sein vom argentinischen Außenminister (Landinhaber im Chaco) Estanislao S. Zeballos in Buenos Aires. Als Schiedsrichter des Ver-

---

[22]SALUM- FLECHA, Antonio.7ª Ed. 2007. SS. 110- 113

trags wurde der argentinische Präsident Dr. Figueroa Alcorta im Vertrag ernannt. Entscheidendes findet sich in den Artikeln 2 und 7.

Laut dem Artikel 2 wird die Zone, in der das Gebiet des Schiedsspruch fallen sollte, zwischen dem Breitengrad 20°30' S und der Linie, die Paraguay im Norden als seine Grenze beanspruchte, und im Chacoinneren zwischen den Längengraden 61°20' und 62° O definiert.

Laut dem Artikel 7 sollen beide Seiten während dieses Prozesses den *Status quo* bewahren, bis die argentinische Regierung densel- ben begutachtet habe und damit einverstanden wäre. Diesen Ver- trag sah Bolivien als einen Verlust in ihrer Expansionspolitik im Chaco. Trotz allem wurde er sowohl von der bolivianischen als auch paraguayischen Regierung angenommen. Es muss hier aber auch erwähnt werden, dass Dr. Figueroa Alcorta, der zu derzeit am- tierende Präsident Argentiniens, vorher schon im Rechtsstreit der Grenzen zwischen Peru und Bolivien als Schiedsrichter fungierte und zugunsten der Peruaner fällte, weshalb er beim bolivianischen Volk in Ungnade fiel und somit diese Aufgabe ablehnte.

Die paraguayischen Diplomaten Manuel Domínguez und Dr. Eme- terio Cano sollten diesen Vertrag untersuchen und ausführen. Je- doch war er eigentlich von Anfang an zum Scheitern verurteilt. Als Dr. Cano während der Untersuchung starb, erlahmten die weiteren Untersuchungen. Zwar hatte Paraguay endlich einen Vertrag be- kommen, in dem sie nicht Teil ihres Küstengebiets am Para- guayfluss abgeben sollten, jedoch hätten sie einen großen Teil des Chacos, der vermeintlich immer ihnen gehört hatte, aufgeben müs- sen.

Das einzig Gute an diesem Vertrag ist laut *Salumm-Flecha*, dass Paraguay einen *Status quo* errungen hatte, den man noch lange ver- teidigen konnte. Er wurde noch mehrere Male verlängert und der Vertrag vertagt, und zwar in folgenden Protokollen: Protokoll *Aya-*

la-Mujía am 5. April 1913, Protokoll *Moreno-Mujía* am 19. Juli 1915, am 21. November 1916, 15. Juni 1917 und am 28. Juni 1918. Damit schließen die sogenannten nicht ratifizierten Verträge zwi- schen diesen Ländern ab und das Grenzverhandlungsszenario ver- lagert sich weiter im Ausland (Washington, Buenos Aires usw.).[23]

7.   Verhandlungen während des Krieges 1932-1935 Am 22. April 1927 wurde in Buenos Aires der *Díaz León-Gutiérrez* Vertrag unterschrieben und anschließend von beiden Regierungen ratifiziert. Diese und weitere Verhandlungen bis 1928 liefen zwi- schen einer bolivianischen sowie paraguayischen Delegation im Beisein von argentinischen Regierungsbeamten als Schiedsrichter. Sie gingen als die *Conferencia de Buenos Aires* in die Geschichte ein.[24] Die Verhandlungen schienen an einem für Paraguay sehr wichtigen Punkt zu stagnieren, und zwar, dass Bolivien schon wie- derholte Male die Linien des Status quo, die man in verschiedenen Verträgen festgelegt hatte, nicht respektiert hatte, d. h. die Linie überschritten hatte und weiter vorgedrungen war. Das lag wohl auch an der Abneigung Boliviens über diesen Punkt aufrichtig zu diskutieren, was sie auch nicht verheimlichten. Die paraguayische Delegation bestand aus folgenden Mitgliedern: Eusebio Ayala, José P. Guggiari, Manuel Domínguez, Francisco C. Chavez und Fulgen- cio R. Moreno, während die bolivianische von José María Escalier angeleitet wurde.[25]

Schon ab September 1928 sollte sich das Misstrauen Paraguays ge- genüber den bolivianischen Strategien bestätigen. In der Nähe des Stützpunktes Galpón im Norden von Bahía Negra, fielen der boli-

---

[23]SALUM- FLECHA, Antonio.7ª Ed. 2007. SS. 177- 186

[24]CARDOZO, Efraim. 2010. S. 393

[25]SALUM- FLECHA, Antonio.7ª Ed. 2007. SS. 187- 188

vianische Oberst Gutiérrez, der Leutnant Manchego und andere Offiziere und Truppen ihrer Heere in die Hände der Paraguayer. Die Gefangenen behaupteten, sie seien auf der Jagd gewesen, hätten sich verirrt und wären dadurch in paraguayisches Gebiet einge- drungen.

Dieser Vorfall sorgte für einen regen Briefaustausch zwischen den beiden Ländern. Jedoch eskalierte die Situation, als der paraguay- ische Leutnant Ortigoza am 5. September auf Befehl vom Major Rafael Franco, welcher die Regierung nicht informiert hatte, den bolivianischen Stützpunkt Vanguardia einnahm, verbrannte und die restlichen bolivianischen Soldaten festnahm. Gleich nach diesen Ereignissen forderte die bolivianische Regierung in La Paz den paraguayischen Botschafter Elías Ayala auf, innerhalb von zwei Stunden das Land zu verlassen. Nachdem die paraguayischen Regierungsbeamten davon erfuhren, gebrauchten sie dasselbe Verfah- ren, um den bolivianischen Diplomaten in Asunción nach Bolivien zu schicken. Damit waren die Beziehungen dieser Länder endgültig in die Brüche gegangen.[26]

Am 3. Mai des Jahres 1929 wurde die Untersuchungs- und Schlichtungskommission auf der Konferenz von Washington gegründet. Teilnehmer waren die Vereinigten Staaten von Amerika, Kuba, Kolumbien, Mexiko und Uruguay. Der paraguayische Repräsentant Juan Vicente Ramírez und der bolivianische Repräsentant Eduardo Diez de Medina unterschrieben das Einwilligungsprotokoll.   Damit war der später nicht erfolgreiche sogenannte „Untersuchungsausschuss der neutralen Länder" gegründet.[27]

Hier ist es angebracht, Folgendes über die Haltung   Paraguays mit-

---

[26]Ebd. SS. 188- 189

[27]CARDOZO, Efraim. 2010. S. 396- 397

zuteilen: Die paraguayische Regierung hatte, wenn sie auch in dem Vorhaben, den Chaco zu verteidigen, politisch gesehen sehr einig nach außen aussah, im Inland jedoch viele politische Gegner. Be- sonders die passive Haltung und Entscheidungen der Regierung in allem was militärische Operationen Paraguays anging, während Bolivien eine aktive Haltung zeigte, missfielen einer großen Grup- pe von Politikern und der allgemeinen Bevölkerung. Am 6. Sep- tember 1931, während der Präsidentschaft von José P. Guggiari, wurde bewiesen, dass bolivianische Truppen den paraguayischen Stützpunkt Samaklay erobert hatten. Am 24. desselben Monats, wurden paraguayische Kontingente zur genannten Stelle entsandt, wo sie auf bolivianische Truppen stießen und acht Tote verzeichne- ten: Der Stützpunkt Samaklay war definitiv in den Händen der Bo- livianer. Nach Protesten von Studenten auf den Straßen von Asun- ción kam es am 23. Oktober zu gewaltsamen Auseinandersetzun- gen zwischen Militärs und Aufständischen (die Mehrheit Studenten und Politiker der Opposition) vor dem López Palast, wobei mehre- re Leute auf der Stelle ums Leben kamen. Da die Gruppe der Auf- ständischen die Revolution deklarierte, gab der amtierende Präsi- dent seine Aufgabe an den Vizepräsident Emiliano González Na- vero ab, um sich einem politischen Gerichtsprozess zu unterziehen, den er höchstpersönlich gefordert hatte. Major Rafael Franco ver- suchte die Gunst des Augenblicks zu nutzen, um die Regierung zu stürzen. Es misslang ihm, da das Heer die Regierung unterstützte, um die Revolution im Keim zu ersticken. Guggiari wurde als   nicht
schuldig erklärt und die Ordnung wieder hergestellt.[28]

Als bolivianische Truppen am 15. Juni 1932 den kleinen paraguay- ischen Stützpunkt Carlos Antonio López unter der Anleitung vom Major Oscar Moscoso angriffen und zerstörten, zog Paraguay sich von der Konferenz in Washington (wo der Untersuchungsausschuss

---

[28]Ebd. S. 400

der neutralen Länder tagte) zurück. Diese Konferenz hatte somit Sinn und Zweck verfehlt.

Der Untersuchungsausschuss arbeitete jedoch emsig weiter. Nach der Rückeroberung des Stützpunkts durch den paraguayischen Hauptmann Abdón Palacios am 15. Juli 1932, sandte Paraguay er- neut Delegierte nach Washington zur Verhandlung, während Boli- vien seine Delegierten zurückzog. Der Ausschuss machte schon am 29. August 1932 den Vorschlag an Bolivien und Paraguay, einen Waffenstillstand von 90 Tagen einzulegen. Von Bolivien wurde dieser Vorschlag mit der Bedingung, diesen auf 30 Tage zu verkür- zen, angenommen. Paraguay lehnte ihn mit folgendem Zitat vom Außenminister Dr. Justo Pastor Benítez ab: *„Es ist unsere Pflicht auf unsere Sicherheit achtzugeben, die wir im Moment ernsthaft bedroht sehen"*.[29]

Im Dezember 1932 als die bolivianischen Truppen den weitesten Vorstoß im Chaco erreicht hatten, schlug der Untersuchungsaus- schluss Folgendes vor: Man solle einen Waffenstillstand abschlie- ßen und das paraguayische Heer solle sich bis zum Paraguayfluss zurückziehen, während Boliviens Heere sich im Norden hinter eine Linie, die die Stützpunkte Ballivian mit Vitriones verband, zurück- ziehen sollten. Paraguay lehnte dieses Angebot mit dem Argument ab, dass das keine gerechte Lösung sei, da die paraguayischen Truppen am Rande blieben, während Boliviens damit inmitten des Szenarios stationiert wären.

Da die Konferenz von Washington mit ihrem Untersuchungsaus- schuss ihrer Aufgabe nicht gewachsen war, sah Argentinien sich gezwungen eine neue Kommission zu gründen. Es entstand der so- genannte *Grupo ABCP*. Die Abkürzung steht für die Länder Argen-

---

[29]Zitiert aus: Paraguay Ministerio de Relaciones Exteriores, 1933. S. 234. Übersetzung des Autors.

tinien, Brasilien, Chile und Perú, die Nachbarländer der kriegsfüh-
renden Länder. Sie präsentierte im Februar 1933 in Mendoza, Argentinien einen Friedensvorschlag (*Acta de Mendoza*), der unter
anderem den Rückzug beider Heere beinhaltete, die Grenzangele-
genheiten sollten dem internationalen Gerichtshof übergeben und
Kriegsgefangene sollten befreit werden. Dieser Versuch scheiterte an
den Vorwürfen Boliviens, die Gruppe ABCP würde sie zu sehr unter
Druck setzen.

Nachdem die paraguayische Regierung nach diesem erneuten
Misserfolg Bolivien am 10. Mai 1933 offiziell den Krieg erklärte, sah
der Untersuchungsausschuss der neutralen Länder aus Wa- shington
ein, dass ihre Bemühungen umsonst gewesen waren und wurde deshalb
am 27. Juni desselben Jahres aufgelöst. Paraguay seinerseits
beschuldigte die Kommission, sie habe Boliviens Ab- sichten
begünstigt.

Am 24. Juli 1933 schickte der Völkerbund (Sociedad de Naciones) aus
Genf[30] eine Delegation von fünf Delegierten verschiedener Länder nach
Paraguay, um die Situation im Chaco zu untersuchen. Es sollte eines der
wenigen direkten Einsätze des Völkerbundes im Chacokonflikt sein,
da sie versuchten, diese Angelegenheit immer
an die schon genannten Ausschüsse zu delegieren. Die Delegierten
waren Folgende: General A. B. Robertson aus England, Julio Alva- rez
de Vayo aus Spanien, General Freydenverg aus Frankreich, der Graf
Aldovrandi aus Italien und Kommandant Rivera Flandes aus Mexiko.
Es muss einmal gesagt werden, dass der Völkerbund wäh- rend des
ganzen Krieges aktiv an diesem Konflikt in Amerika ar-

---

[30]Völkerrechtlicher Zusammenschluss von insgesamt 63 Staaten nach dem 1.
Weltkrieg im Jahr 1919. Der Völkerbund diente der Sicherung des Weltfriedens. Mit
Ausbruch des 2. Weltkrieges 1939 stellte er seine Arbeit ein. 1946 wurden als
Nachfolgeorganisation die Vereinten Nationen (UN) gegründet. Erhalten am
01.08.2015 aus *Völkerbund.* In: http://www.lexexakt.de/index.php/glossar?title-
voelkerbund.php

beitete.

Nach dem Sieg der Paraguayer in Campo Vía am 11. Dezember 1933 wollte der paraguayische Präsident Eusebio Ayala den Boli- vianern den Friedensvorschlag machen, da sie in dieser Umzinge- lung circa 2/3 ihres Heeres verloren hatten. (14.000 bolivianische Gefangene soll Paraguay laut Cardozo registriert haben.) Als das nicht gelang, schlug er ihnen einen Waffenstillstand von 20 Tagen vor, nämlich vom 19. Dezember 1933 bis zum 6. Januar 1934. Der Vorschlag wurde von Bolivien sofort angenommen und wie man nachher feststellte, hat er auch nur ihnen was genutzt. Denn sie konnten ihr Heer, das von 77.000 mobilisierten Soldaten nur noch
7.000 im Chaco im Einsatz hatte, reorganisieren.

Der bolivianische Präsident Salamanca war nie bereit, Verhandlun- gen mit Paraguay durchzuführen, ohne vorher Vorteile für sein Land gesichert zu haben. Nach der Niederlage in El Carmen am 16. November 1934 hatte er entschlossen, höchstpersönlich bis Villa Montes zu reisen, um Heeresführer Peñaranda abzusetzen. Dieser - der während dem Verlauf des Krieges schon fast respektlos seinem Vorgesetzten gegenüber gewesen war, wurde auch wegen seiner Vorliebe für Feten und alkoholischen Konsum *Alto Tomando* statt *Alto Comando* genannt - bereitete eine Belagerung desselben vor. Dazu holte man Artillerie und schwere Geschütze aus den Kriegs- reihen und umzingelte Salamanca in der *Casa Staudt*, dem Haus, in dem er Peñaranda absetzen wollte. Sofort wurde er zurück nach Cochabamba geschickt und José Luís Tejada Sorzano der Vizeprä- sident, besetzte seinen Posten als höchste Autorität Boliviens.

Am 11. März 1935 zog Paraguay sich offiziell vom Völkerbund zu- rück. Wiederholt hatte Paraguay unterstrichen, dass sie unter Be- schuldigungen, die nicht in ihrer Verantwortung stünden, und der überaus übertriebenen Bürokratie von Genf litten. Von diesem Au- genblick an wurde nur noch in Amerika über diesen Krieg verhandelt. Mitte desselben Jahres war die paraguayische Linie bis in der Nähe von Villa Montes vorgedrungen. Die neuesten Ziele der paraguayischen Truppen waren, die bolivianischen Erdöllagerstätten zu besetzen, was die Bolivianer dann bewegen sollte, den Waffenstillstand mit Paraguay zu akzeptieren. Diese waren eine wichtige Säule der Wirtschaft dieses Landes.

Am 12. Juni 1935, als Cazal Rivera mit paraguayischen Truppen in 15 km Entfernung auf dem Weg zum Erdölvorkommen in Ravelo war, wurde er dadurch unterbrochen, dass man ihm die Nachricht überbrachte, in Buenos Aires habe man den Waffenstillstand unterschrieben.

Luis Alberto Riart von paraguayischer und Tomás Elió von bolivianischer Seite unterschrieben dieses Waffenstillstandsprotokoll am 12. Juni 1935, das hauptsächlich Folgendes beinhaltete: Beide Länder erklärten den Waffenstillstand und den *Status quo* auf den Positionen, wo sich die Heere in dem Moment befanden. Erst am
18. Juni sollten die beiden Heeresführer Peñaranda und Estigarribia sich, jetzt mit friedlicheren Absichten, in Puesto Merino begeg- nen.[31]

8.   Friedensverhandlungen nach Kriegsende 1935-
        2009

Ab dem 1. Juli desselben Jahres wurde in Buenos Aires die *Friedenskonferenz* durchgeführt, wo die Uneinigkeiten in Themen der Grenzdefinition schon begannen. Man wollte Paraguay nur die Hälfte des eben errungenen Chacos behalten lassen. Deshalb wech- selte man schnell das Thema, indem man eine neutrale Kommissi- on erwählte und einsetzte, die die Grenzdefinition mit allen Kondi- tionen studieren sollte.

---

[31]CARDOZO, Efraim. Paraguay Independiente. Asunción. Servilibro Verlag. 2010. SS. 407- 453

Erst nach drei Jahren langer Verhandlungen wurde am 21. Juli 1938 der *Tratado de Paz, Amistad y Límites* (Freundschafts-, Grenz- und Friedensvertrag) in Buenos Aires von den Paraguayern José Félix Estigarribia, Luis A. Riart, Cecilio Báez und Efraim Cardozo, und von bolivianischer Seite von Eduarde Diez de Medi- na und Enrique Finot unterschrieben. Der argentinische Außenmi- nister Carlos Saavedra Lamas wurde infolge seiner Bemühungen und Verhandlungen während des Vertrags mit dem   Friedensnobel- preis 1936 prämiert.[32]

Jedoch gab es, was die Grenzen Paraguays anging, einen Haken in diesem Vertrag. Bolivien erhielt eine Zone an der östlichen Seite des Chacos am Westufer des Paraguayflusses, wo sich heute der Hafen Busch befindet. Dort wird zurzeit ein moderner Hafen mit Eisenbahnverbindung zum Inland gebaut. Man könnte sagen, Boli- vien hat das Ziel erreicht, den Zugang zum Atlantischen Ozean. Dieses Gebiet gab Paraguay ab und bekam im Gegensatz dazu ei- nen öden Streifen im Norden während ein weiteres Stück schon am Pilcomayo im Westen auch den Bolivianern zugeteilt wurde. Näm- lich die Zone, in der sich wichtige Erdölstätten von Bolivien befin- den. Das Gebiet befindet sich in seiner Ganzheit in einer Zone, die Paraguay besetzt hatte.

Ob die Behauptungen von Dr. Carlos Ramírez Boettner, Sohn von Dr. Isidro Ramírez eines der hauptverantwortlichen der Grenzver- handlungen mit Bolivien von paraguayischer Seite berechtigt sind? Laut seinen Deklarationen in einem Interview mit der Tageszeitung ABC Color am 12. Juni 2008, sollen die paraguayischen Diploma- ten 12 Tage vor der Konkretisierung des Vertrags, die 32.000 Qua-

---

[32]Ebda. SS. 459- 476

[illegible]

[illegible]

[illegible]

[illegible]

[illegible]

[illegible]

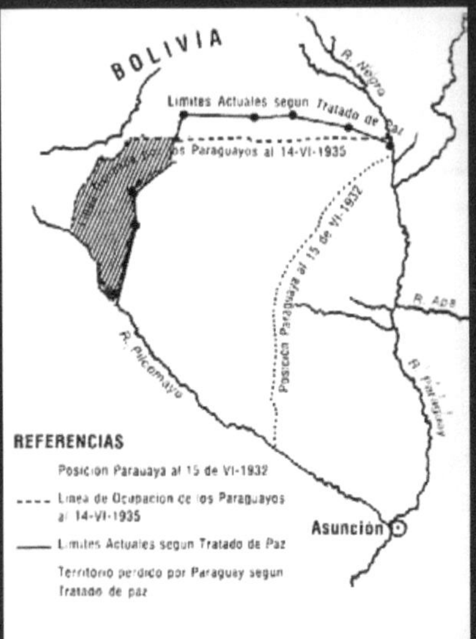

Mapa del Chaco paraguayo

José F. Estigarribia   Enrique Peñaranda

Der Chaco - ein umstrittenes Land

Uwe Friesen

Im April 2014 wurde von John Fatherley eine Neuüberarbeitung vom Buch *Tierra disputada* (Umstrittenes Land) herausgegeben. Der Autor befasst sich mit dem Protestschreiben der bolivianischen Regierung, als der nordamerikanische Präsident Rutherford B. Hayes durch einen Schiedsspruch den Chaco zwischen den Flüssen Pilcomayo und Verde Paraguay zusprach. Bolivien, das den Chaco auch für sich beanspruchte, war nicht konsultiert worden, so dass die Regierung am 4. April 1878 ein 55-seitiges handgeschriebenes Dokument, einen Protestbrief an die amerikanische Regierung rich- tete und damit von ihrer Seite das Besitzrecht auf den Chaco be- kundete.

John A. Fatherley ist vor 74 Jahren in Darien, Connecticut, USA, geboren. Er lebt in Chicopee, Massachusetts und ist u. a. Akademi- ker der University of Chicago (M.A.T.) und Mitglied der *Unión de Escritoresy Artistas de Tarija* in Bolivien.

Er ist Gründer des Schüleraustauschprogramms AFS und hielt sich 1962 in Asunción auf, um im *Centro Cultural Paraguayo- Americano* Englischunterricht zu geben.

Fatherley hat 13 Bücher geschrieben, davon auch ein paar zu ge- schichtlichen Themen aus Paraguay, und hat als Auszeichnung u. a. in Bolivien eine Goldmedaille erhalten und in Paraguay ein *Diplo- ma de gratitude y reconocimiento, Gobernación XV Departamento Presidente Hayes* (2009).

Im September 2014 kam er erneut nach Paraguay. Dabei brachte er das Buch mit, das er unter dem Titel *Tierra disputada,* herausgegeben hat (159 Seiten). Dieses Buch, das in der Reihe *ciencias socials / historia 35* erschienen ist, wurde 2014 in einer erweiterten Edition von „Imprenta Imago Mundi Srl." in Santa Cruz herausgegeben.

Fatherley hat die Erlaubnis gegeben, Teile aus seinem Buch abzuschreiben (zu transkribieren). Es gibt Aufschlüsse über wichtige Bereiche, die, wie er selber meint, bisher nicht öffentlich bekannt waren. Er geht davon aus, dass die Vergangenheit oft davon ge- prägt war, dass die Staaten als kämpfende Organismen angesehen wurden, die eine geopolitische Ausdehnung und die Verschaffung von Lebensraum zum Ziel hatten.

Fahterley analysiert die Situation des Chacos nach dem Dreibund- krieg aus der Sicht der Bolivianer. Das 55 Seiten lange, handge- schriebene Protestschreiben aus dem Jahr 1878 von Boliviens Au- ßenminister José M. del Carpio stellt klar, dass der Streit um den Chaco nicht eine bilaterale Angelegenheit zwischen Argentinien und Paraguay ist, sondern dass drei beteiligt sind; nämlich auch noch sein Land Bolivien dazu.

Die Ansprüche Boliviens gründen auf die *Real Audiencia de Char- cas* aus dem Jahre 1563, die den Chaco als Distrikt von Bolivien festlegt. Dadurch sei das Besitzrecht Boliviens auf den Chaco be- wiesen, und Bolivien habe immer die zivile Souveränität gehabt, ohne dass Paraguay oder Argentinien irgendwelche Proteste erho- ben hätten. Gebrochen worden sei dieses Besitzrecht durch Para- guay und Argentinien durch die Siedlung *Nueva Burdeos* (Para- guay - 1855), später Villa Occidental (Argentinien - 1872) genannt (1879 - Villa Hayes). Deshalb, so der Inhalt des Protestschreibens von Bolivien, gehöre keine, absolut keine Zone des Chaco weder zu Argentinien noch zu Paraguay. Der bolivianische Minister   José M. del Caprio schließt das Schreiben: *„Bolivien seine Grenzen an den Flüssen zu nehmen, heißt es zu einer geografischen Schließung zu verurteilen, es an die Füße seiner Kordilleren zu verbannen und* *ersticken zu lassen ... die Angelegenheit seiner Grenzen ... ist für Bolivien ... eine Angelegenheit auf Leben und Tod: Während es für seine Gegner, die La Plata Staaten, die in Besitz ausgedehnter Uferstreifen und vieler Häfen sind, eine Angelegenheit von gerin- ger Bedeutung ist."*

Von der Seite gesehen war der Paraguayfluss die Westgrenze Paraguays. Eine andere Tatsache wird auch dargestellt: Der Chaco war Niemandsland (*res nullius*) in der Kolonialzeit. Vor der Unabhängigkeit der Staaten (Paraguay 1811 und Bolivien 1825) gab es eine Reihe von Expeditionen zur Erforschung des Chacos mit verheerenden Ergebnissen durch die Zusammenstöße der Eindringlinge mit den Eingeborenenstämmen.

Nach diesem Protestschreiben gab es verschiedene Antworten von beiden Seiten, die ihre Haltung bekräftigten. Bolivien zuerst und etwas später Paraguay, haben dann nach und nach Militärstütz- punkte im Chaco angelegt, um das *uti posidetis* (Grenzen des Be- sitztums verwandeln sich in internationale Grenzen) unter Beweis zu stellen. Und es wurde eine Reihe von nicht ratifizierten Grenz- vorschlägen erarbeitet, die keine Lösung des Problems erreichten.

Fatherley schlussfolgert nach einigen Erklärungen zum Krieg und zu den Grenzverhandlungen:

- Paraguay und Bolivien sind die Länder Südamerikas mit den größten Landverlusten im 19. Jahrhundert, und das durch Kriege mit Nachbarstaaten.

- Hätte der Krieg verhindert werden können? Wenn man die An- zahl der Verhandlungen und Protokolle, die das beabsichtigten, an- sieht, ist das sehr unwahrscheinlich, meint er.

- Es ist sehr schwer, die Zukunft des Chacos vorauszusagen: Es gibt neue Konflikte zwischen Befürwortern des wirtschaftlichen

Fortschritts, den Naturschützern und Verteidigern der Rechte der Indigenen. Um die Forderungen der drei zu erfüllen, bedarf es des guten Willens der betroffenen Staaten und der internationalen Gemeinschaft.

- Im Wechsel der Zeit lässt sich feststellen, dass der Chaco Leben und Tod ist, Garten und Wüste, und vor allem eine wichtige Reser- ve für zukünftige Generationen.

„Sie können es sich heute leisten, ehrlich zu sein, denn Ihre Großeltern haben schon für Sie gestohlen."

('Eva Perón' in: „Victoria y Evita" über den Raub an Paraguay im Dreibundkrieg)

Präzedenzfälle und die Folgen des Chacokrieges *

Jorge Rubiani[35]

Der Chaco war ein ignoriertes und unbekanntes Gebiet für die Paraguayer. Schon immer. Sein Ausschluss bei der Konquista in den ersten Jahren der europäischen Präsens in Amerika ist sicher auf die Schwierigkeiten zurückzuführen, die Indigenen der Region zu unterwerfen; sei es durch Waffengewalt oder mit religiösem Hintergrund. Die sprichwörtliche Feindlichkeit der Eingeborenen oder die Unkenntnis ihrer Sprache haben auch dazu beigetragen, jegli- che Möglichkeiten auszuschließen, unter ihnen Städte, Festungen oder Missions-Reduktionen zu gründen. Und der Mut der Europäer wurde sicher auch vom   harten Klima sowie durch die Eigenschaf-

---

[35] Jorge Rubiani (1945-): Architekt, Geschichtler und Chronist. Ehemaliger Be- rater der Vertretungen von UNESCO und VEREINTEN NATIONEN in Para- guay. Er war Direktor vom „Fondo Nacional para la Cultura y las Artes"; er ist Präsident des Stadtrates von Asunción gewesen, sowie Direktor verschiedener Organe der Munizipalität in der Hauptstadt. Autor von 15 Büchern (La Guerra de la Triple Alianza, Adelantados y Gobernadores 1536 – 1811; Paraguay: 200 años de historia en imágenes – 1811/2011), sowie von Zeitungsartikeln und Mo- nographien über die Geschichte Asuncións und Paraguays. Er hat Konferenzen zu geschichtlichen Themen in Europa, in den USA, Lateinamerika und vielen paraguayischen Städten durchgeführt.

Während 12 Jahren hat er ein historisch-kulturelles Radioprogramm angeleitet, und er war Organisator und Präsentierer des TV-Programms „Historias del Ca- mino". Außerdem war er Berater bei Filmen und Dokumentarserien über die Ge- schichte Paraguays. Gegenwärtig leitet er das Radioprogramm „Buen día la UNIÓN" im Radiosender La Unión R-800 AM.

Er hat verschiedene Auszeichnungen erhalten, darunter „Orden de Mayo" von der argentinischen Regierung 2005, ist Ehrenmitglied des „Instituto de Historia de Corrientes", und erhielt die Auszeichnung „Lucano Insigne 2013" vom „Consiglio Regionale de la Basilicata in Italien.

ten des Terrains beeinflusst, bei der Entscheidung, keine Siedlun- gen in der ländlichen, aber von feindlicher Natur charakterisierten Gegend anzulegen.

Die Provinz zuerst, und das Land später, haben nie tatsächlich eine Urbanisierung im Chaco erreicht, mit Ausnahme jener keimenden und doch frustrierten Kolonisationsversuche zu Zeiten des Dikta- tors José Gaspar Rodríguez de Francia (im äußeren Norden) und zur Zeit von Carlos Antonio López (unten im Süden) schon in der Nähe Asuncións. Also konnten letztendlich nur die Küstenbewohner
- schon zu Beginn des XX. Jahrhunderts - eine bestimmte Herr- schaft in Richtung Chacoinneres aufweisen, als sie das Hartholz ausbeuteten und Viehzucht betrieben.

1. Der „Beginn des Anfangs"

Der mögliche zukünftige Streit um den Chaco - schon zu Zeiten der Unabhängigkeit der amerikanischen Staaten - wurde am 1. Mai 1865 im Geheimvertrag des Dreierbundes in Buenos Aires von den Vertretern Argentiniens, Brasiliens und Uruguays unterschrieben, um den Krieg nach Paraguay zu bringen. Dieses Dokument be- stimmte in einem seiner Punkte, dass der Chaco zu Argentinien ge- höre, *„vom Bermejo bis Bahia Negra"*.

Als das „Geheimnis" nach einem Jahr und ein paar Monaten be- kannt wurde, erhob von La Paz aus die bolivianischen Regierung die Stimme gegen diese Bestimmung und konterte: *„Der Chaco gehört ganz zu Bolivien."* Es war die einzige Proteststimme gegen diese Bestimmung, denn aus Paraguay rechnete man damals sowie- so nicht damit, dass ein Anspruch auf den Chaco gestellt würde, und von anderen auch nicht.

Fast gleich nach Beendigung des Dreibundkrieges 1870 begannen die Meinungsunterschiede zwischen Argentinien und Brasilien über das Ergebnis des Konfliktes und die Anwendung der Be- schlüsse des 1865 unterschriebenen Vertrags zwischen ihnen. An- fangs 1871 wurden auf Bitten von Dr. Carlos Tejedor, dem argentinischen Außenminister, alle Verhandlungen beider Länder mit Paraguay aufgeschoben, denn - so führte der Kanzler vom La Plata an - Paraguay, auch wenn es im Krieg besiegt sei, habe *„das Recht, in den Verhandlungen gehört zu werden"*.

2. Übereinkünfte und Reaktionen

Ein Jahr später, am 9. Januar 1872, und entgegen dem Beschluss der unterschreibenden Länder im Geheimvertrag, sowie der Positi- on, die Tejedor im Vorjahr eingenommen hatte, unterschrieben Joao Mauricio Wanderley, Freiherr von Cotegipe (Brasilien) und Carlos Loizaga (Paraguay) den Vertrag (Loizaga-Cotegipe ge- nannt) und besiegelten somit den Frieden und die Grenzen zwi- schen Paraguay und dem Imperium Brasilien.

Darüber verärgert, schlug Argentinien zurück und veröffentlichte ein Dekret, das den ganzen Chaco zu argentinischem Eigentum er- klärte, *„... und unterstellte ihn verwaltungsmäßig einem Gouver- neur."* Als diese Entscheidung bekannt wurde, protestierte die pa- raguayische Regierung unter Leitung von Salvador Jovellanos und bewertete das Vorgehen als *„... einen parteiischen Akt der argenti- nischen Regierung (...) unter Benutzung der Waffengewalt gegen jemanden, der sich nicht wehren kann (...) und es bleibt dem para- guayischen Volk kein Zweifel an der Idee der Republik Argentinien, Paraguay ganz aufzusaugen."*

3. Der Streit mit Argentinien

Die Aussagen von Tejedor im Jahre 1871 deuteten schon darauf hin, dass Argentinien nicht die Grenzen in der Form legitimieren würde, wie im Geheimvertrag angedeutet und wie Brasilien es schon getan hatte. Die Doktrin, die der argentinische Außenmini- ster äußerte: „Der Sieg gibt keine Rechte" (es war nicht seine Äu- ßerung), führte dazu, dass der Vertrag *Sosa* (Paraguay) - *Tejedor* (Argentinien), unterschrieben am 20. Mai 1875 in Río de Janeiro, von jener ursprünglichen Bestimmung abwich.

Der 1. Artikel des Dokumentes legte fest, dass die Grenzen zwi- schen beiden Staaten eine imaginäre Linie sei, die bis zum Río Pa- raguay gehe, „... *von seiner Mündung in den Paraná bis zur Mün- dung des Baches Verde, gleich anschließend im Norden der Villa Occidental, und von da weiter dem Hauptarm desselben Baches entlang, vier Legua geradeaus, an der rechten Seite, und von dem Punkt in einer Linie parallel zum Paraguayfluss bis an den Pilco- mayo".* Man gab „*als Tausch gegen die Kriegsschuld*" nach, und verpflichtete sich, das nationale Territorium zu entmilitarisieren: Die fast ganze Villa Occidental (Chaco), die Insel Cerrito und Mi- siones (heute Teil von Argentinien).

Letztendlich beauftragte der paraguayische Präsident Juan Bautista Gill (1844 - 1877) Dr. Facundo Machaín mit der Mission, mit dem argentinischen Außenminister Bernardo Irigoyen für die eigenen Rechte zu kämpfen. Das Treffen fand in Buenos Aires statt, und - nebenbei bemerkt - der junge paraguayische Vertreter musste die Schmucksachen seiner Frau veräußern, um seine Reise und den Aufenthalt in Buenos Aires während den Verhandlungen zu bezah- len. Ein paraguayischer Staat ohne Mittel und ohne Aussicht wel- che zu erhalten, musste auf diese Art patriotische Männer schicken, um sein Eigentum und seine Rechte zu verteidigen.

Der Vertrag *Machaín - Irigoyen* wurde am 3. Februar 1876 in Bue- nos Aires unterschrieben, und der junge paraguayische Diplomat konnte den Chaco vor den Bestimmungen des Geheimvertrages von 1865 retten. Die Fläche zwischen den Flüssen Pilcomayo und Verde wurde einem Schiedsgericht unterworfen. Es war nicht zu verhindern, dass Argentinien den Teil zwischen den Flüssen Ber- mejo und Pilcomayo für sich behielt. Die Rolle als Schiedsrichter fiel dem nordamerikanischen Präsidenten Rutherford B. Hayes zu, der seinen Schiedsspruch am 12. November 1878 zugunsten Para- guays fällte. Zu der Zeit waren, sowohl der Präsident Gill als auch der Diplomat Dr. Machain, die Promotoren dieser Initiative, schon beide tot. Ermordet worden.

4. Vier Verträge und ein Schiedsspruch

Nach der Klärung der Grenzen mit Brasilien und Argentinien, ka- men die Ansprüche Boliviens auf die Bühne und es gab mehrere Versuche zu einer Einigung. In chronologischer Reihenfolge wur- den folgende Verträge erstellt (siehe Karte):

* Vertrag *Decoud - Quijarro*: Unterschrieben von Antonio Quijar- ro und José Segundo Decoud, am 15. Oktober 1879. Ratifiziert vom bolivianischen Parlament 1881. In Paraguay wurde er nicht ra- tifiziert.

* Vertrag *Aceval - Tamayo*: Unterschrieben von Isaac Tamayo und Benjamín Aceval, am 16. Februar 1887. Er teilte den Chaco in drei Teile: Einen Teil für Bolivien, einen für Paraguay und ein drit- ter Teil wurde einem Schiedsgericht unterworfen. Der Vertrag wurde von beiden Staaten nicht ratifiziert.

* Vertrag *Benítez - Ichazo*: Unterschrieben am 23. November 1894 von Gregorio Benítez und Thelmo Ichazo. Er wurde von bei- den Ländern nicht ratifiziert.

* Protokoll *Soler - Pinilla*. Am 12. Januar 1907 unterschrieben Claudio Pinilla und Juan José Soler unter Vermittlung des argenti- nischen Außenministers Estanislao Zeballos in Buenos Aires das Dokument. Die bolivianischen Autoritäten forderten eine Revision des Protokolls und beschuldigten die argentinische Regierung, sich auf die Seite Paraguays zu stellen.

* Verhandlungen: Nach der Unterschreibung dieses Dokuments folgten Verhandlungen zwischen Manuel Domínguez und Emeterio Cano in Asunción. Die Gespräche wurden aufgrund eines unwider- ruflichen Rücktritts des argentinischen Präsidenten, José Figueroa Alcorta, Richter in den Verhandlungen, und dem Tod des bolivia- nischen Vertreters Cano (1907 in Asunción) aufgehoben.

* Protokoll *Ayala - Mujía*: Eusebio Ayala und Ricardo Mujía un- terschrieben das Dokument in Asunción am 5. April 1913, wodurch

das Protokoll *Pinilla - Soler* aufgehoben, aber der *Status quo* im Chaco beibehalten wurde.

* Weitere Protokolle: Zwischen 1916 und 1918 unterschrieben die bolivianischen und paraguayischen Diplomaten eine Reihe von Dokumenten, wodurch eine direkte Lösung in dem Landstreit hinausgeschoben wurde. Die Verhandlungen zwischen Fulgencio R. Moreno und Ricardo Mujía begannen 1915 in Asunción und wur- den 1918 in La Paz weitergeführt. Diese Gespräche wurden *sine- diae* (auf unbestimmte Zeit), aufgrund des Sturzes des boliviani- schen Präsidenten José Gutiérrez Guerra, und des Rückzuges Mu- jías als Außenminister Boliviens, verschoben.

* Protokoll *Gutiérrez - Díaz León*: Das Dokument wurde in Bue- nos Aires am 22. April 1927 von den Vertretern Paraguays und Bo- liviens, Lisandro Díaz León und Julio A. Gutiérrez, unterschrieben. Es wiederholte den guten Willen der argentinischen Regierung für eine friedliche Lösung des Streites, beinhaltete die Ernennung von Bevollmächtigten, die die Punkte der Verhandlungen festlegen sollten, und es wurden Punkte für einen Schiedsspruch und die Be- dingungen dazu festgelegt.

5. Am Vortage des Krieges

Der lange Prozess zur Festlegung der Grenzen mit Bolivien wurde also bei verschiedenen Gelegenheiten und aufgrund unterschiedli- cher Gründe unterbrochen und frustriert. Dazu gehörte auch die allgemeine Unkenntnis - der Paraguayer wie auch der Bolivianer - über die reellen Eigenschaften des Landstückes, sowohl über seine Ausdehnung wie auch über sein Produktionspotential. Man kann auch weiter behaupten, dass ein Auslöser des bewaffneten Konflik- tes in Ländern ohne demokratische Tradition der *„Wille zum Krieg"* immer Vorrang hatte, und die zu diesem Übel gegriffen hat- ten, wenn man Grenzen festigen oder legitimieren wollte. Noch schlimmer: Auch die internationalen und regionalen Organisatio- nen hatten nicht eine größere Gewichtung als die Interessen - eigene und fremde - um die feste gegenseitige Abneigung erzürnter Nationen und Führer zu entschärfen.

Inmitten dieser Erscheinungen und trotz der Friedensbemühungen auf den verschiedenen Treffen der Diplomaten Paraguays und Bo- liviens, bereiteten sich diese Nationen für einen Krieg vor.

In Paraguay waren es eine Reihe von vorhergehenden Ereignissen, die unweigerlich in den Krieg führten:

15. Dezember 1928

Allgemeine Mobilmachung aufgrund der bolivianischen Überfälle beim *Fortín* Vanguardia. Am Tag davor hatten 2.000 bolivianische Soldaten unter Führung von Oberst Carlos Gumucio vier paraguay- ische Festungen angegriffen. In einem davon starb der paraguay- ische Leutnant Aparicio Figari.

6. Oktober 1929

Die paraguayische Luftwaffe wird durch die *Potez 25* verstärkt. Diese spielen später eine hervorragende Rolle im Krieg. Es waren sieben Flugzeuge, die am 10. Januar 1928 während der Präsident- schaft von Dr. Eligio Ayala von der *Societé de Aeroplanes Henri Potez* erworben wurden.

5. Mai 1931

Die Kriegsschiffe *Humaitá* und *Paraguay* kommen ins Land. Sie wurden in der Werft von Odero Termi in Genua, Italien gebaut, entworfen vom Ingenieur José Bozzano. Sie bildeten den Eckpfei- ler der Verteidigung und des Truppentransports während des Krie- ges.

23. Oktober 1931

Eine Studentenkundgebung in Asunción wird vor dem Regierungs-
palast durch Schüsse beendet. Tage allgemeiner Aufruhr, während
denen Studenten verschiedener Institutionen von der Regierung die
Verteidigung des Chacos verlangten, hatten ein tragisches Ende. Es gab
11 Tote und mehr als 30 Verletzte.

15. Juni 1932

Der Krieg beginnt durch den Angriff der Bolivianer auf den *Fortín*
Carlos Antonio López (Laguna Pitiantuta).

6. Der Krieg kommt

Während der erwähnten Verhandlungen drang das bolivianische Heer in
den Chaco ein, getreu seines Grundsatzes: *„Die Streitfrage ist
territorialer Art und nicht eine Sache von Besitztiteln"*, genau
entgegengesetzt zur paraguayischen These, die beabsichtigte, die
zahlreiche historische Dokumentation auf den Tisch zu bringen, die die
gesetzten Ansprüche legitimierte.

Den gescheiterten Konferenzen in Buenos Aires folgten weitere in
Washington, bis sich dann die blutigen Ereignisse am 5. Dezember
1928 zutrugen, die in der Geschichte unter dem Namen *Zwischen- fall
des Fortín Vanguardia* bekannt sind.

Aus dieser Konferenz entstand eine weitere, die durch Einladung
Boliviens auch in Washington stattfinden sollte; jetzt mit dem Ziel,
einen Nichtangriffspakt zu sichern. Der Völkerbund griff nur ein, um
dadurch an Autorität und Ansehen zu verlieren. Nach paragua- yischen
Chronisten jener Zeit handelten die Vertreter nicht getreu den Zielen
dieser Institution. Paraguay zog sich darauf aus Genf zurück, um seinen
eigenen kriegerischen Impulsen - auch - freien Lauf zu lassen.

Um das paraguayische Misstrauen noch mehr zu vertiefen, griffen die
bolivianischen Streitkräfte während der Verhandlungen die

Wache der Paraguayer beim *Fortín* Carlos Antonio López am 15. Juni 1932 an.

Diese unerwartete Aggression markierte den Beginn des Krieges. Der Befehl der allgemeinen Mobilmachung überraschte Paraguay, um sich auf schnellstem Weg zu verteidigen. Unser Land litt noch an den Folgen des Dreibundkrieges. Und 1932 war die Wirtschaft noch voll in der Wiederaufbauphase. Man hatte geduldig eine Goldreserve in den Banken aufgebaut, um das Wirtschafts- und Fi- nanzleben zu fördern, und um interne und externe Kreditwürdigkeit zu erlangen, ohne dadurch auf das gemütliche Mittel der Unter- drückung der Bevölkerung durch erhöhte Steuern zu greifen, auch nicht auf den Schutz durch Anleihen.

Durch die bedrohende Lage gezwungen, erwarb die Regierung ei- nige Ladungen modernes Kriegsmaterial für die nationalen Streit- kräfte. Die *Escuela Superior de Guerra* wurde gegründet und die Waffenlager und einige Kasernen wurden gebaut. Vor allem bildete man als Grundlage für die Verteidigung ein nationales Heer und nicht ein parteieigenes.

Das ganze Land verwandelte sich unterdessen in ein Kriegslabor. Keiner schaute tatenlos zu.

7. An der Front

Ein Überblick auf die wichtigsten Kriegshandlungen an der Front:

1932

15. Juli: Der Stützpunkt Carlos Antonio López (Pitiantuta) wird zu- rück erobert.

 9. September: Angriff auf und Belagerung von Boquerón.

17. September: Feuertaufe der paraguayischen Kadeten in Bo- querón.

29. September: Ende der Belagerung von Boquerón und Evakuie-

rung der Bolivianer.

06. November: Das paraguayische Heer nimmt Platanillos ein.

1933

26. Februar: Großer Sieg Paraguays bei Toledo.

 4. Juli: Beginn der Schlacht um Nanawa.

11. Jui: Beginn harter Kämpfe bei Fortín Gondra.

15. September: Sieg Paraguays bei Pampa Grande und Pozo Favo- rito.

 9. Dezember: Schlacht bei Zenteno / Gondra kommt in die End- phase.

11. Dezember: Ende des bolivianischen Martyriums bei Campo Vía durch die Ergebung von zwei Divisionen (etwa 8.000 Leute).

1934

23. August: Einnahme von Algodonal.

 5. Oktober: Einnahme von Ingavi.

 6. Oktober: Die paraguayische Luftwaffe wird durch die sieben *Potez 25* verstärkt.

16. November: Sieg bei El Carmen.

17. November: Einnahme von Ballivián.

 8. Dezember: Sieg der Paraguayer bei Yrendagüe.

20. Dezember: Schmerzvoller Rückzug der Bolivianer bei Picuiba.

1935

 8. Februar: Kämpfe bei Ñacorainza in den Vor-Anden.

12. Juni: Chacofrieden. In Buenos Aires wird das Protokoll Riart- Elío unterschrieben und am 14. Juni 12 Uhr mittags schweigen die Waffen.

8. Die Nachkriegszeit

8.1. Der Siegesmarsch in Asunción

Am kalten Morgen des 22. August 1935, marschierte das siegreiche paraguayische Heer durch die Straßen Asuncións. Das ganze Kontingent, das sich drei Jahre lang dem harten Kampf gestellt hatte, war schon aus dem Chaco zurückgekehrt. Dieses Ereignis war ei- nes der bewegendsten und denkwürdigsten der neueren Geschichte Paraguays. Der Aufmarsch wurde von José Félix Estigarribia ange- leitet, gemeinsam mit Führern und Offizieren, und gefolgt von Hel- fern und Truppen. Viele von ihnen, angefangen mit Estigarribia selbst, waren keinen einzigen Tag in Asunción gewesen seit Be- ginn der Kriegshandlungen. Die Emotionen stiegen hoch und viele weinten im Gedenken an die Gefallenen, die im staubigen Cha- coboden zurück geblieben waren. Trotz der Trauer strömten die Bewohner auf die Straßen, von der *Avenida de la Asunción* (heute Mcal. López), wo der Siegesmarsch begann, bis zur zentrisch gele- genen Straße Palma, wo die Triumphbögen aufgebaut waren, um dem Sieg feierlich zu gedenken.

8.2. Der Staatsstreich vom Februar

Kurze Zeit später, am 17. Februar 1936, erhoben sich zwei Infante-rieregimenter der Garnison von Asunción unter Leitung der Oberst-leutnants Camilo Recalde und Federico W. Smith. Aber die wahren Autoren des Aufstandes waren drei junge Hauptmänner: Federico Varela, Juan Martincich und Cirilo Antonio Rivarola.

Nach dem Kampf, der vom frühen Morgen bis 10 Uhr abends reichte, trat der Präsident Eusebio Ayala - der zuerst floh, später dann die Verteidigung anleitete - zurück, nachdem er selber das Rücktrittsschreiben verfasst und unterschrieben hatte, und das er einer Delegation, bestehend aus dem genannten *Recalde*, Kapitän zur See Manuel T. Aponte und Herrn Bernardino Caballero, Enkel des gleichnamigen Helden und Führers, übergab. Diese Übergabe wurde auf dem Kriegsschiff *Humaitá* durchgeführt.

Einige Tage nach diesem Ereignis begegneten sich im Gefängnis der nun Ex-Präsident und José Félix Estigarribia, dem Sieger des Chaco, als Gefangene. Dieses Problem traf nun beide Führer, die unangefochtenen Leiter der siegreichen Chacoverteidigung. Sechs Monate mussten diese Männer diese Schmach erleiden. Unter den Verschwörern gab es sogar solche, die sie erschießen lassen woll- ten. Aber gemeinsam konnten Ayala und Estigarribia das Gefäng- nis verlassen und den Weg in die Verbannung ins Ausland antreten.

8.3. Friedens- und Grenzvertrag zwischen Paraguay und Boli-vien

Am 8. Juli 1938 wurde der Vertrag zwischen Paraguay und Bolivi- en unterschrieben, wodurch die Zwistigkeiten um den Chaco end- gültig beendet wurden. Drei Jahre liefen die Verhandlungen nach dem Kriegsende, während denen die argentinische Regierung ge- meinsam mit den Bevollmächtigten von Brasilien, Uruguay, Perú, Chile und den USA etwa 150 verschiedene Vorschläge analysier- ten. Die Meinung von General José Félix Estigarribia befürwortete die letztendlich bestimmte Lösung, weil dadurch für Paraguay drei grundlegende Punkte heraussprangen: *„Das Ufergebiet, die Zone von Hayes und das Hinterland"*. Die Haltung von Dr. Gerónimo Zubizarreta, der als Präsident der paraguayischen Delegation länge- re Zeit die Verhandlungen von paraguayischer Seite anleitete, war eine andere, was seinen Ausschluss aus den Verhandlungen verur- sachte. Die Unterschreibung des endgültigen Vertrags wurde für den kommenden Tag, einem 9. Juli, dem Unabhängigkeitstag Ar- gentiniens, vorgeschlagen, konnte dann aber erst am 21. Juli voll- zogen werden.

8.4. Volksentscheid

Es ist wichtig zu wissen, dass nach Ende des Chacokrieges irgend- eine Vereinbarung im Grenzvertrag mit Bolivien, die nicht die Fortschritte des paraguayischen Heeres im Chaco berücksichtigten, in Paraguay Unzufriedenheit und Misstrauen verursachen würde. Sich dessen bewusst, gab Estigarribia, Heerführer im Krieg, eine Verlautbarung heraus, mit folgendem Inhalt: *„Der Friedensvertrag mit Bolivien ist von absoluter Reinheit; er ist im höchsten Patrio- tismus inspiriert und nicht der geringste Schatten beschmutzt ihn. Er untersteht nicht einmal den eigenen oder parteilichen Unvoll- kommenheiten (...) heute lade ich Sie ein, Ihre Stimmen zum Wohl des Friedens abzugeben. "*

Diese Bitte entsprang der Tatsache, dass die Regierung von Dr. Félix Paiva eine Volksabstimmung einberief, damit das Volk sich zu dem Dokument äußern konnte. Dem Aufruf Estigarribias schloss sich die nationale Geistlichkeit mit einer gemeinsamen Er- klärung der Kirche an, unterschrieben vom Geistlichen Juan Sinfo- riano Bogarín und den Bischöfen der wichtigsten Diözesen der Re- publik, indem sie auch zur Annahme des Vertrags aufriefen.

Am 10. August, also nach der Unterschreibung des Friedens- und Grenzvertrages, war das Volk aufgefordert, in einer Abstimmung den Vertrag zu legitimieren. Das Resultat dieser Umfrage war: 135.385 stimmte dafür, 13.204 stimmten dagegen, und 569 Wahl- zettel wurden in weiß abgegeben. Damit war das Ergebnis der Ver- handlungen in Paraguay angenommen und besiegelt.

9. Schlussfolgerung

Die „Wunde", die der Krieg in der Gesellschaft hinterlassen hat, ist bis vor kurzem geblieben. Sie hat viele Nebenbedeutungen, und die geschichtlichen Ereignisse verdienen es, sehr vorsichtig damit um- zugehen, um nicht dem Leichtsinn zu verfallen.

Die geschichtliche Täuschung, der Hang, Ereignisse den innerparteilichen Tendenzen zuzuordnen, die unannehmbare Ideologisie- rung derselben, weit ab vom sozialen, politischen und kulturellen Kontext, die sie geschaffen haben, das alles hat bisher nicht gehol- fen, das komplexe Wirrwarr zu enthüllen, um unsere Probleme heute zu verstehen oder sogar die geeigneten Lösungen dafür zu finden.

Der Chacokrieg war eines der vielen Motive der Zwietracht unter den Paraguayern selbst. Nicht der Verlauf, sondern sein Ende und die Folgen, aufgrund der allgemeinen Unkenntnisse über seine wahren Ursachen, und der üblichen Geringschätzung mit der wir diejenigen belohnen, die den Mut zum Erfolg haben.

Wir können zum Beispiel sehen, sowohl im vorhergehenden Text als auch in den Karten, die die Grenzvorschläge zeigen, dass das 1938 Erreichte viel mehr ist als durch irgendeinen vorherigen Ver- trag. Was definitiv klar ist, dass wir *„nicht im Frieden verloren ha- ben, was wir im Krieg gewannen"*, wie es uns bis zur Ermüdung gesagt und in den Schulen unterrichtet wurde. Und wenn wir   auch
„bis zum Parapití kamen", haben wir dadurch noch kein Besitz- recht auf dieses Territorium erworben, sondern wir mussten den Weg zurückgehen unter dem Risiko, dass unsere Truppen vom Feind umzingelt würden, um uns letztendlich auf der Linie nieder- zusetzen, auf der die heutigen Grenzen festgelegt wurden.

Der Chacokrieg hat uns wohl einen großen militärischen Sieg be- schert. Aber die politische Kurzsichtigkeit unserer Führer und das Ansehen, mit dem einige Offiziere aus dem Chaco zurückkehrten, haben in Paraguay den Notstand des Militarismus geschaffen. Und die Geringschätzung der Folgen dieses Phänomens brachte uns aufeinanderfolgend die Anarchie, wodurch die Institutionen aufge- löst wurden ... und die Diktatur, wodurch man bestrebt war die

Karte des Chaco mit den Grenzvorschlä- gen vor dem Friedensvertrag von 1938. Karte von J. Rubiani

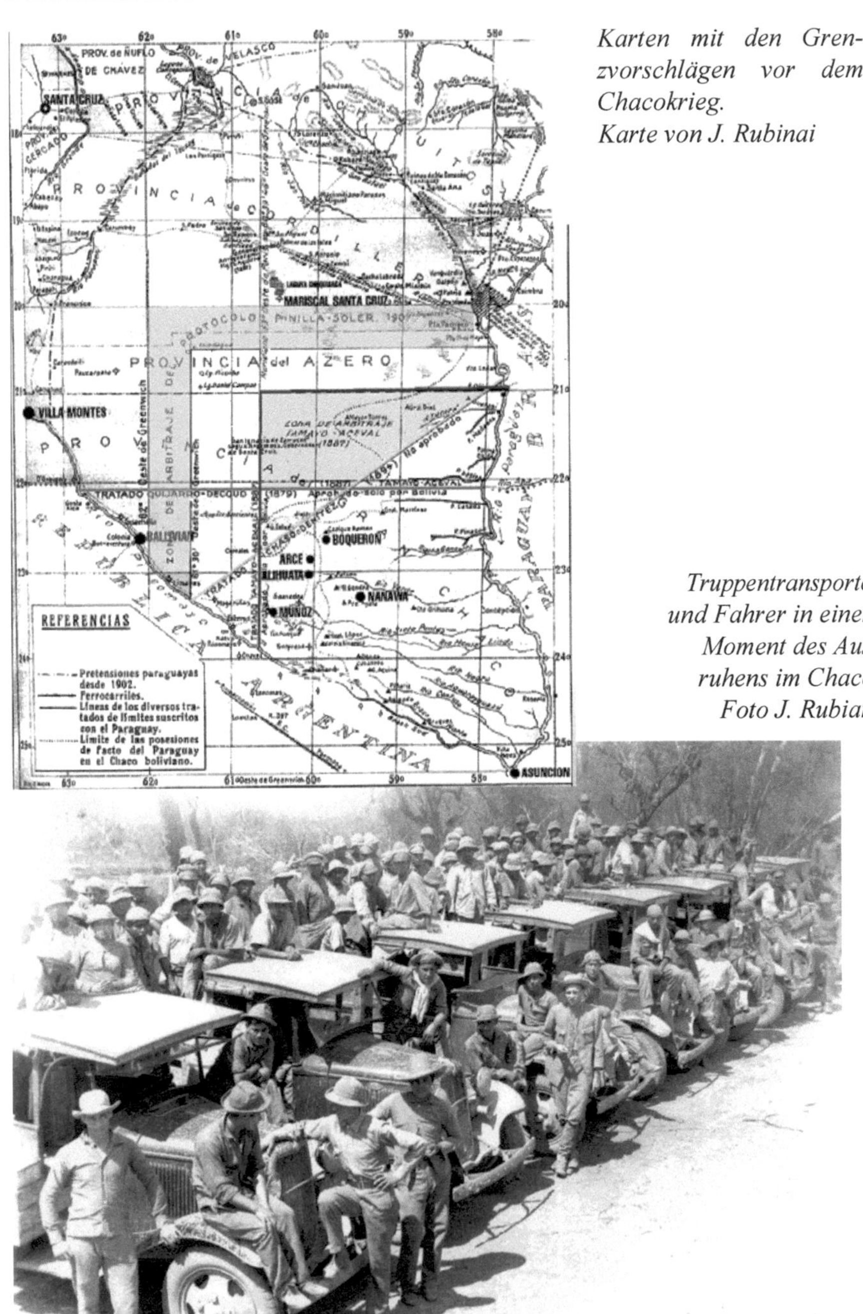

Karten mit den Gren-
zvorschlägen vor dem
Chacokrieg.
Karte von J. Rubinai

Truppentransporter
und Fahrer in einem
Moment des Aus-
ruhens im Chaco.
Foto J. Rubiani

„Bis heute habe ich Angst vor ihnen!"

Berichte der Enlhet über den Chacokrieg[36] Hannes

Kalisch, Nengvaanemkeskama Nempayvaam Enlhet

Das Ziel dieses Textes ist es vorrangig, Zeugnisse der Enlhet über den Chacokrieg zu präsentieren, der im Territorium dieses Volkes seinen Anfang nahm. Dort fanden auch die wichtigsten Schlachten statt, wie zum Beispiel: Boquerón (September 1932), Arce (Okto- ber 1932), Toledo (Februar / März 1933), Nanawa (Januar und Juli bis September 1933), Alihuatá oder Zenteno (Dezember 1933), Campo Vía / Gondra (Oktober bis Dezember 1933), und andere mehr (nach Joy, 1992). Ausgehend von den Berichten der Enlhet werden dann nachgeordnet einige Fragestellungen benannt, deren Betrachtung bei einer Vertiefung des Themas Enlhet-Chacokrieg fruchtbar ist.

Einleitende Beobachtungen: Die Erinnerung der Enlhet und der Chacokrieg

Außerhalb der indigenen Gesellschaften weiß man sehr wenig dar- über, was diese im Chacokrieg erfahren haben - wie sie handelten und was sie erlitten. In den Militärquellen wird die ursprüngliche indigene Bevölkerung des Chacos am Rande gelassen (Capdevila et. al., 2008). Damit übereinstimmend, wird dieser Krieg einzig als ein Krieg zwischen zwei Nationen beschrieben, womit der andere Krieg, der in diesem Krieg stattfand, verdeckt wird. Dieser „Krieg im anderen Krieg" (Richard, 2007) hatte einen   eigenen Effekt: die

---

[36] Dieser Text wurde auf Spanisch geschrieben und vom Geschichtsverein ins Deutsche übersetzt.

militärische Kolonisierung des Chacos. Denn obwohl der Chaco- krieg in einem Gebiet von souveränen Völkern vorbereitet wurde, endete er mit der Kontrolle des Gebietes durch den paraguayischen Staat.[37]

Wenn man über den militärischen Bereich hinausgeht, so sind die inneren Entwicklungen der verschiedenen Indigenenvölker vor, während und nach dem Chacokrieg ebenfalls nicht mehr als oberflächlich wahrgenommen worden.[38] Das heißt, in den umgebenden Gesellschaften[39] sind die Perspektiven der Eingeborenenvölker unbekannt, und man verkennt die komplexen Auswirkungen des Krieges auf sie, die sich entlang einer Überlagerung vielseitiger
und häufig widersprüchlicher Prozesse kristallisiert haben. Aus ih- rer Sicht als Sieger haben diese Gesellschaften deshalb statische Hypothesen über die Kolonialgeschichte geschaffen, die die Handlungsfähigkeit der indigenen Völker - die Möglichkeit, Akteure und Subjekt zu sein - nicht mit ihrem Charakter in Einklang bringen, dass sie den machtvollen und gewaltsamen Handlungen anderer unterworfen sind, die ihre Handlungsräume reduzierten.

In anderen Worten, sie verstehen nicht die Spannung zwischen der Gestaltung der Handlungsfähigkeit der Indianer - die sich auf eine eigene Rationalität oder Logik stützt - und der Begrenzungen der Möglichkeiten dieser Handlungsfähigkeit im Zuge gewaltsamer Prozesse, die Druck ausüben - und ihrerseits von einer eigenen Rationalität genährt werden. Zwischen diesen beiden Polen aber ha- ben sich gegensätzliche Abläufe überschnitten, und es kam zu wi-

---

[37] Über die Darstellung dieser „Zivilisation" in der „Wüste" im Bewusstsein der betroffenen Nationalstaaten siehe Capdevila (2010).

[38] Bis heute kennt man diese Völker kaum. Die Produktion von wissenschaftlicher Arbeiten über die Enlhet-Enenlhet ist zum Beispiel minimal; erst in den letzten Jahren wächst die Bibliografie (siehe Bibliografie der Familie Enlhet- Enenlhet in Fabre,   2005;   und   eine   aktualisierte   Version   unter: http://www.academia.edu/3611583/Dic_Enlhet_Enenlhet).

[39] Zumindest bis zum Ende der Diktatur 1989 war die mennonitische Gesellschaft im Enlhetgebiet dominanter als die paraguayische; und bis heute   ist sie mehr präsent als jene. Deshalb muss man in Bezug zu den Enlhet von   den einschließenden Gesellschaften reden.

dersprüchlichen Prozessen, während denen sich die Indianervölker in jene neuen Gesellschaft einschrieben und in sie eingeschrieben wurden, die sich in den Jahrzehnten nach dem Chacokrieg bildeten und durchgesetzt haben. Es war eine Gesellschaft, die viel von dem absorbierte, überschrieb oder ausschloss, was die ursprünglichen Gesellschaften der Eingeborenen ausgemacht hatte.

Im Rahmen der erwähnten statischen Hypothesen wird übersehen, dass die Eingeborenenvölker Akteure sind, und man erkennt nicht, dass Prozesse abgelaufen sind. Diese Hypothesen verleiten viel- mehr dazu, die Resultate der Prozesse von Enteignung und Zerstö- rung - die in einer deutlichen Reduzierung der Möglichkeiten in- dianischer Handlungsfähigkeit endeten - als eine natürliche, we- senhafte Bedingung zu verstehen. Sie verleiten dazu, die Indigenen als Menschen zu sehen, denen es an Perspektiven mangelt, oder zumindest an gültigen Perspektiven; sie werden als Objekte wahr- genommen - unterernährt, arm, krank[40] - denen nichts anderes bleibt als nahezu automatisch auf äußere Initiativen und Reize zu reagieren. Aus dieser Sicht entstand zum Beispiel der Mythos, der sich fest im Bewusstsein der Mennoniten eingenistet hat, dass die Urvölker sich den Kolonien wegen der Vorteile angenähert haben, die sie dort vornehmlich erhalten können.

In den verschiedenen indigenen Gesellschaften selbst gibt es aus- führliche Berichte über die Zeit des Chacokrieges, die aus konkre- ten Erfahrungen entstanden sind und die in jedem Volk in einem eigenen Narrativ zusammengefasst ist. Diese eigene Narrative, die wir eine „eigene Geschichte" nennen können - eine Enlhet-

---

[40] P.P. Klassen (1991: 60), z.B. spricht von von einer „großen Sternwanderung der Chacoindianer nach 1935", durch „ihre Neugier und dem Migrationsinstinkt hervorgerufen" (1991: 64). Noch polemischer nimmt Klassen (1983: 137s) an: „Der Ayoreo blieb nicht heldenhaft und voller Liebe zu seinen ursprünglichen Orten beim Cerro León, sondern er bewegt sich an anderen Orten auf seinem Fahrrad und kauft Pulvermilch für sein Kleinkind. Die Völker des zentralen Chaco zogen sich nicht kämpfend von ihrem Territorium zurück. Sie kamen neugierig aus dem Busch, um Brot, Salz und Zucker zu probieren."

Geschichte, eine Nivaclé-Geschichte, eine Ayoreo-Geschichte usw.
- bildeten sich aus einer mündlichen Dynamik heraus und wurden mündlich weitergegeben. Das erfordert es, kurz bei dem Konzept der Mündlichkeit zu verweilen.

Durch die mündliche Dynamik werden nicht Wörter und was mit ihnen ausgedrückt wird, gespeichert, wie es schriftlich auf dem Pa- pier möglich ist. Vielmehr beinhaltet die mündliche Überlieferung, dass ständig an dem gearbeitet wird, was man aussagt und vermit- telt: Durch das Spiel von Verstecken und Hervorheben; durch die Synthese; durch die Projektion auf veränderte Bedingungen. Im Laufe dieser Übermittlungsprozesse werden die Berichte ständig im Hinblick auf die Gegenwart aktualisiert: Die Berichte bilden Teile eines Gesprächs im Volkes, das man (kulturelle) Erinnerung nennt, und das dazu dient, die Verbindung mit der eigenen Vergan- genheit zu erhalten: Durch diese Erinnerung werden, von der Ge- genwart her, Brücken zur Vergangenheit geschaffen (Hassoun, 1994).

Im Laufe der Kolonialprozesse, die sich mit dem Chacokrieg und dem radikalen Wandel, den diese Prozesse bewirkten, ist die münd- liche Dynamik in den verschiedenen indigenen Gesellschaften ernsthaft beschädigt worden. Der Narrativ wird nicht mehr vom ganzen Volk gehandhabt, sondern stückweise von denjenigen Per- sonen, die noch in einer kraftvollen Oralität aufgewachsen sind. Durch diese Reduzierung auf die älteren Leute des Volkes, ist die- ser Narrativ nicht mehr der allgemeinen Diskussion ausgesetzt, die ihn erst zum Gedächtnis machte: Die Erinnerung des Volkes wurde verdeckt. Diese Verschleierung beinhaltet ein Verlust der Kennt- nisse (die ausschließlich mündlich gehandhabt wurden), sowie
auch die zunehmende Schwierigkeit, die Gegenwart des Volkes von der eigenen Geschichte her zu verstehen.[41]

---

[41] Es geht mir hier nicht darum, wie Kenntnisse zu geschichtlichen Details mündlich im Laufe der Geschichte gehandhabt werden. Ich erwähne trotzdem, dass das mennonitische Narrativ, das in der Gesellschaft noch besteht, von schriftlichen Dokumenten unterstützt wird. Aber größtenteils ist es mündlich

Ich kann hier nicht die Eigenschaften der mündlichen Prozesse im zerstörten Umfeld diskutieren, vor dem wir heute stehen. Ich be- grenze mich darauf, die Bedeutung hervorzuheben, die die Erzäh- ler, deren Berichte im Folgenden wiedergegeben werden, in diesem Kontext haben. Sie gehören zur Gruppe der letzten, die aktiv mit dem Kulturerbe des Enlhetvolkes gearbeitet haben. Sie sind die un- entbehrlichen Garanten einer verschleierten Erinnerung.

In Bezug auf das Thema Chacokrieg bringen sie durch ihre Berich- te eine Unmenge von unbekannten Daten. Indem sie die Beziehun- gen derselben zueinander beschreiben, weisen sie auch auf die Dy- namiken und Prozesse der Enlhetgesellschaft während des Krieges hin, sowie auch auf deren Folgen für ihr Volk. Ihre Berichte sind somit mehr als nur die Registrierung von Daten über den Krieg und seine Folgen. Sie stellen Perspektiven über die Vergangenheit dar: Sie geben eigene Interpretationen der Erfahrungen, so dass sie hel- fen, die Gegenwart zu erklären. Es ist wichtig zu bedenken, dass diese Perspektiven und Lesarten im Laufe eines ständigen   mündlichen Austauschs bearbeitet wurden,[42] wie es auch Sa'kok-Nay' (Be- richt 1) deutlich macht. Es ist diese ständige Einbettung der Berich- te in eine Neuformulierung in der Gesellschaft, die sie Gedächtnis werden lässt.

Die Kommunikation innerhalb des Volkes, die sich Gedächtnis nennt, synthetisiert sich im eigenen Narrativen - in der Enlhet- Geschichte. In den Berichten wird dieser Narrativ sichtbar. Umge- kehrt gesagt: Dieser Narrativ wird durch die vielseitigen Berichte gehandhabt. Er ist somit keine einstimmige Synthese, sondern das

---

geblieben, so dass der Verlust von geschichtlichen Kenntnissen auch die gegenwärtige mennonitische Gesellschaft betrifft: Wir merken heute, dass wir sehr wenig über ihre Erfahrungen während der Zeit des Chacokrieges haben.

[42] Mehrere der Erzähler in diesem Text haben eigene Erinnerungen an dem Krieg. Auch wenn das Eindrücke von Kindern sind, haben sie sie eingeordnet und vervollständigt, indem sie Berichte anderer hörten. Durch diese Ein- flechtung in die Kommunikationsprozesse im Volk wurde ihre Erinnerung von der gemeinsamen Tradition genährt; und gleichzeitig wurde diese Erinnerung zu konkreten Bildern desselben.

Resultat vieler Stimmen. Durch die Schädigung der mündlichen Dynamik existiert dieser Narrativ heute nur noch in Fragmenten, durch unvollständige Berichte gewoben, die einem willkürlichen Vergessen unterworfen sind, das stattfand, weil die Erzähler - so heben sie es selber hervor - den Narrativ nicht mehr ständig mitge- teilt und wiederholt haben, das heißt, ihn im Laufe eines Prozesses der Gesellschaft zu bearbeiten. Die Berichte befinden sich somit auf dem schmalen Grat zwischen Gedächtnis und Erinnerung.

Die gegenwärtige Zerstückelung des Narrativs erfordert häufig ein fast archäologisches Handeln, wenn man die eigene Geschichte der Enlhet entziffern will. Sie erfordert einen ständigen Wechsel zwi- schen einer allgemeinen Perspektive über die Berichte und dem Kontrast der einzelnen Berichte. Meine Absicht mit diesem Aufsatz ist es nicht, die eigene Geschichte der Enlhet mit meinen Worten zu erzählen (dazu würde ich die Enlhet-Sprache benutzen). Viel- mehr gebe ich den Stimmen der Enlhet Raum, die noch nie außerhalb ihres Volkes gehört wurden. Es handelt sich um eine kleine
Auswahl aus einem gewichtigen Bestand von Berichten,[43] die ich   so
geordnet habe, dass dadurch einige wesentliche Fragestellungen
deutlich werden, die man berücksichtigen sollte, wenn man das
Thema Chacokrieg/ Enlhet, oder Enlhet/ Chacokrieg behandelt.

*

Bevor wir die Berichte der Enlhet hören, ist es sinnvoll, an die ge- schichtlichen Zusammenhänge des Chacokrieges zu erinnern, weil diese Teil einer Reihe von Ereignissen im Enlhet-Territorium bil- den, die endgültig das Leben dieses Volks veränderten. Zusam- mengefasst: 1920 machte Fred Engen seine erste Erkundungsreise   in   den Nordosten des Enlhet-Territoriums, wodurch er die Einwan- derung der Mennoniten einige Jahre später vorbereitete (Me-

---

[43] Die nachfolgenden Berichte bilden einen kleinen Teil der großen Sammlung der Enlhet-Berichte , die wir, Ernesto Unruh und ich, in den letzten 15 Jahren im Rahmen von Nengvaanemkeskama Nempayvaam Enlhet (www.enlhet.org) gemacht haben. Es ist wichtig zu erwähnen, dass die Beiträge der Erzähler in dieser Arbeit nur Teile von viel ausführlicheren Zeugnissen   wiedergeben.

tyeeyam', en Kalisch & Unruh, 2014: 212-218; M. Friesen, 1996; M. Friesen, 1997: 80ss;). In dieser Zeit lebten die Enlhet jener nördlichen Region ohne größere Kontakte zur Welt der Weißen, die begann sie einzukreisen, aber sie wussten von dieser Welt. Es drangen nämlich schon Felljäger in ihr Territorium ein, und sie sel- ber machten Reisen bis zum Paraguayfluss; anfänglich vorzüglich bis Puerto Pinasco - Lheetehepya'mehe' -, aber bald auch bis Puerto Casado - Maklha-Nempeena - und Puerto Sastre - Maklheyaat. Dennoch ereignete sich 1927 ein Einschnitt. Am Sichtbarsten war dieser durch den Beginn der Einwanderung verschiedener menno- nitischer Gruppen. In den nächsten fünf Jahren besiedelten sie ei- nen bedeutenden Teil des Territoriums der Enlhet in Ost-West Richtung auf der Höhe der heutigen Städte Loma Plata und Filadel- fia. Parallel und weniger sichtbar fing die Erkundung durch das pa- raguayische und bolivianische Heer an, die Festungen im Bereich der zukünftigen Front gründeten.[44]

Im südlichen Teil des Enlhet-Territoriums drang die Kolonisie- rungsfront schneller ein. 1889 wurde die Anglikanische Mission Maklhavay auf dem Gebiet des Nachbarvolkes der Enxet gegrün- det.[45] Ermutigt durch den Vormarsch dieses Missionsunterneh- mens, ließen sich auch verschiedene Viehzüchter im Niederen Chaco nieder. Die Estanzia Pozo Colorado - Vasee-Yaamelket -, die der Nordamerikaner George Lohmann - Yoyi Loma - um 1910 gründete, befand sich nicht weit von der Ostgrenze der Enlhet ent- fernt; und die Enlhet aus der Zone von Paratodo hatten schon Be-

---

[44] Die Daten der Gründung einiger Festungen im nördlichen Territorium der Enlhet zeigen den militärischen Vormarsch auf (nach Barreto, 1969; Joy, 1992; Richard, 2007). Die Bolivianer gründeten 1928 Huijay (Carayá) - Veejay -, 1930 Platanillos - Ya'kal'a - y Camacho (Mariscal Estigarribia) 1931. Paraguayische Festungen, die parallel entstanden: Coronel Martínez - Maso- Sanga -, Isla Po'i - Nahangvet - und Toledo - Hovko' - 1927; Trébol - Ya'tempehek -, Corrales - Toopak - und Boquerón - Yelhvayvoo-Pyettek - 1928.

[45] Zum Unterschied von dem was die Volksbezeichnungen andeuten, war das südliche Gebiet der Enlhet (Lengua Norte) nicht von den Enxet (Lengua Sur) bewohnt; diese wohnten östlich der Enlhet (Unruh & Kalisch, 2003).

ziehungen zu derselben vor dem Chacokrieg, indem Wildtierfelle gegen Gebrauchsgegenstände der weißen Welt eingetauscht wur- den.[46] Gleichzeitig drangen nach und nach argentinische *criollos* vom Pilcomayo ein, die erneut an Wildtierfellen interessiert waren.

Bald danach, 1916, gründeten Anglikanische Missionare die Mi- sión Nanawa - Nanaava'a[47] - südwestlich von Paratodo in einer Re- gion, die von den Enlhet, Maká und Nivaclé geteilt wurde und in der diese intensiv zusammenlebten.[48] In dieser südlichen Region des Enlhetgebietes begann die militärische Erkundung früher als im Norden, nämlich bereits in der Mitte der zwanziger Jahre des XX. Jahrhunderts.[49] Sowohl im Süden als auch im Norden legten diese ersten Militärbewegungen die Linie fest, wo ein paar Jahre später die anfängliche Front verlaufen würde – im Territorium der Enlhet.

Die militärische Erkundung bildete eine erste Phase im Krieg. Ihr folgte eine andere, die sich durch die Befestigung der eben gegrün- deten Festungen charakterisierte. Eine dritte Phase begann mit Kriegsausbruch (1932), mit dem Unmengen von Soldaten kamen und eine grausame Gewalt mitbrachten. Der Krieg insgesamt fiel zudem mit dem Aufbau der mennonitischen Kolonien Menno und Fernheim in der nördlichen Zone der Enlhet zusammen. Als wenn

---

[46] U. Friesen (2013: 45s) nennt 1910 y 1912 als mögliche Jahre, in denen Lohman in den Chaco kam. Die Einrichtung der Estanzia Pozo Colorado muss etwas später gewesen sein.

[47] Der Name Nanawa stammt aus dem Enlhet Nanaava'a, was „Es gibt Gelben Quebracho(dort)" bedeutet.

[48] Viele Enlhet der Region haben diese Mission gekannt, die verlassen wurde, nachdem das paraguayische Heer in unmittelbarer Nähe das Fortín Presidente Ayala angelegt hatte.

[49] Die Daten der Gründung einiger Festungen im südlichen Gebiet der Enlhet zeigen den militärischen Vormarsch in diesem Bereich (Barreto, 1969; Joy, 1992; Richard, 2007). Die Bolivianer gründeten: Esteros 1920, Muñoz (General Díaz) - Ayvompeen-Saanga - und Saavedra (Ávalos Sanchez) - Na'tee-Ptelhla-Maaset - 1923, Arce (Francia) - Yaatektama-Yelhem - 1928. Die paraguayer kamen parallel und gründeten General Bruguez 1919, Cabeza de Tigre - Tomaklha-Pook-Maama - 1923, Orihuela - Na'tee-Kho' - 1924, Nanawa - Nanaava'a - 1925 neben der gleichnamigen Anglikanischen Missionsstation, Falcón - Kenma'lha -, Gondra und Samaclay (Agua Rica) - Maskamaklha- Toolhay (nicht Matnamaklha'-Aa'ey, wie Barreto angibt, 1969: 319) - 1928.

das nicht genug gewesen wäre, gab es im Sommer 1932/1933 (M. Friesen 1997: 306) eine grausame Pockenepidemie, die das Leben von mindestens der Hälfte der Enlhet forderte (Kalisch & Unruh, 2014: 513s).

Die Verschiebung der Front Ende 1933 beschreibt eine vierte Pha- se, in der die Enlhet im Hinterland zurück blieben. Zur Klassifizie- rung der Kontexte, die für die Beschreibung der Erfahrungen des Enlhet-Volkes von Bedeutung sind, müssten diese Phasen außer- dem in Bezug auf die verschiedenen Regionen des Enlhet- Territoriums unterschieden werden. Ich gehe hier nicht so weit, sondern biete ein Panorama der Erfahrungen, Entscheidungen und Reaktionen der Enlhet an, wie es sich in den Stimmen ihres Volkes zeigt, um so den Narrativ der Enlhet über den Chacokrieg zu ver- anschaulichen. Ich mache keine ausführliche Analyse der Berichte
und formuliere auch keine ausführlichen Schlussfolgerungen,[50] sondern begrenze mich darauf, Fragestellungen zu präzisieren. Die Berichtesammlung, so klein sie auch ist, erlaubt es, Spuren zu un- terscheiden, deren Auswertung aufschlussreich in Bezug auf das Thema Enlhet-Chacokrieg sein wird.

Die folgenden Berichte konzentrieren sich auf die Beziehung zwi- schen den Enlhet und den Militärs. Ich habe sie nach bestimmten Momenten dieser Beziehung geordnet, die sich durch spezifische Kontexte und Dynamiken definieren. Diese Momente, die gleich- zeitig verschiedene Perspektiven reflektieren, schließen sich nicht notwendigerweise gegenseitig aus und können sich zum Beispiel in der Zeit überlagern.

Ein erstes Moment: Die Kundschafter

In den Berichten der Enlhet über den Chacokrieg spiegelt sich ein erstes Moment wieder, die Phase der militärischen Erkundung ihres

---

[50] Eine ausführlichere Interpretation der Rolle des Chacokrieges als Teil eines Kolonialprozesses habe ich in anderen Arbeiten präsentiert. (Unruh & Kalisch, 2008; Kalisch, 2009; Kalisch, 2011; Kalisch & Unruh, 2014).

Gebietes und die Einrichtung von Stützpunkten. Die folgenden Berichte beziehen sich auf dieses Moment. In unserer Sammlung von Enlhetberichten gibt es nur sehr wenige Hinweise auf die Erkun- dung der Bolivianer, welche vom Westen kamen.[51] Das lässt sich dadurch erklären, dass die bolivianischen Kundschafter von Ortskundigen der Nivaclé geführt wurden.

Von Nord nach Süd teilten sich die Enlhet und Nivaclé einen brei- ten Landstreifen, in dem sie enge Verwandtschaftsbeziehungen pflegten und größtenteils zweisprachig waren. Deshalb war es für die Nivaclé-Führer einfach, an den östlichen Rand dieses Streifens und sogar darüber hinaus zu gelangen. Die Festungslinie der Boli- vianer 1932 - Camacho/Mariscal Estigarribia, Loa, Huihay/Carayá, Yucra, Arce, Alihuatá, Saavedra/Ávalos Sánchez - spiegelt das wieder. In Übereinstimmung mit der Tatsache, dass diese Linie in Beziehung zur Westgrenze des Enlhet-Territoriums tritt,[52] über- wiegen in den Berichten der Enlhet die Begegnungen mit den Pa- raguayern über die mit den Bolivianern.

Sa'kok-Nay', Ein Treffen zwischen Führern (Bericht 1)

Sa'kok-Nay', Tochter des Kazike Guasú, stammte aus dem heutigen Loma Plata. Sie berichtet:

Es waren nicht diese vielen Leute in Pa'aeklha'pe' - Loma Plata-, die heute dort leben. Die Mennoniten wohnten dort nicht, und auch die Mehrheit der Enlhet nicht; diese kamen, weil die Ayoreo sie

---

[51] Ein indirekter Bezug auf die bolivianische Erkundung befindet sich in der Übernahme einiger Enlhet-Ortsnamen vonseiten der Bolivianer. Huijai, zum Beispiel, der bolivianische Name der Festung Carayá, stammt vom Enlhet- Namen Veejay. Der Name von Fortín Alihuatá - Loom-Popyet -, an einem Wasserlauf gegründet, bezieht sich auf den Enlhet-Begriff für Flusslauf, alvaata'.

[52] Die Hypothese von Richard (2008) in Bezug auf den Raum der Zamuco ist, dass die anfängliche Front in gewisser Weise bestehende ethnische Konstellationen widerspiegelt, die schon vor der Ankunft der Militärs herrschten. Das bestätigt sich somit mutatis mutandis für den Raum der Enlhet und Nivaclé.

vom Norden her verdrängten. Es lebten da mein Vater, meine Mut- ter, mein größerer Bruder, mein Onkel Sixto. Mein Vater jagte, suchte Honig; wir hatten immer zu essen. Meine Mutter dagegen sammelte den karaguata kentem' - Bromelia serra - das war vor dem Eintreffen der lengko - den Mennoniten. Wir aßen auch Al- garroboschoten. Die bewahrten wir auf einem Gestell auf, das wir mit Gras bedeckten, genauso wie wir es mit unseren Hütten mach- ten. So hatten wir in Zeiten der Knappheit zu essen.

Zu jener Zeit, als es noch keine Mennoniten gab, blieben wir nicht ständig an dem Ort, wo wir unsere Hütten hatten, Yaanmaan- Tengma im heutigen Loma Plata, wo die Mennoniten später ihren Supermarkt bauten. Vielmehr bewegten wir uns ständig; ich immer mit meiner Mutter. Ich ging mit meiner Mutter, wenn sie karaguata suchte, wenn sie Brennholz sammelte und den karaguata ins Feuer legte. Ich ging mit ihr, denn niemand blieb zu Hause; mein Vater ging um Honig zu suchen, um zu jagen. Ich könnte ja den valay-
die Paraguayer - begegnen, wenn ich alleine bliebe, denn die hatten ihren Weg südlich von Yaanmaan-Tengma.[53]

Anfänglich war eine kleine Gruppe valay gekommen; einer von ih- nen war ein apveske' - eine Person mit Autorität - so wie mein Va- ter ein apveske' war. Ich erinnere mich nicht an Einzelheiten, denn ich war noch sehr jung, aber mein Vater sprach davon. Dieser - apveske' kam vor den Mennoniten,[54] er kam vom Osten; er war Pa- raguayer, kein Bolivianer. Yaanmaan-Tengma, wo wir wohnten, war vom Busch eingeschlossen. Aber der Paraguayer hatte einen

---

[53] Wo möglich, werden annähernde Referenzen zu den Ortsnamen der Enlhet gegeben, die in den Berichten erscheinen. Dennoch kommt es häufig vor, dass diese Ortsnamen keinen Bezug zum geografischen System der Mennoniten oder Paraguayer haben. In dem Falle bleiben sie ohne Übersetzung.

[54] Im August 1927 kam eine erste Gruppe Mennoniten bis Loma Plata und legte ein provisorisches Siedlerlager an. Langsam wuchs dieses Lager und beher- bergte bis zu 60 Familien (Ratzlaff, 2012: 73s). Nach weniger als einem Jahr wurde es verlassen, als die Siedler sich in den frisch gegründeten Dörfern niederließen. Erst 1938 wurde Loma Plata unter dem Namen Sommerfeld neu angelegt, und wurde zum Wirtschaftszentrum der Kolonie Menno. (Ratzlaff, 2012: 79).

Apparat, mit dem er seine Umgebung röntgte, und so fand er unse- re Hütten; es war einer dieser Apparate, die man auf einem Pfosten stellt, um das Umfeld zu bestrahlen.[55] Als er zu unseren Hütten kam, blieben wir ganz ruhig und flohen nicht, daran erinnere ich mich. Ich vergesse diese Geschichte nicht, diese Informationen, denn mein Vater hat zu mir ständig davon gesprochen.

Der Paraguayer, der apveske', kam in Begleitung von vier Soldaten zu unseren Hütten. Ich erinnere mich nur schwach an sein Kom- men; an den Krieg erinnere ich mich schon gut. Er kam nämlich vor dem Krieg, vor den Mennoniten; erst später würden die Para- guayer in Scharen kommen. Dieser Paraguayer machte aus meinem Vater einen apveske' - einen Anführer. Mein Vater war ein apves- ke' der Paraguayer; nicht die Mennoniten haben ihn zu einem ap- veske' gemacht, es waren die Paraguayer. Als apveske' der Para- guayer hatte er Zugang zu Lebensmitteln. Ich erinnere mich, wie er sie erhielt. Er erlangte Maniokmehl, Mais, Mehl, von allem; er be- kam Zucker, Seife, Schuhe. Er bekam von allem, Decken, Mük- kennetze, Sachen, die die Paraguayer gebracht hatten. Man spricht noch vom Kaseeke Vaaso - dem Kazike Guasú - das war mein Va- ter. Es war nicht ein apveske' der Mennoniten, ein von ihnen einge- setzter Anführer. Er war ein apveske' der Paraguayer, ein Anführer, der von den Paraguayern ernannt worden war.

Der valay - der Paraguayer - wollte einen Weg öffnen und mein Vater führte ihn. Sie hatten Metallpfosten mit sich, die zwei Spit- zen hatten; damit markierten sie den Weg. Sie kamen bis nördlich vom heutigen Weg von Haalhama-Teves - Ende Bahn, Km 145 - bis Mariscal Estigarribia, und ließen einen dieser Pfosten nördlich von Loveinte - Teniente Montanía, Km 220. Sie reisten weiter und errichteten weitere Pfosten, ich weiß nicht genau wo. Einer befand sich in der Nähe von Vellejey- Wiesenfeld (Nr. 4). Ein weiterer war bei Toopak-Amyep - Gnadenheim (Nr. 3), und ein weiterer

---

[55] Die Enlhet haben die Vorstellung, dass die Weißen mit ihren Apparaten die Umgebung geröntgt haben, um Sachen zu sehen, die nicht mit bloßem Auge gesehen werden konnten.

hier in Yav'aa-Na-Pma'aok am südlichen Rand von Loma Plata. Mein Vater kam zu all diesen Orten, indem er den paraguayischen apveske' anleitete (viel später habe ich den Pfosten nördlich von Teniente Montanía gesehen; ein Mennonit brachte uns, um den al- ten Weg zu finden).

Wir, die Frauen, blieben in unseren Hütten in Yaanmaan-Tengma, wo heute der Supermarkt der Mennoniten ist; aber das war vor dem Kommen der Mennoniten. Der Paraguayer ließ sein Fahrzeug in Yaanmaan-Tengma; dort versteckte er den kleinen Laster, mit dem er Nahrungsmittel gebracht hatte. Von Yaanmaan-Tengma aus gin- gen sie zu Fuß weiter; es waren zwei Enlhet-Apveske', die den pa- raguayischen apveske' begleiteten, mein Vater und Kalape'e - Ca- rape'i - von Toopak-Amyep - Gnadenheim (Nr. 3). Sie waren ap- veske' wie er; mit meinem Vater waren seine Brüder Lospata und Sixto. Diese Männer wechselten sich im Tragen der Metallstäbe ab, und der paraguayische -apveske' röntgte mit seinem Apparat die Gegend vor ihnen, um den Weg zu finden. Sie, die Männer, die Anführer, gingen allein, denn sie gingen zu Fuß, arbeiteten und stellten die Metallpfosten in den entlegenen Regionen auf. Wir, die Frauen, hätten uns zu sehr ermüdet, wenn wir ihnen gefolgt wären.

Es war in dieser Zeit, als sie den Weg markierten, als mein Vater Sachen erhielt; er bekam Decken, Mückennetze. Es dauerte noch eine gute Weile, bis die Mennoniten kamen; in dieser Zeit sah man noch keinen Mennoniten, nur diese Paraguayer erschienen. Später, als der Krieg überraschend begann, kamen andere Paraguayer und wollten uns töten. Es ist kein Zufall, dass ich Angst habe, wenn ich sehe, wie sie Steine auf die Hauptstraße in Loma Plata legen, um sie zu asphaltieren.

„So machten es die Paraguayer als sie sich für den Krieg vorberei- teten", pflege ich zu sagen. „Sie bewegten die Erde."

Bis heute nähere ich mich nicht den Soldaten; auch wenn sie Nah- rungsmittel bringen nicht. Bis heute habe ich Angst vor ihnen.

Ramón Ortiz, „Wir sind Freunde" (Bericht 2)[56]

Ramón Ortiz, der aus der Gegend von Teniente Montanía stammt, starb in Peesempo'o. Er berichtet:

Vor dem Krieg schon reisten die Leute, um Orte am Paraguayfluss zu besuchen. Ein Teil der Enlhet kam bis Lheetehepya'mehe' - Puerto Pinasco -, andere bis Maklha-Nempeena - Puerto Casado. Sie blieben etwa zwei Monate dort und brachten Kleidung, Beile und Messer mit. Sie brachten auch kleine Stücke von Blech, wor- aus sie die Pfeilspitzen anfertigten; sooya'angka - Eisenpfeil - nannten sie den Pfeil mit Metallspitze. Damit töteten sie Rehe und die verschiedenen Arten von Wildschweinen, um sie zu essen.

Wir wohnten in Lhengkatken nördlich von Filadelfia; wir wohnten auch in der Region nördlich von Teniente Montanía. Aber wir sind von diesen Orten weggezogen; in Veenaamkolha-Na'ta' - Km 152 - und in der Welt der Weißen aufgetaucht. Der Grund, warum wir uns den valay - den Paraguayern - genähert haben, war, dass einige von ihnen zu unseren Orten tief im Busch kamen, einige Soldaten.

„Wir werden Probleme haben!", sagten die Leute, als sie sie sahen. Aber einer von ihnen rief: - „Vaaa! Lauft nicht weg! Wir sind Freunde."

So rief er, während sie sich der Gruppe näherten.

„Ah! Was ist das?"

Die Enlhet nahmen ihre Bogen, ihre Pfeile; sie nahmen ihre Keu- len.

„Wir sind es", sagte derjenige, der gerufen hatte.

Da erkannten sie ihn, es war Pa'ayvaeklha'ay', der Vater von Yo- hoon Alhaaye' (der vor einigen Jahren in Ya'alve-Saanga starb). Es war ein apveske' - ein Kazike - der Paraguayer. Mit ihm waren wei- tere apveske', der Kazike Mita'i und der Kazike Mitapuku; sie ka-

---

[56] Eine leicht gekürzte Version dieses Berichts befindet sich in Kalisch & Unruh (2014: 426-427).

men zu unserem Ort in Begleitung von acht Soldaten. Zu jener Zeit gingen wir ohne Kleidung, wir hatten keine Kleider.

„Wir sind es. Diese Leute bringen apaava - Kleidung, Stoffe. Wir suchen euch", sagten die Kaziken. Man antwortete nicht, denn die Enlhet waren erschrocken; es fehlte nur wenig, und sie wären zor- nig geworden.

Danach holten die Soldaten apaava - die Kleidung; es waren keine Hosen, es war das was wir pangyeelo nannten - Stoffstücke. Diese gaben sie den Frauen; sie hingen sich diese um die Hüfte und befestigten sie mit Gürteln. Den Enlhet gefiel das, denn zu dieser Zeit kannten wir keine Stoffe. Die Frauen waren froh. Mir legten sie auch ein Stoffstück um die Hüfte, es war ein sehr schicker Lenden- schurz. Später folgten wir den Paraguayern. Wir nahmen unsere Tiere mit, unsere Ziegen, unsere Schafe.

„Dort gibt es Arbeit", hatten sie gesagt.

Und so war es. Wir arbeiteten dort und in großen Töpfen wurde für uns gekocht. Die Männer gruben Bäume aus; sie rodeten den Strei- fen, wo die Eisenbahn gebaut werden sollte. Man war dabei, die Eisenbahn, die von Puerto Casado ausging, zu bauen, und sie kam langsam bis Km 152. Die Frauen gruben die Baumstümpfe aus, die ihre Männer abgehackt hatten. Auch die Kinder arbeiteten, sie rei- nigten die Schneise. So kam der Bau der Eisenbahn voran bis zum Km 160; dort endete sie. Aber es war beim Km 152, wo wir aus dem Busch kamen. Wir wurden dadurch betrogen, dass wir apaava
- Stoffe - erhalten hatten. Und uns betrog, dass wir zu essen bekommen hatten.

„Es scheint, als ob alles wahr ist", sagte man.

Es gab viel zu essen unter den Paraguayern, Galletas (Schiffszwieback) und andere Sachen; so haben wir es erfahren. Die Paraguayer verabscheuten uns nicht; auch wir hatten sie nicht abgelehnt.

Seepe-Pyoy', „Werde Frau" (Bericht 3)

Seepe-Pyoy', Sohn des Kazike Antonio, stammt aus der Gegend von Paratodo. Er berichtet:

Mein Vater pflegte zu erzählen, wie er die Paraguayer führte, wenn sie die Region erkundeten. Er erzählte, dass sie weit kamen, bis südlich von Nanaava'a - Nanawa; mein Vater zu Fuß und die Sol- daten auf Pferden, etwa 20 Soldaten. Mit ihnen war ein Unteroffi- zier mit Namen López, es war ein apveske' - der Chef. Mein Vater berichtete von der Nacht, als sie an jenem Ort waren. Hinter dem Ort, an dem sie übernachteten, hatten sie verbranntes Gras gefun- den, so wie wenn jemand den Kamp angezündet hat. Mein Vater wusste, was das bedeutete; in jener Region wohnten keine Para- guayer, man sah nur die aa'ey - Pilagá; sie pflegten in jene Region zu kommen. Er erklärte den Paraguayern, was die Asche bedeutete:

„Das haben unsere Feinde getan", sagte er. „Sie heißen aa'ey - Pi- lagá; sie kommen zu unseren Orten wann immer sie wollen, um uns zu überfallen. Aber wir fürchten sie nicht."

Sie übernachteten dort, während einige Soldaten das Lager be- wachten, damit sich niemand unbemerkt nähern konnte. So verhal- ten sich Soldaten; sie bewachen ihre Lager in der Nacht.

In jener Nacht geschah etwas Verabscheuenswürdiges: Der Leut- nant López wollte Sex mit meinem Vater haben. Tatsächlich, es ist normal, dass die Paraguayer verrückt handeln.

„Werde eine Frau! Ich will mich auf dich legen", sagte ihm der Pa- raguayer.

Aber meinem Vater gefiel die Idee nicht und erwiderte:

„Ich bin keine Frau", sagte er. „Ich bin ein Mann. Außerdem bin ich dein Kamerad."

Wie mein Vater erzählte, gab der Paraguayer ihm Recht. Er ließ von seinem Vorhaben ab: „Du hast Recht."

Mein Vater setzte sich zur Wehr, denn er konnte die Sprache der Paraguayer sprechen. Offensichtlich ist diese Sprache nicht schwer, denn schnell erlernten die Enlhet sie, die mit ihnen gingen. Schnell gewöhnten sich die Enlhet an die Sprache der Paraguayer, und das pflegte sie zu retten.

Kenteem, Der Beginn des Konflikts (Bericht 4)

Kenteem, der in Filadelfia starb, kam aus der Gegend von Mariscal Estigarribia. Er berichtet:

Der Konflikt begann in der Region der Alkeete', in der Nähe der Festung Toledo. Dort hatte alles seinen Anfang, und danach began- nen die valay - die Paraguayer - mit den Bolivianern zu kämpfen. In Alkeete' raubten die Paraguayer eine Frau und nahmen sie mit nach Hovko' - Toledo; es war die Mutter von Haakok Yenmon- gaam, die sie raubten (Haakok Yenmongaam starb vor wenigen Jahren in Campo Largo). Ihre Leute wollten sie nicht einfach auf- geben; sie verteilten die Aufgaben, um sie zurück zu holen:

„Du wirst den Paraguayer fassen!", sagte man einen. „Du bist sehr stark."

Die Männer überholten die Soldaten und erwarteten sie; der besag- te Mann fasste den Paraguayer, der die Frau gestohlen hatte, der sie mit sich hatte.

Er fasste den Soldaten, aber er berührte dessen Gewehr während er ihn festhielt und es löste sich ein Schuss. Die Kugel traf den Magen des Vaters von Haakok Yenmongaam, und dieser starb sofort. We- gen diesem Ereignis gab man ihm den Namen Haakok Yenmon- gaam - Waise durch ein Gewehr. Ein Gewehr tötete seinen Vater während dieser versuchte, seine Frau zu befreien; aber während des Versuchs starb er selber. Das war der Anfang des Konflikts zwi- schen den Paraguayern und den Bolivianern. Sofort nämlich hatte sich ein älterer Enlhet - Soopkaatek - nach Camacho (Mariscal Estigarribia) begeben, um den Bolivianern von dem Ereignis zu be- richten. Ohne große Verzögerung kamen diese nach Alkeete' - der Festung Toledo -, denn Camacho ist nicht weit. Daraufhin begannen die Schlachten; die Bolivianer verteidigten die Enlhet.

Das war der Beginn des Krieges: Die Paraguayer raubten Frauen. Ich höre gelegentlich von anderen Gründen, die den Krieg verur- sacht haben sollen, aber die sind nicht korrekt. So sind nämlich die Paraguayer; wenn sie eine Frau sahen, bemächtigten sie sich ihrer. Wenn sie sie nicht töten mochten, brachten sie sie zu ihrem Auf- enthaltsort; sie raubten sie. So machten sie es auch in Neyalvaata' - Chortitz, Kolonie Menno; so machten sie es in Yepooma - Frie- densruh (Nr. 6, Fernheim). So sind sie; sie rauben Frauen.

Zusammenfassung: Die Installierung der Gewalt als Form der Beziehung

Anfänglich verhielten sich die wenigen militärischen Kundschafter den Urvölkern gegenüber vorsichtig, denn sie wussten nicht genau, wie diese auf ihre Gegenwart reagieren würden. Außerdem waren sie von den Kenntnissen der Indigenen abhängig, um die Region zu erkunden und Festungen bei den Wasserstellen zu gründen, denn diese hatten einen entscheidenden strategischen Wert. Auf dieser Ebene zeigt sich die Begegnung für die Enlhet als ausgeglichen, von gleich zu gleich, von „Führer" zu „Führer", wie Sa'kok-Nay' im ersten Bericht hervorhebt. Aus der Sicht der Militärs dagegen war die Ungleichheit von Anfang an klar, denn, wie es später die mennonitischen Einwanderer wiederholt haben, betrachteten sie die
Enlhet als minderwertig und sie sahen es als natürlich an, dass die- se in einem Zustand der Unterordnung lebten.[57] Diese Perspektive legitimiert die Unterwerfung und es begann das Spiel einer wach- senden Gewalttätigkeit.

Eine erste Stufe der Gewalt bildet die Instrumentalisierung der Freundschaftsgesten, denn diese waren vorgetäuscht. Die Simulie-

---

[57] Barreto (1969: 37), sagt z. B.: „Die Indios [nivaklé] vom Inland waren an das Nomadenleben gewöhnt, so wie andere Stämme in minderwertigen Verhältnis- sen, die die Region bewohnten." Es sind Leute, denen es an einer „schöpfe- rischen Zivilisation" mangelt (1969:38).

rung der Freundschaft (bis heute eine häufige Eigenschaft in der Beziehung mit den Indigenen) hatte ihren Beweggrund im Interesse für den anderen nicht als jemanden, mit dem man sich austauschen wollte, sondern als ein Objekt, das unentbehrliche Kenntnisse hatte oder als Arbeitskraft für militärische Bauten diente. Ramón Ortiz (Bericht 2) stellt in diesem Sinn fest, dass die Militärs die Enlhet mit ihren Geschenken „betrogen" hätten; denn diese interpretierten die Geschenke als ein Akt jenes Teilens und Mitteilens, durch das man eine Beziehung im Gleichgewicht gestaltete (Kalisch, 2010; Kalisch & Unruh, 2014: 252ss; Kalisch, in Druck). Später - viel- leicht viele Jahre später - haben die Enlhet festgestellt, dass die Ge- schenke nicht diesem Mitteilen entsprachen; sie waren ein Mittel,
um sie zu ködern.[58] Trotzdem, ob sie die Absicht der Eindringlinge verstanden oder nicht, bis heute fällt es den Enlhet schwer, diese Art der Gewalt zu durchschauen, die den anderen als Person ne- giert; oder genauer gesagt: Es fällt ihnen schwer anzunehmen, dass die Weißen von einem natürlichen Ungleichgewicht zwischen ih- nen und den indigenen Völkern ausgehen. Deshalb behauptet Ramón Ortiz, mehr im Ton einer Glaubensaussage als in dem eines überzeugenden Arguments, dass „die Parguayer uns nicht verab- scheuten, wie wir sie auch nicht ablehnten". Das erweckt den Ein- druck, dass er von einer ausgeglichenen Situation spricht. Aller- dings gründet sich das vermeintliche Gleichgewicht in Wirklichkeit auf einer systematischen Ungleichheit von Wertschätzung und Macht. Ramón Ortiz stützt sich so - ob bewusst oder nicht - auf ein Konzept des Gleichgewichts, das nicht mehr jenem ursprünglichen Verständnis der Enlhet entspricht, das dazu diente, Harmonie zu gestalten. (Kalisch, 2010). Er stützt sich auf ein kaputtes Konzept.

Der Gebrauch der Bezeichnung „Betrug" wird nicht nur durch die Simulation von Freundschaft legitimiert. Im Bericht von Ramón Ortiz findet sich ein weiterer Betrug, der darin besteht, dass das

---

[58] Über die Funktion der Geschenke aus der Sicht der Enlhet siehe auch Metyeeyam'
(in Kalisch & Unruh, 2014: 212-216) und Kalisch & Unruh (2014: 217, 515).

Militär solche Enlhet einsetzt, mit denen bereits Kontakt hergestellt worden war, um so eine feindselige Reaktion der noch Unerreich- ten im ersten Kontakt zu verhindern (siehe Savhongvay' in Kalisch & Unruh, 2014: 161-163). Der Einsatz von Enlhet-Agenten war allgemein üblich während dem Aufbau der Beziehungen mit dem einheimischen Volk; viele von ihnen lebten in gesellschaftlichen Bedingungen, die die Absichten der Militärs erleichterten. Das sieht man beispielsweise in der Beziehung eines dieser Agenten, dem Kaziken Karape´i - Kalape´e - (siehe Sa'kok-Nay' in Bericht 1; Kooneng-Pa'at in Bericht 5), der 1993 in Ya'alve-Saanga starb. Ka- lape'e war ein bedeutender Vermittler zwischen den Militärs (und Mennoniten) und den Enlhet in der Gegend des heutigen Filadelfia. Aber seine biografischen Daten deuten auf eine bestimmte soziale Distanz zur Gruppe, für die er vermittelte: Ursprünglich aus der Gegend von Neuland, verlor er seine Eltern als Kind und wohnte später eine Zeitlang in Puerto Pinasco (deshalb sprach er Guaraní), um später in Gnadenheim (Nr. 3 Fernheim) Toopak- Amyep zu hei- raten; jedoch starb seine Frau sehr bald an den Pocken. Als Waise, Fremder, Witwer und darüber hinaus noch jung, stand er verhält- nismäßig am Rand seiner Gruppe; das mag eine generelle Eigen- schaft der anfänglichen Vermittler gewesen sein (Richard, 2008). Trotzdem gab ihm seine Stellung als Vermittler bestimmte Bedeu- tung unter seinen Leuten, wie es in seinem Titel als Kazike - ap- veske' - wiederspiegelt, den die Weißen ihm gegeben haben, so wie vielen anderen der anfänglichen Vermittler. Um die genaue Rolle dieser Personen, die als Vermittler für die Militärs dienten, genauer zu verstehen, muss man in jedem einzelnen Fall die biografischen Einzigartigkeiten und die konkreten sozialen Bedingungen, in de- nen sie lebten, berücksichtigen.

*

Je länger sich die Militärs im Chaco festsetzten, nahm ihre Bereit- schaft zur Gewalt gegenüber den Enlhet zu: Die implizite Gewalt in der Begegnung wurde immer mehr sichtbar. Im Bericht 3 hebt Seepe- Pyoy' hervor, dass die Enlhet diese implizite Gewalt anfänglich zu besänftigen wussten. Gleichzeitig erwähnt er einen zentra- len Bereich in der Beziehung zu den Militärs: Das Interesse dieser „an Frauen". Aus der Perspektive von Kenteem (Bericht 4) über- schreitet dieses „Interesse an Frauen" - das sich in der Gewalt ge- gen Frauen äußert - den Bereich Enlhet-Militär und begründete das Handeln der gegensätzlichen Heere: Kenteem beschreibt die Reak- tion der Bolivianer auf diese Gewalt als die Ursache der Konfronta- tion zwischen den zwei Gruppen von *criollos*. Er hebt gleichzeitig hervor, dass diese Reaktion nicht durch die Gewalt an sich moti- viert ist, sondern durch die Gewalt gegen eine Frau. Folglich, mit der Figur der Enlhetfrau, die den Krieg verursacht, wird die Be- handlung der Enlhetfrauen zu einem absoluten Symbol der Bezie- hung zum Militär, seien es Paraguayer oder Bolivianer. Für diese ging es allerdings nicht darum, sie zu verteidigen, sondern sie zu besitzen. Auf diese Weise wurde die Enlhetfrau ein Symbol für das Ungleichgewicht der Machtverhältnisse zwischen den Enlhet und dem Militär.

Auf diesem Hintergrund liest sich die Prostitution der Frauen in den Festungen, die vor den Augen ihrer Ehemänner geschah, als einen Versuch, der Gewalt gegen das Volk eine Grenze zu setzen, indem sie gezähmt und kontrolliert wurde. Trotzdem, auch wenn die Prostitution in den Festungen andere Reaktionen als die Ver- gewaltigungen und Morde erlaubte, so waren beide Optionen doch eine Antwort auf die gleiche Vorstellung von Beziehung vonseiten der Militärs (beider Seiten), die sich auf einer Achse von Gewalt und Verachtung gründete. Es ist nicht trivial zu beschreiben, wie die Prostitution von den Enlhet begründet wurde, denn die sexuelle Moral unter den Enlhet entsprach ganz anderen Grundsätzen als je- ne, die man von der westlichen Tradition her kennt. Dennoch war die Unterwerfung unter Bedingungen der Ungleichheit, Verachtung und Gewalt eine traumatische Erfahrung. In der Tat, die Berichter- statter von heute, die im Krieg Kinder waren, geben überraschend wenig Anhaltspunkte zur Prostitution in den Festungen; sie wurde offensichtlich vor ihnen verheimlicht. So hat sich ein Tabu um diese Thematik gebildet, das die Entstehung der Berichte selbst beeinflusst[59] (und nicht nur die spätere Überlieferung). Man kann also festhalten: Das Thema der Gewalt gegen die Enlhetfrauen ist vielseitig und muss an anderer Stelle vertieft werden.

*

Im Bericht von Kenteem (Bericht 4) sieht man den Unterschied zwischen einer Datenreihe und dem, was Gedächtnis ausmacht. Kenteem beschreibt ein Ereignis, das sich an glaubwürdige Daten bindet: Ein bekannter Ort (oder eine Region), bekannte Personen, ein identifizierbarer Moment vor dem Krieg.[60] Parallel dazu zeigt Kenteem Dynamiken und Prozesse auf; er bezieht sich auf die Bewegungen des paraguayischen Militärs und beschreibt Handlungsweisen derselben; er gibt zu verstehen, dass die Enlhet Verbindun- gen mit den Bolivianern hatten. Auf derselben Ebene erklärt er den Grund für den Kriegsbeginn. Allerdings stimmt seine Erklärung nicht mit den Narrativen der Kriegsprotagonisten überein. Diese fehlende Übereinstimmung zeigt, dass hier ein Sprung von Auf- zeichnung oder Bericht zur Interpretation geschichtlicher Daten be- steht. Kenteem selbst aber präsentiert keinen Sprung, sondern gibt seine individuelle Lesart spezifischer historischer Konstellationen (die Einnahme von Toledo vonseiten der Bolivianer im Juli 1932) als eine Angabe unter anderen: In Form der bolivianischen Reakti- on. Einen Sprung, wird somit erst von uns behauptet, weil wir an- dere Narrative kennen, die wir, was den Grund des Krieges angeht, als angemessener bewerten. Das wirft die Frage über die Glaub- würdigkeit des Berichts auf.

Ohne die Historizität der bolivianischen Antwort hier zu diskutie- ren (wir dürften sie nicht ohne gültige Gründe in Frage stellen), ist

---

[59] Der Ursprung eines Tabus zeigt, dass die Wahl dieser Strategie zur Gewaltvermeidung es nicht erlaubt, wie es so viele Male getan wurde, dass ein Urteil über die sexuelle Moral der Enlhetfrauen gefällt wird. Diese Strategie ist vielmehr eine Antwort auf die Notwendigkeit, sich den Militärs anzupassen.

[60] Toledo wurde 1927 gegründet; die Bolivianer ließen sich 1931 in Camacho (Mcal. Estigarribia) nieder; am 28. Juli 1932 wurde Toledo von den Bolivia- nern eingenommen (Barreto, 1969; Joy, 1992).

es notwendig zu bedenken, dass sich Kenteem und die anderen Erzähler auf jenem schmalen Grat bewegen, der zwischen dem trennt,
was Aufzeichnung und was Gedächtnis ist. Das Gedächtnis be- schreibt
in nachvollziehbarer Form die Beziehung des Erzählers (und, *mutatis
mutandis*, das ganze Volk) zu seiner Vergangenheit und den
Protagonisten derselben. Er schafft so ein Mehr an Bedeu- tung, das die
einfachen Daten überschreitet. In anderen Worten, die Berichte sind
mehr als die Aneinanderreihung von einfachen Da- ten, (oder weniger,
wenn die Daten das Einzige darstellen, was ei- nen interessiert). Die
Tatsache das Kenteem in einer gewissen Ebe- ne seines Bericht Daten
interpretiert, beeinflusst nicht die Glaub- würdigkeit desselben; sie
betrifft dieses Thema nicht einmal. Diese Glaubwürdigkeit muss in
Bezug auf die Kohärenz definiert werden, die dieser Bericht mit
anderen Enlhet-Berichten hat oder nicht hat.

Kenteem, der an der Erinnerung der Enlhet teilnimmt, bezieht sich mit
seinem Bericht auf die Verbindung seines Volkes mit der Vergangenheit und den Protagonisten derselben. Er ist eindeutig: Die
Enlhet mussten vor den Vertretern der paraguayischen Gesellschaft von
deren Feinden, den Bolivianern, verteidigt werden. Er hebt so einen
starken Bruch zwischen den Enlhet und jener Gesellschaft hervor, von
der sie gezwungen wurden Teil zu sein; die ihre eigene Gesellschaft an
sich gerissen hat. So unterstützt er das Urteil ande- rer Erzähler, dass
die Paraguayer - die valay - gefürchtet werden müssen (Sa'kok-Nay',
Berichte 1, 14; Kam'aatkok Ketsek, Bericht 7). Sie müssen bis heute
gefürchtet werden, denn es gibt keinen gültigen Narrativ, der eine
andere Lösung möglich macht.

Kenteem präsentiert mit seinem Bericht eine Hypothese über den
Kriegsbeginn. Savhongvay' (Kalisch & Unruh, 2014: 161-163), der
über die Erkunder in Kemha-Maaneng - Lichtenau im heutigen
Neuland - (die erneut von einem Enlhet geführt wurden) berichtet,
präsentiert eine andere Hypothese. Ich halte hier nur fest, dass die- se
Hypothesen über den Krieg existieren, über seinen Anfang, seine
Entwicklung und seine Auswirkungen, die in Varianten von ver-
schiedenen Erzählern geteilt werden. Eine ausführliche Analyse

derselben bleibt für eine spätere Gelegenheit.

Ein zweites Moment: Die entfesselte Gewalt

Die folgenden Berichte offenbaren die Brutalität, welcher die Enlhet durch das paraguayische Militär ausgesetzt waren; ähnliche Berichte haben außerdem Savhongvay' (Kalisch & Unruh, 2014: 185-188), Metyeeyam' (Kalisch & Unruh, 2014: 165) und 'Yee- nes'ay' (Kalisch & Unruh, 2014: 173-174) präsentiert. Die Berichte der Enlhet beschreiben keine Ereignisse dieser Art, die von den Bo- livianern verursacht wurden.

Kooneng-Pa'at, Angst (Bericht 5)

Im folgenden Bericht bezieht sich Kooneng-Pa'at auf die Gegend östlich von Filadelfia. Die Front zog sich nicht durch die Mennonitenkolonien, sondern blieb westlich davon. Kooneng-Pa'at, Tochter des Kazike Karape'i - Kalape'e - berichtet:

Wir bewegten uns nicht, denn wir hatten Angst vor den Paraguay- ern. Toopak-Amyep - Gnadenheim (Nr. 3) - war voll von Fahrzeu- gen, alles war grün von Fahrzeugen. Diese Leute töteten uns. Es waren keine Freunde. Nun, es gab kein Wasser während des Krie- ges. Den Enlhetfrauen blieb deshalb nichts anderes übrig, als Was- ser bei den Brunnen der Mennoniten zu suchen; sie machten es zur Mittagszeit, wenn die Paraguayer ihre Siesta hielten. Sie kamen aus dem Busch, voller Angst, dass die Paraguayer sie ergreifen könn- ten. Ihre Wassergefäße aus Kürbis machten viel Lärm, wenn sie sich zum Brunnen begaben und dabei aus Angst rannten. Sie hatten keine Eimer, sondern sie benutzten Gefäße, die sie aus dem Stamm eines jungen Flaschenbaumes erstellten, und an den sie Karaguata- stricke banden; diese nahmen sie als Eimer mit zu den Brunnen der Mennoniten. Sie holten das Wasser in großer Eile herauf, denn sie fürchteten die Paraguayer sehr, die auf dem Weg erscheinen   könnten. Sie warnten sich gegenseitig:

„Ihre LKWs sind dort auf dem Weg."

Wenn die Frauen die Kürbisse gefüllt hatten, liefen sie zurück; und mit großer Erleichterung erreichten sie den Busch.

Wir hatten Hunger; auch die Mennoniten teilten ihr Essen nicht mit uns und behielten es für sich. Voller Furcht nahten sich die Frauen den Mennonitendörfern; ihr Hunger drängte sie. Ihr Hunger beweg- te sie, den Mennoniten Stricke, aus tamam'a - karaguata (Deina- canthon urbanianum) - zu bringen. Dafür gaben sie uns altes Brot; sie gaben uns die Schale der Süßkartoffeln. Zurück in unseren Hüt- ten, kochten wir die; wir aßen die Schale der Süßkartoffeln. Die Frauen verachteten diese Süßkartoffelschale nicht, die sie im Tausch für karaguata-Stricke erhielten.

Wir hatten Hunger; es war schwer, Essen zu bekommen. Die valay - die Paraguayer - waren ausgesprochen gefährlich und die Frauen konnten nicht einem kentem' - karaguata (Bromelia serra) besor- gen, um ihn zu essen. Man musste die grünen Blätter des kentem' im Feuer verbrennen, um das Mark zu essen. Allerdings wagten sie es nicht, das zu tun, denn sie fürchteten, dass die Paraguayer den Rauch bemerken würden. Also schnitten sie die Blätter des kara- guata ab und begruben den Stängel unter Asche; aber so konnte nicht genügend für alle zubereitet werden.

Die Enlhet tauchten nicht auf, sie blieben still im Busch. Sie waren voller Angst, fürchteten die Paraguayer, die uns leicht töteten. Auch Honig aßen wir nicht, denn die Paraguayer könnten die Axt hören, wenn ein Baumstamm geöffnet würde:

„Die Paraguayer könnten dem Lärm der Axt folgen."

Wir konnten nichts aus dem Busch essen; es war wegen dem Krieg der Paraguayer. Denn die Paraguayer, wenn sie uns sähen, würden sie uns gleich töten. Sie sind keine Freunde, sie sind nicht unsere Nächsten. Wenn sie uns sahen, riefen sie gleich:

„Bolivianer, Bolivianer!"

Sie nannten uns Bolivianer. Sie fassten auch die Kinder, hoben sie auf ihr Fahrzeug und nahmen sie mit. Bis heute habe ich Angst vor den Paraguayern. Sie töteten nämlich die Enlhet. Sie ermordeten einen Enlhet, der Stricke zu den Mennoniten brachte. Nach diesem Zwischenfall zogen die Enlhet sich noch weiter zurück. Einem anderen Enlhet, den Vater von Haanmon, riss eine Kugel ein Ohr ab; er hatte Glück und starb nicht. Er kehrte nach Hause zurück, voller Blut; die paraguayischen Soldaten hatten sein Ohr erwischt. Ich er- innere mich an das Ereignis. Meine Erinnerungen zeigen, wie alt ich bin.

Sa'kok-Nay', Sie wollten seine Ehefrau (Bericht 6)

Sa'kok-Nay' (siehe Bericht 1) kam aus dem heutigen Loma Plata - Pa'aeklha'pe'. Sie berichtet:

In Kemha-Paatelh - Kleefeld (Nr. 2) wurde ein Enlhet ermordet, ein Cousin meines Vaters; ganz am Anfang des Krieges. Er war nicht aus Kemha-Paatelh, sondern aus Pa'aeklha'pe' - Loma Plata. Aber während eines yaanmaan - die Initiation der Mädchen - in Pa'aeklha'pe' heiratete er eine Frau von Kemha-Paatelh und die nahm ihn mit zu ihrem Ort, denn die Frauen nehmen ihre Männer mit, wenn sie heiraten. Dort haben die valay - die Paraguayer - ihn ermordet; sie begehrten seine Frau.

Der Mord geschah, als das Paar Stricke zu den Mennoniten brachte um sie zu verkaufen. Man hatte sie geschickt:

„Geht zu den Mennoniten!"

Man sagt, dass zu der Zeit nur ein Mennonit in Kemha-Paatelh wohnte.

„Nehmt die Stricke und bringt Brot dafür", hatte man dem Paar gesagt.

Als dies zum Dorf kam, traf es einige sopkelloom - Paraguayer (wörtlich: "wütende Sache") - auf Mulas. Diese beabsichtigten, die Frau zu nehmen, aber der Ehemann wollte sie ihnen nicht überlassen, denn sie hatten erst kürzlich geheiratet. Da ermordeten sie ihn, um die Frau zu bekommen. Sie gaben ihm einen Schuss, und nach- dem sie ihn hingerichtet hatten, nahmen sie die Frau. Sie setzten sie auf ein Mula und brachten sie nach Mcal. Estigarribia. Später, eines nachts, konnte sie fliehen. Die Soldaten schliefen fest, und als sie aufwachten, war sie schon ziemlich weit weg. Sie floh klug, ging am Rand des Weges im Wald damit niemand sie sähe. Als sie zu- rückkam, waren ihre Füße stark geschwollen.

Wenn die Paraguayer eine Frau haben wollten, entstand für die Männer ein Dilemma. Wenn der Mann sich weigerte, wurde er ge- tötet; auch wenn er apveske' war - eine Person mit Autorität - wür- den sie ihn töten. Die Paraguayer waren bereit, auf einen Enlhet zu schießen. Sie behandelten uns nicht pfleglich. Es ist kein Zufall, dass ich mich bis heute nicht den Soldaten nähere. Auch wenn sie Nahrungsmittel bringen, gehe ich nicht hin.

Maangvayaam'ay', Wie Hunde (Bericht 7)

Maangvayaam'ay' wurde nach dem Krieg geboren, aber er verfügt über einen ausführlichen Bericht über denselben. Er informiert über ein Ereignis, von dem er in Kenntnis gesetzt wurde:

Ich habe auch gehört, wie sie von Galeanos Mutter sprachen. Nicht nur die yaamvalay - die Bolivianer -, sondern auch die valay - die Paraguayer - folgten pausenlos den Frauen. Einige von ihnen haben der Mutter von Galeano fast die Beine gebrochen, als sie sie als Gruppe vergewaltigten; als sie noch jung war und keinen Mann hatte. Sie fanden sie an einem Ort, banden ihre Beine, banden ein Bein zu einer Seite, das andere zur anderen, damit ihre Beine weit geöffnet waren, so wie man es macht wenn man ein Schaf tötet. Mit gespreizten Beinen hat einer nach dem anderen sie miss- braucht, sie wechselten sich ab, bis sie alle befriedigt waren. Sie wandte sich, um ihnen auszuweichen, aber sie hatten sie fest ange- bunden. Als sie sich alle über sie hergemacht hatten, banden sie   ihre Füße los; sie haben sie nicht getötet. So habe ich gehört, dass die Enlhet es berichteten. Die Paraguayer waren wie Hunde.

Kam'aatkok Ketsek, Sie haben sie erschossen (Bericht 8)

Kam'aatkok Ketsek spricht von einem Massaker in einer Gruppe von Enlhet in der Gegend von Laguna Verde - Paskongkong- Amyep -, der mit dem Raub von zwei Frauen endete. Wie sie an anderer Stelle angibt, geschah dieses Ereignis „nach dem Krieg".

Die sopkelloom - Paraguayer (wörtlich „wütende Sache") - ermordeten unsere Erwachsenen, und als sie in ihr Lager zurück kehrten, nahmen sie eine Frau mit, meine Tante. Ihre Tochter nahmen sie auch mit, ein Mädchen, das noch sehr jung war, so wie meine En- kelinnen, die hier um uns herum sind. Bis heute habe ich Angst vor den Paraguayern, ich habe große Angst vor den sopkelloom, denn diese Ereignisse stehen noch immer vor meinen Augen.

Scheinbar waren die Kugeln der Soldaten zur Neige gegangen, denn die Waffen schossen nicht mehr. Jetzt begannen sie uns zu verfolgen und fingen die zwei Frauen, die in eine Buschinsel geflo- hen waren. Sie umzingelten diesen Wald, fingen sie und hoben sie auf ein Pferd. Das Mädchen schrie, als sie es mitnahmen.

„Weine nicht", sagte ihre Mutter. „Weine nicht. Diese Paraguayer zögern nicht, uns zu töten. Sieh, wie sie einen Teil unserer Leute getötet haben", sagte sie, um sie zu beruhigen.

Ihre Tochter hörte nicht auf sie und schrie immerzu aus Angst vor den Paraguayern.

Sie nahmen sie mit zu ihrem Lager und das Mädchen weinte wei- ter. Daraufhin wurde sie gezwungen, sich vor einen Quebracho zu stellen und sie schossen, erschossen sie. Es störte sie, dass sie nicht aufhörte, aus Angst zu weinen. Die sopkelloom - die Paraguayer - richteten die Kleine hin, sie stellten sie vor den Quebracho und er- mordeten sie; ihre Mutter beobachtete alles. Diese töteten sie aber nicht, sondern sie machten sich über sie her und vergewaltigten sie.

Sie ließ alles mit sich geschehen und rettete sich so.

Meine Tante blieb eine Zeitlang bei den valay - den Paraguayern - denn es dauerte eine Weile, bis sie eine Möglichkeit fand, sich vor ihnen zu retten. Sie ließ sie einschlafen, wartete bis sie tief schlie- fen. Als sie schnarchten - sie hatten sich um sie herum hingelegt - erhob sie sich vorsichtig und schlich sich weg. Sehr vorsichtig ver- ließ sie sie und ging dort, wo kein Weg war; sie floh tief in den dichten Wald. Später ist sie wieder zu uns gestoßen. Sie hatte sich gerettet, sie lebte; die Paraguayer töteten sie nicht, weil sie floh, während sie schliefen. Ihre Tochter, dagegen, das Mädchen, wurde von ihnen ermordet.

Sooso', Sie dachten sie lebe (Bericht 9)

Die Eltern von Sooso' lebten beim *Fortín* Arce - Yaatektama- Yelhem. Nach dem Rückzug der Bolivianer begaben sie sich weiter nach Süden und lebten auf paraguayischer Seite in der Region von Rancho Quemado - Lhepasko' (verbrannte Hütte). Aufgrund der Gewalt der Paraguayer zogen sie sich aber an einen ihrer Orte zu- rück, Poy'-Aava'-Ya'teepa, der außerhalb der militärischen Bewe- gungen lag. Sie erzählt:

Von Poy'-Aava-Ya'teepa begab sich die Gruppe nach Lheyaaho'pak zwischen Poy'-Aava-Ya'teepa und Lhepasko' - Rancho Quemado. Dort hatten sie ein Feld und wollten Süßkartoffeln ernten. Sie dach- ten, dass es in dieser Gegend keine Truppenbewegungen gäbe und ihnen nichts passieren würde. Während sie ernteten, hörten sie, wie der Ibis moktak - Theresticus caudatus - schrie, so erzählte meine Mutter. Es war vor meiner Geburt, aber ich kenne die Ereignisse   aus ihren Berichten.

„Der Ibis ruft", sagte ein Kind.

Das geschah in der Region von Lheyaaho'pak, wo sie ihre Süßkar- toffeln hatten. Dorthin pflegten die Paraguayer nicht zu kommen und sie achteten deshalb nicht auf die Schreie des moktak. Sie gruben ihre Süßkartoffeln aus und warfen nur schnelle Blicke auf den Ibis. Sie waren mit ihren Süßkartoffeln beschäftigt:

„Was geschieht dort?"

„Was sieht der Ibis?"

Der Ibis schwieg nicht und endlich hob eine Frau ihren Blick zum Buschrand auf:

„Was sehe ich dort? Es hat weiße Kleider!", rief sie.

Jene Paraguayer hatten weiße Kleider, sagte meine Mutter. Die Enlhet, dagegen hatten keine Kleidung; sie trugen nur Röcke aus Leder.

„Oh! Dass es doch nicht die valay - Paraguayer- sein mögen!"

„Erhebt euch! Schaut, es sind Paraguayer!"

Es war eine kleine Gruppe von Soldaten. Sie suchten die Gegend nach Enlhet ab; so sagte meine Mutter; sie kamen aus Rancho Quemado. Plötzlich hörten sie den Knall einer Waffe; so erinnerte sich meine Mutter.

„Es sind Soldaten! Lauft!"

Sofort rannten die Frauen weg. Sie ließen ihre Süßkartoffeln liegen, sie nahmen sie nicht mit. Eine Frau verlor auch ihr Kind; sie dach- te, dass es mit einer anderen Frau weggelaufen sei.

Als die Soldaten weg waren, kamen die Männer zurück um das Mädchen zu suchen. Sie sahen sie von ferne - aber nein, die Para- guayer hatten sie getötet. Die valay - die Paraguayer - hatten einen Stock in ihren Körper gestoßen, so dass die Leiche vor einem Baum stand. Sie hatten deshalb den Eindruck, dass sie noch lebte, als sie sie sahen. Sie dachten sie sei noch am Leben - aber nein, sie war tot. Die Paraguayer töteten das Mädchen, das verlorenging als die Frauen flohen, während sie Süßkartoffeln suchten. So erzählte meine Mutter. Die Enlhet zogen sich erneut zurück. Sie haben sich nicht gerächt. Erst später würden sie sich rächen.

Zusammenfassung: Eine Gewalt, die weder notwendig noch zufällig war

Die Gewalt des Militärs gegen die Enlhet, die aus Lust an Grausamkeit verübt wurde, tritt in den Berichten der Enlhet konstant auf. In bestimmten Momenten oder bei bestimmten Gelegenheiten haben einige Militärchefs diese Gewalt gebremst. In den Berichten wird der Grund dafür nicht erklärt, aber es wird hervorgehoben, dass sich die Militärs aus den Festungen der Enlhet-Frauen und der Arbeitskraft der Männer bedienten (Ramón Ortiz, in Bericht 2); sie hatten sogar Enlhet in ihren Reihen. Das lässt vermuten, dass sie ein gewisses Interesse an einer minimalen Ordnung zwischen den Soldaten und den Enlhet hatten, damit die Situation ruhig bliebe.

Aber, wie wir in Bezug auf die Prostitution der Enlhet-Frauen in den Festungen gesehen haben, war die Gewalt gegen die Enlhet komplexer als es zufällige Übergriffe wären, die man vorbeugen könnte. Sicherlich, die erwähnten Übergriffe waren nicht notwen- dig: Die Enlhet waren, militärisch gesehen, weder Feinde noch provozierten sie die Soldaten. Dennoch, die Gewalt gegen die Enlhet - die Zivilbevölkerung - war nicht zufällig; sie war systema- tisch. Den wenigen Momenten, während denen die Offiziere diese Gewalt vorzubeugen versuchten (in den Fällen, in denen bestimmte soziale Beziehungen zwischen den Enhlet und dem Militär bestan- den), stehen viele Momente der Gewaltanwendung gegenüber, die keine Folgen für die handelnden Soldaten hatten. Diese Gewalt, die nicht auf dem Schlachtfeld stattfand, sondern gegen die zivile Ge- sellschaft gerichtet war, war nämlich von strategischer Bedeutung. Sie war ein klares Zeichen - und ein starkes Symbol - dass die mili- tärische Präsenz der Tatsache widersprach, sie in ihr Gegenteil ver- kehrte und sie beseitigte, dass die Enlhet die Herren dieser Lände- reien waren; Glieder eines unabhängigen Volkes. So erhält die Gewalt gegen die indianische Bevölkerung - besonders gegen die Frauen und Kinder - eine klare Lesart: In der öffentlichen Darstel- lung und im Bewusstsein der betroffenen Nationen war der Chaco- krieg ein internationaler Krieg (Capdevila, 2010). Aber innerhalb desselben fand ein weiterer Krieg statt, mit Mitteln, die nicht militärischer Art waren, ein asymmetrischer Krieg (Richard, 2007): In seiner Artikulation erwies sich der Chacokrieg nicht nur als international, sondern auch als ein Kolonialkrieg.

Die Lust an der Grausamkeit, die sich in den Berichten zeigt, sollte verstanden werden. Gewiss, die Kolonialkriege erleichtern Gewalt und Mord, denn sie werden weit weg von der Zentralmacht ausge- führt, und „moralische Prinzipien, die den Zusammenhalt der kolonisierenden Gruppe sichern, treten in den Hintergrund" (Todorov, 2010: 177). Es gibt jedoch einen wichtigeren Grund um jene unkontrollierte Gewalt zu erklären, die nicht einfach darauf aus ist, den anderen zu besiegen, sondern ihn zu zerstören. Dieser Grund hat damit zu tun, dass man den Anderen oft als anders wahrnimmt, auch wenn es nicht der Unterschied an sich ist, der die Gewalt ver- ursacht (so dass man sie durch mehr Kenntnisse über den Anderen vermeiden könnte). Vielmehr entsteht diese Gewalt auf dem Hin- tergrund jener Andersartigkeit, der es unmöglich macht, den Ande- ren als Teil eines gemeinsamen sozialen Systems zu verstehen; mehr noch: Als Teil einer gemeinsamen Menschlichkeit (Todorov, 2010: 178). Unter diesen Umständen drückt die Gewalt aus, dass man dem Anderen, wenn er nicht in die eigene Vorstellungswelt eingeschlossen werden kann, sein Menschsein, das er in der Tat hat, aberkennt. Das verlangt eine Behandlung, die nicht einfach tö- tet, wie man ein Tier tötet. Hier bezeichnet das Töten den Versuch, etwas Offensichtliches zu widerlegen und in sein Gegenteil zu ver- kehren: Die Menschlichkeit der Ermordeten. Um zu betonen, dass es um mehr geht als nur eine einfache Tötung, bedarf diese Tötung einer speziellen Form: Sie muss durch eine ungekannte Grausam- keit verstärkt werden. Die Enlhet verstanden solche Gedankengän- ge; deshalb suchten sie soziale Beziehungen als eine Strategie der Selbstverteidigung, auch wenn sie diese Strategie viel kostete.

Schluss: Die Berichte und ihre Bedeutung

Das Ziel dieses Textes war es, Enlhet-Berichte über den Chaco- krieg zu präsentieren, die nicht nur Dynamiken und Prozesse dar- stellen, sondern auch Lesarten und Vorstellungen der Enlhet auf- zeigen, um so ein erstes Panorama – wenn auch sehr   unvollständig
- der Geschichte der Enlhet über den Chacokrieg zu präsentieren. Ich habe diese Berichte in zwei Momenten organisiert. Außer die- sen zwei Momenten gibt es weitere, deren Betrachtung fruchtbar wäre, um den Enlhet-Narrativ über den Chacokrieg besser zu ver- stehen. Einige dieser Momente (die sich teilweise in den vorgestell- ten Berichten wiederfinden) könnten sein: Die Enlhet in den Fe- stungen; Die Enlhet außerhalb der Festungen; Das Militär und die Pocken (siehe dazu Kam'aatkok Tengkat in Kalisch & Unruh, 2014: 203-210); Die Prostitution; Die Schlachten (siehe dazu Yaa- kap Apkekheem in Kalisch & Unruh, 2014: 178-180; 181-182); Die Ortskundigen, Vermittler und Kämpfer unter den Enlhet; Der Widerstand der Enlhet; Die Reaktionen der Enlhet; Interne Prozes- se wie sie beschrieben werden von Taalhe-Ktong (Kalisch & Un- ruh, 2014: 168-171) und Kam'aatkok Tengkat (Kalisch & Unruh, 2014: 203-210); Fluchtdynamiken; Die Neubildung der Gruppe hinter der Front; Die Annäherung an die Mennoniten als Antwort auf die Gewalt (siehe dazu Av'aava'ay' in Kalisch & Unruh, 2014: 190-191); Die territoriale Neuregelung nach dem Krieg je nach Re- gion u. a. m.

Die heiße Phase der Kolonisierung der Enlhet hatte ein relativ ho- mogenes Ergebnis: Die massive Taufe des Volkes innerhalb weni- ger Jahre und die darauffolgende Ansiedlung in den sogenannten Missionen. Dennoch, die Vielstimmigkeit der Berichte über den Chacokrieg erinnern daran, dass die Erfahrungen der verschiedenen Gruppen, die wir heute Enlhet-Volk nennen, vielfältig waren, und der Prozess, der zu dieser relativen Homogenität führte, war voller innerer Widersprüche. Es gab Diskussionen und Auseinanderset- zungen innerhalb der Gruppen, durch die verschiedene mögliche Wege aufgezeigt wurden. Es gab also verschiedene Formen, um auf die Kriegssituation und die erlittene Gewalt zu antworten und zu reagieren, die sich außerdem für jede Gruppe und zu verschie- denen Zeitpunkten unterschiedlich äußerten. In dieser Verschie- denheit gab es allerdings Konstanten, die sich aus ähnlichen Erfah- rungen ergaben; aus Entscheidungen der Gruppe, die alle übernah- men; und aus kulturellen Mustern, die vergleichbare Interpretati- onsregeln und Überlegungen vorgaben und ähnliche Reaktionen verursachten.

Im Enlhet-Narrativ - der Enlhet-Geschichte - über den Chacokrieg spiegeln sich sowohl Beständigkeit als auch Brüche und Wider- sprüche. Diese Vielstimmigkeit nimmt den Berichten jedoch ihre Kohärenz und Glaubwürdigkeit nicht, denn kein Bericht ist zufäl- lig. Vielmehr ist jeder einzelne von denen geprüft, in deren Ge- genwart er entstanden ist (solange er noch im Rahmen einer beste- henden Überlieferung geformt wurde). Zudem bestand ein Grund, ihn zu erzählen (und das in der Form, in der es gemacht wurde). So gibt es viel Grund, sich diesen Berichten - unsere geschichtlichen Quellen - mit einem grundsätzlichen methodologischen Respekt zu nahen, der auch für die Unterschiede gilt, die die Berichte unterein- ander haben und in Bezug auf die Narrative anderer Gruppen. Das heißt, die Widersprüche zwischen verschiedenen Berichten - die selbstverständlich einem kritischen Vorgang unterworfen werden müssen - entstehen sich nicht automatisch durch einen Fehler oder einer Ungenauigkeit eines der beiden. Vielmehr produziert dieser Widerspruch innerhalb der vielstimmigen Erinnerung eine eigene Bedeutung, der untersucht werden muss: Zu einem besseren Ver- ständnis der Enlhet-Geschichte tragen sowohl die Unterschiede der verschiedenen Berichte als auch ihre Gemeinsamkeiten bei. Gleichzeitig helfen Daten, die von außerhalb der Enlhetüberliefe- rung kommen, oft den Narrativ des Volkes genauer wiederzugeben und besser verstehen zu können. Letztendlich, der Vergleich und die Kontrastierung desselben mit den Narrativen der Nachbargrup- pen ermöglichen es, neue Lesarten zu entdecken und zu entwik- keln, die dazu beitragen, die Position der Enlhet in   jenem Prozess besser zu verstehen, durch den sich die gegenwärtige Gesellschaft im Zentralen Chaco gebildet hat.

Pa'lhama-Amyep, 3. August 2015

Bibliografie:

- Barreto, Sindulfo. 1969. Por qué no pasaron. Revelaciones diplomáticas y militares. Ohne Ort.

- Capdevila, Luc. 2010. "La guerra del Chaco Tierra adentro. Desarticulando la representación de un conflicto internacional". En: Luc Capdevila, Isabelle Combès, Nicolás Richard y Pablo Barbosa. 2010. Los hombres transparentes. Indíge- nas y militares en la guerra del Chaco (1932-1935). Cocha- bamba: Instituto de Misionología. Pp. 11-31.

- Capdevila, Luc, Isabelle Combès und Nicolás Richard. 2008. "Los indígenas en la guerra del Chaco. Historia de una ausencia y antropología de un olvido". In: Richard, Nicolás (Hrsg.) 2008. Mala guerra: los indígenas en la Gue- rra del Chaco (1932-35). Asunción, Paris: Museo del Barro, ServiLibro, CoLibris. Pp. 13-65.

- Fabre, Alain. 2005. "Los pueblos del Gran Chaco y sus lenguas, primera parte: Los enlhet-enenlhet del Chaco Paraguayo". Suplemento Antropológico 40, 1: 503-569.

- Friesen, Martin W. 1996. "El intrépido vikingo". In: Klas- sen, Peter P. (ed.). 1996 (tercera edición). Kaputi Mennoni- ta. Arados y fusiles en la guerra del Chaco. Sin lugar. Pp. 23-25.

- Friesen, Martin W. 1997 (2. Ausgabe). Neue Heimat in der Chacowildnis. Loma Plata: Sociedad Cooperativa Colonizadora Chortitzer Komitee.

- Friesen, Uwe. 2013. "Der Erschließungsprozess de Gran Chaco seit dem späten 19. Jahrhundert". Jahrbuch für Ge- schichte und Kultur der Mennoniten in Paraguay, Jahrgang

14: 23-74.

- Hassoun, Jacques. 1996. Los contrabandistas de la memo- ria. Buenos Aires: Ediciones de la Flor.

- Joy, Juan Carlos. 1992. Los fortines de la guerra. Toponi- mia chaqueña. Asunción: Estudio Gráfico.

- Kalisch, Hannes. 2009. "Enlhet". Lexikon der Mennoniten in Paraguay. Asunción: Verein für Geschichte und Kultur der Mennoniten in Paraguay. Pp. 122-128.

- Kalisch, Hannes. 2010. "Nengelaasekhammalhkoo. La 'paz enlhet' y su transfiguración reciente". Suplemento Antropológico 45, 1/2: 343-392. Versión en inglés: Hannes Kalisch. 2011. "Nengelaasekhammalhkoo: An Enlhet Perspective". En: Wolfgang Dietrich, Josefine Echavarría Álvarez, Gus- tavo Esteva, Daniela Ingruber y Norbert Koppensteiner (eds.). 2011. The Palgrave International Handbook of Peace Studies: A Cultural Perspective. London: Palgrave McMillan. Pp. 387-414.

- Kalisch, Hannes. 2011. "Constelaciones históricas chaque- ñas". Acción. Revista paraguaya de reflexión y diálogo 314: 26-33.

- Kalisch, Hannes. Presse. "Resignificaciones". Acción. Re- vista paraguaya de reflexión y diálogo.

- Kalisch, Hannes und Ernesto Unruh (eds.) 2014. Wie schön ist deine Stimme. Berichte der Enlhet in Paraguay zu ihrer Geschichte. Asunción: Centro de Artes Visuales/Museo del Barro; Münster: Monsenstein & Vannerdat.

- Klassen, Peter P. 1983. Immer kreisen die Geier. Ein Buch vom Chaco Boreal in Paraguay. Filadelfia.

- Klassen, Peter P. 1991. Die Mennoniten in Paraguay, Band 2. Begegnung mit Indianern und Paraguayern. Bolanden-Weierhof: Mennonitischer Geschichtsverein.

- Ratzlaff, Heinrich. 2012. "Loma Plata - das größte Siedlungslager der kanadischen Mennoniten in der Chacowild- nis". Jahrbuch für Geschichte und Kultur der Mennoniten in Paraguay, Jahrgang 13: 59-84.

- Richard, Nicolás. 2007. "Cette guerre qui en cachait une otre. Les populations indiennes dans la guerre du Chaco". En: Nicolás Richard, Luc Capdevila y Capucine Boidin (eds.). 2007. Les guerres du Paraguay aux XIXe et XXe siècles. Paris: CoLibris. Pp. 221-243.

- Richard, Nicolás. 2008. "Los baqueanos de Belaieff. Las mediaciones indígenas en la entrada militar al Alto Para- guay". En: Richard, Nicolás (ed.) 2008. Mala guerra: los indígenas en la Guerra del Chaco (1932-35). Asunción, Pa- ris: Museo del Barro, ServiLibro, CoLibris. Pp. 99-123. Pp. 291-332.

- Todorov, Tzvetan. 2010 (segunda edición en español). La conquista de América: el problema del otro. México: Siglo XXI.

- Unruh, Ernesto und Hannes Kalisch. 2003. "Enlhet- Enenlhet. Una familia lingüística chaqueña". Thule, Rivista italiana di studi americanistici 14/15: 207-231.

- Unruh, Ernesto und Hannes Kalisch. 2008. "Salvación - ¿rendición? Los enlhet y la Guerra del Chaco". En: Richard, Nicolás (ed.) 2008. Mala guerra: los indígenas en la Guerra del Chaco (1932-35). Asunción, Paris: Museo del Barro, ServiLibro, CoLibris. Pp. 99-123.

Archäologie im paraguayischen Busch: Der

Chacokrieg und seine materiellen Hinterlassenschaften

Esther Breithoff

Der Chacokrieg zwischen Paraguay und Bolivien ist als blutigster Krieg des 20. Jahrhunderts in Südamerika bekannt. Trotzdem ist der Konflikt, in dem Tausende von Soldaten und Indianer ihr Le- ben verloren, außerhalb der zwei betroffenen Nationen kaum be- kannt. Obwohl es reichlich Bücher gibt, die sich mit dem Krieg auseinandersetzen, konzentriert sich die Großzahl dieser Werke auf die geschichtlichen und politischen Hintergründe sowie auf die militärischen Taktiken und Feldzüge. Nur die schriftlichen und mündlichen Aufzeichnungen von Kriegsveteranen und mennonitischen und indigenen Zeitzeugen gewähren Einblick in die persönlichen Erlebnisse der Beteiligten und erlauben so ein wenig Menschlich- keit inmitten der brutalen Unmenschlichkeit des Waffenkampfes.

Moderne industrielle Kriege, so wie der Chacokrieg es einer war, sind sogenannte „Materialschlachten", die in ihrer Verwüstung Berge von Metallabfall hinterlassen. Als der Chacokrieg 1935 end- lich sein lang ersehntes Ende fand und die Soldaten zum größten Teil heim in ihre Dörfer zogen, hinterblieb der Busch gezeichnet von jahrelangen Bombardierungen und Schlachten: Menschliche Überreste vermischten sich mit Patronenhülsen, Autoteilen, Bom- bensplitter und Chacoerde. Der Krieg hatte im Busch gewütet und dabei Mensch und Natur vernichtet. Inmitten dieser Zerstörung hat- ten sich aber auch neue Landschaften geformt: Schützengräben, Bunker,   ausgehölte Flaschenbäume, die als Wachposten und

Scharfschützenstellung dienten, und Soldatenfriedhöfe. Genauso wie die militärischen, politischen und geschichtlichen Hintergründe des Konfliktes, verdient es diese Masse von materiellen Hinterlassenschaften des Chacokrieges wissenschaftlich im Rahmen einer archäologischen Studie unter die Lupe genommen zu werden.

Die Archäologie oder Altertumsforschung setzt sich im Wesentli- chen mit dem Menschen und seiner hinterlassenen materiellen Kul- tur so wie etwa allen möglichen von Menschenhand hergestellten Objekten (z. B. Hand- und Kunstwerke), Gebäude und Landschaf- ten auseinander. In Paraguay sind archäologische Studien bedauer- licherweise unterentwickelt. Eine professionelle Ausbildung zum Archäologen (oder Archäologin) ist derzeit nicht möglich, da in keiner der nationalen Universitäten die Altertumsforschung als Studiengang angeboten wird. Obwohl die *Secretaría Nacional de Cultura* in Asunción das *Gabinete de Arqueología y Paleontología* eingerichtet hat, in dem eine junge motivierte Paraguayerin als *Técnico Arqueológico* arbeitet, fehlt es weiterhin sowohl an profes- sioneller als auch an finanzieller Unterstützung im Studieren und Erhalten nationaler archäologischer Stätten. Da die notwendigen Räumlichkeiten und Ausstattung zur Durchführung von detaillier- ten archäologischen Arbeiten fehlen, ist Paraguay auf ausländische Experten mit eigenem Kapital und Ausrüstung angewiesen. Ob- wohl Archäologen traditionell mit Kelle und Pinsel arbeiten, sind sie jedoch nicht nur an dem, was unter der Erde liegt, interessiert. Es ist daher ein häufiger Irrtum, dass alle Archäologie unter der Erde liegt und darauf wartet, freigelegt zu werden. Obwohl Aus- grabungen fester Bestandteil der archäologischen Forschung sind, sind sie nicht immer erforderlich, wie es das Beispiel Chacokrieg zeigen wird.

Ein Beispiel hierfür ist *Fortín* Nanawa. Das alte *Fortín* liegt ver- borgen im Busch auf dem Grundstück von zwei latinoparaguay- ischen Brüdern. Während der Kriegszeit war Nanawa das Rückgrat der paraguayischen Armee und somit das Hauptangriffsziel des bo- livianischen Heeres. Eine Gruppe von Holzbauten formte das Herz des *Fortíns,* das von dichtem Wald und einem zwölf Kilometer langem paraguayischen Schützengraben umgeben war. Die boli- vianischen Stellungen umgaben die des Feindes. Die Verschanzung ging auf beiden Seiten nur langsam voran, da die Soldaten das Holz, das sie für den Bau von Schützengräben benötigten, im Schutze der Nacht aus dem naheliegenden Wald holen mussten.

Die erste Schlacht von Nanawa fand vom 20. - 26. Januar 1933 statt. Nach drei gescheiterten Frontalangriffen gelang es den Boli- vianern, kurzzeitig einen kleinen Teil der paraguayischen Stellun- gen zu beschlagnahmen. Schlechtes Wetter hinderte sie jedoch am Weiterkommen und erlaubte so den Paraguayern, ihre Stellungen zurück zu erobern. Daraufhin folgten weitere zum größten Teil ge- scheiterte bolivianische Angriffe. Vier Monate später markierte ein umfangreicher, aber erfolgloser Frontalangriff unter der Führung vom deutschen General Hans Kundt im Dienste des bolivianischen Heeresstabes den Anfang der zweiten Schlacht von Nanawa in dem Tausende von Soldaten ihr Leben verloren.

Heute gedenken im alten *Fortín* drei heruntergekommene Denkmä- ler der Männer, die hier qualvoll starben. Obwohl die tödliche Schlacht nun mehr als achtzig Jahre zurückliegt, erinnert noch vie- les im Busch an die verheerenden Monate in Nanawa. Tatsächlich scheint die Zeit in Nanawa stehen geblieben zu sein. Auch wenn jetzt überwachsen und zum Teil zugeschüttet mit Erde, sind die Schützengräben noch sichtbar. Sogar die vereinzelten Stellungen der Schützen sind noch an den leeren Patronenhülsen, die kleine Kreise bilden, erkennbar. Bei näherem Hinschauen wird klar: Der Wald ist eine wahrhaftige archäologische Stätte, eine Art Frei- lichtmuseum, das die Geschehnisse aus dem Jahr 1933 in den mate- riellen Hinterlassenschaften widerspiegelt. Granatsplitter, Stachel- draht, verschossene Munition und Ladestreifen liegen verstreut im Unterholz. Obwohl sie im Lauf der Jahre rostig geworden sind, verkörpern sie noch immer die tödliche Zerstörungswut des Krie- ges. Andere Überbleibsel erinnern an die zahllosen menschlichen Tragödien, die sich hier inmitten der Anonymität des mechanisier-

Kuhglocken aus Granathülsen, ausgestellt im Museum Koloniehaus, Filadelfia

Sämaschine und Dorfglocke, hergestellt aus Material vom Chacokrieg. Die Sämaschine steht im Museum Loma Plata

Materielle Hinterlassenschaften im Wald von Nanawa

Überreste eines bolivianischen Panzers in Nanawa

Auf einer Lichtung im Wald von Nanawa, umgeben von hochge- wachsenem Gras, liegen die rostigen Überreste eines boliviani- schen Panzers. Panzer waren dem paraguayischen Soldaten unbe- kannt und ihr imposantes Erscheinen und lautes Getöse flößten ihm Angst ein. Schnell wurde jedoch beiden Seiten klar, dass der Ein- satz von Panzern im Chaco nicht erfolgreich war. General Kundt befahl unangemessene Angriffsstrategien, die von zum größten Teil unerfahrenen Konduktoren ausgeführt wurden. Da es im Inne- ren des Kettenfahrzeuges so unerträglich heiß wurde, war der Fah- rer zudem genötigt die Luke zu öffnen, um sich und die weiteren Insassen vor dem Erstickungstod zu retten. Dies gefährdete jedoch den Panzer und das Leben seiner Besatzung. Ein paraguayischer Veteran namens Jenaro Espínola schreibt in seinem Kriegsmemoi- re, dass einer von zwei bolivianischen Panzern vom paraguay- ischen Feuer getroffen und außer Gefecht gesetzt worden war. Nach Aussage von Espínola wurde der Panzer später noch von den Bolivianern weiter bombardiert, um ihn unfahrbar und somit nutz- los für den Gegner zu machen. Der Kriegsveteran bemerkt weiter- hin, dass „der gestoppte Panzer, tödlich verwundet" und „in seinem

Vordringen zum Stillstand gebracht, für immer an jenem Platz blieb."[61] Tatsächlich liegen die Überreste jenes Panzers heute noch da, wo er vor mehr als achtzig Jahren betriebsuntauglich gemacht

wurde. Das verrostete Überbleibsel aus Stahl, das einst den Para- guayer zittern ließ und den Bolivianer ins Verderben führte, sym- bolisiert heute nicht nur ein gescheitertes Militärmanöver, sondern die allgemeine Sinnlosigkeit des Chacokrieges.

Nicht alle *Fortines* sind jedoch so unberührt geblieben wie *Fortín* Nanawa. Durch den landwirtschaftlichen und urbanen Ausbau im Chaco sind zahlreiche archäologische Stätten so wie Militärlager, *Fortines* und Schützengräber zerstört worden. Nichts desto trotz hütet der Busch noch viele Geheimnisse aus der Kriegszeit - über

---

[61] Espinola, G. (1960). *Nanawa*: 4, 5 y6 de Julio de 1933. Asunción: La Comena
　　S. 72)

und unter der Erde. Vereinzelte Estanziabesitzer, die ein persönli- ches Interesse für die Geschichte und Kultur des Landes pflegen (sowie z. B. die Brüder in Nanawa), haben sich jedoch dazu ent- schlossen, jegliche Überreste vom Chacokrieg, die sich auf ihren Grundstücken befinden, möglichst unberührt zu lassen, um somit historische Landschaften zu erhalten. Einige *Fortines* wurden je- doch schon kurz nachdem der endgültige Waffenstillstand ausgeru- fen wurde, ihrer Metallgegenstände entleert.

So erhielten die Mennonitenkolonien kurz nach dem Krieg vom pa- raguayischen Verteidigungsministerium die offizielle Erlaubnis das Altmetall einzusammeln.[62] Daraufhin organisierten die Kolonie Menno und Fernheim Wagenfahrten zu den nahegelegenen *Forti- nes* und beluden ihre Fuhrwerke mit Kriegsmaterial, das dann spä- ter unter den Einwohnern versteigert wurde. Das Kriegsmaterial war eine willkommene Metallquelle für die Mennoniten. Die Kolo- nien befanden sich noch in den Anfangsjahren und Material jegli- cher Art war spärlich im Chaco. Alles was die Familien nicht selbst herstellen konnten, musste mit dem Zug von Puerto Casado oder sogar Asunción zur Bahnstation Fred Engen 145 Kilometer ins Chacoinnere gefahren und dann von dort mit dem Karren abgeholt werden.

Alles aufgesammelte Kriegsmaterial wurde deshalb bedacht wie- derverwertet. Patronenhülsen und Bombenhüllen wurden oft zur Dorfschmiede gebracht, wo sie erst geschmolzen und dann zu Töp- fen, Sieben und Tassen verarbeitet wurden. In der Landwirtschaft wurden Kriegsmunition in Kuhglocken und Ölkanister in Butter- stampfer und manuelle Sämaschinen verwandelt. So schlugen die Mennoniten wortwörtlich Schwerter zu Pflugscharen, indem sie das Material, das ursprünglich zum Töten produziert wurde, zu Ge- genständen, die den Chacoboden urbar und somit das Überleben möglich machten, transformierten.

---

[62] Die Indianer haben während und nach dem Krieg auch Altmetall zum Eigenbedarf und Tauschhandel eingesammelt.

Im Laufe der Jahre landeten zahlreiche dieser Objekte im Müll oder stehen heute vergessen in den Schränken und Scheunen der Leute. Oft ist ihre schicksalsschwere Herkunft vergessen oder so- gar unbekannt. Einige der Gegenstände sind in den Museen der drei Kolonien ausgestellt. Andere überleben unbeachtet in den menno- nitischen Dörfern wie zum Beispiel die traditionelle Dorfglocke, die aus der Felge eines alten Ford Cuatro aus der Kriegszeit her- stellt wurde und früher zum Schul- und Kirchgang geläutet hat. Die Dorfglocke vermischt so auf wunderliche Weise die zwei entge- gengesetzten Welten von bewaffneter Gewalt und dem christlichen Glauben an Pazifismus.

Heute, fast ein ganzes Jahrhundert nach Kriegsende, ist der Chaco- konflikt somit noch immer im Busch und in den Mennonitenkolo- nien in der Form materieller Hinterlassenschaften präsent. Zusam- men mit den schriftlichen und mündlichen Aufzeichnungen bilden diese archäologischen Artefakte das geschichtliche Archiv des Chacokrieges. Im Gegensatz zu Büchern und Erzählungen erlauben sie uns jedoch, die Vergangenheit regelrecht anzufassen und somit ins Hier und Jetzt zu bringen.

Letztendlich, wenn alle menschlichen Stimmen verstummen, sind es die archäologischen Überreste, die zu uns sprechen.

Das mennonitische Friedenszeugnis in Kriegszeiten

Das Beispiel der nordamerikanischen Mennoniten, 1774 − 1945

Rodger Toews

„Die Mennoniten haben oft gelitten, wenn Kriege ausbrachen. "
(Äußerung in der Parlamentsdebatte in Paraguay 1921, als das
„Mennonitengesetz" diskutiert wurde.)

Das Verständnis vom Frieden der Mennoniten ist, ironischerweise,
ganz besonders von Kriegszeiten maßgeblich beeinflusst und ge- formt
worden. Dieser Tatbestand trifft auch gerade auf die Mennonitengemeinschaften in Nordamerika zu. Der amerikanische Unabhängigkeitskrieg Ende des 18. Jahrhunderts, der Bürgerkrieg 85 Jahre
danach und die beiden Weltkriege in der ersten Hälfte des 20.
Jahrhunderts prägten nicht nur das Wesen der beiden nordamerikanischen Nationen, sondern auch das Friedenszeugnis der Mennoni- ten.
Folgendes Muster wiederholte sich in allen vier Kriegen: We- gen ihrer
Nichtbeteiligung an den Kampfhandlungen wurden die Mennoniten
sowohl von der nichtmennonitischen Mitbevölkerung als auch von
verschiedenen Regierungsinstitutionen massiv unter Druck gesetzt, ihre
Wehrlosigkeit aufzugeben. Die Folgen blieben nicht aus. In jedem
Krieg schien die absolute Gewaltverneinung der Mennoniten etwas
mehr zu erodieren. Zu gleicher Zeit bewirk- ten diese Kriege aber auch
einen Prozess der Meinungsbildung un- ter den mennonitischen
Gemeinden, in dessen Verlauf sich ihr

Friedensverständnis von einer individuellen, passiven Wehrlosig- keit weg, hin zu einer gemeinschaftlichen, aktiven Friedensverbrei- tung entwickelte.

Die ersten mennonitischen Einwanderer aus der Schweiz und dem Süden Deutschlands siedelten in der zweiten Hälfte des 17. Jahr- hunderts in den späteren Vereinigten Staaten von Amerika an.[63] Unter damaligen Bedingungen war schon nur die Überquerung des Atlantiks ein riskantes Unterfangen. Trotzdem war diese Option doch attraktiver als die Verfolgung, die sie in ihrer Heimat auf- grund ihrer Glaubensüberzeugung erlitten. Obwohl sie ihre Sied- lungen auf Ländereien anlegten, von denen die Eingeborenen Nordamerikas vorher gewaltsam vertrieben worden waren, hielten sie auch in ihrer neuen Heimat weiter am Prinzip der Wehrlosigkeit fest.

Die Wehrlosigkeit spielte eine wichtige Rolle in der Weltanschau- ung der Mennoniten, in der die Theologie der „Zwei Königreiche" nach Römer 13, dem Reich Gottes und dem Reich dieser Welt, eine zentrale Rolle spielte. Nach dem mennonitischen Verständnis be- deutete dieses Weltbild, dass die Kirche von Gott dazu beauftragt war, die geistlichen Belange der Kinder Gottes abzudecken, wäh- rend der weltliche Staat die Angelegenheiten von Nichtchristen re- gelte. Als Bewohner ihres Landes sahen sich die Mennoniten der jeweiligen Regierung ihres Landes treu ergeben. Verlangte diese Regierung von ihnen jedoch, gegen ihre Interpretation der bibli- schen Lehren zu handeln, hatte der Gehorsam Gott gegenüber
oberste Priorität.[64] Deshalb sahen sich die Mennoniten auch ver- pflichtet, selbst in Kriegszeiten nicht zu den Waffen zu greifen,

---

[63]. Cornelius J. Dyck, *An Introduction to Mennonite History* (Scottdale, Pennsylvania/Waterloo, Ontario: Herald Press, 3rd ed., 1993),196.

[64]. Perry Bush, *Two Kingdoms, Two Loyalties: Mennonite Pacifism in Modern America* (Baltimore and London: The John Hopkins University Press, 1998),6 – 7.

sondern der Lehre Jesu von der Nächstenliebe nachzukommen.

Der amerikanische Unabhängigkeitskrieg von 1775 bis 1782 war der erste Konflikt, der die Wehrlosigkeit der Mennoniten bis ins Innerste prüfte. Bei den Unabhängigkeitskämpfern stieß die men- nonitische Gewaltverneinung auf großes Unverständnis. Der Druck auf die mennonitischen Männer, den Milizen der Kolonien beizu- treten, wurde im Verlauf der Kämpfe immer größer. Im Jahr 1777 erließen mehrere der 13 Kolonien Beschlüsse, die den obligatori- schen Kampfeinsatz forderten. Weil sich die Mennoniten weiger- ten, weder an den Kampfhandlungen teilzunehmen noch einen Ver- treter an ihrer Stelle an die Front zu schicken, mussten sie ein Er- lassgeld zahlen.[65]

Ein weiteres Dilemma, vor dem die Mennoniten neben der Wehr- dienstverweigerung standen, war die Frage, wer im Kampf um die Unabhängigkeit nun die von Gott verordnete Regierung der Kolo- nien sei, die englische Krone oder die amerikanischen Rebellen. Die meisten der Mennoniten ergriffen während des Konfliktes für keine der Seiten öffentlich Partei, obwohl manche im Stillen auf einen Erfolg der britischen Krone hofften. Bis dahin hatten sie, ge- schichtlich gesehen, immer unter einer Monarchie gelebt und mit dieser ihre Sonderstellung ausgehandelt. Es war nicht klar, ob das auch in einer Republik möglich war. Ihre durch diese Frage ent- standene politische Unentschlossenheit sonderte die Mennoniten- gemeinschaften deutlich von der allgemeinen Meinungsströmung ihres Umfeldes ab.[66]

Trotz des großen Druckes von außen sahen die Mennoniten die Wehrlosigkeit als ihre einzige Option während des Krieges; dieser Standpunkt musste auf alle Fälle beibehalten werden. Während des

---

[65]. Richard K. Macmaster, *Land, Piety, Peoplehood: The Establishment of Mennonite Communities in America, 1683 – 1790* (Scottdale, Pennsylvania: Herald Press, 1985), 256 – 257.

[66]. Macmaster, *Land, Liety, Peoplehood,* 263 – 274.

Krieges, und auch in den ersten Jahren nach seinem Ende, siedelten viele Mennoniten in die englische Kolonie Kanada. Der kanadische Historiker Frank Epp meint, dass diese Auswanderung aus verschiedenen Motiven entstand: Der Suche nach neuem Land, dem Wunsch, unter der Herrschaft der englischen Krone zu leben und um ihre mennonitische Identität zu bewahren.[67] Obwohl die Men- noniten ihre Nichtbeteiligung am amerikanischen Unabhängig- keitskrieg als bestandene Glaubensprüfung werteten, hatten sie sich durch diese Haltung mehr von der Umwelt abgeschottet als vor dem Krieg.[68] In Fällen, wo der Druck auf die Mennonitengesell- schaften zu groß wurde, handelten sie direkt mit den zuständigen Regierungsinstanzen Sondergenehmigungen aus, ohne ihren Mit- bürgern ihre Motivation dafür zu erklären. Zu eng wurde die Wehr- losigkeit mit dem Selbstbild der „Stillen im Lande" verbunden. Diese Haltung machte aber einen Dialog mit den umliegenden Kul- turgruppen unmöglich. Deshalb traten ähnliche Probleme bei den folgenden Waffenkonflikten, die sich in den nächsten Generationen zutrugen, erneut auf.

Die Erfahrungen der Mennoniten im Amerikanischen Bürgerkrieg, der etwa 85 Jahre nach der Gründung der Vereinigten Staaten von Amerika ausbrach, waren, abhängig von ihren Wohnorten, sehr un- terschiedlich. Grundsätzlich kamen sie aber in noch größere Be- drängnis als im Unabhängigkeitskrieg.[69] Schon bald standen sie vor der Entscheidung, entweder selber in den Krieg zu ziehen oder zu- mindest einen persönlichen Stellvertreter zu schicken, oder aber ei- ne Ersatzsumme zu zahlen. Im Gegensatz zum Unabhängigkeits- krieg schickten viele Mennoniten einen Ersatzmann an die Front.

---

[67]. Frank Epp, *Mennonites in Canada, 1786-1920: A History of a Separate People* (Toronto: 1974), 56 – 57, in MacMaster, *Land, Piety, Peoplehood,* 278.

[68]. MacMaster, *Land, Piety, Peoplehood,* 276 – 280.

[69]. James O. Lehman and Steven M. Nolt, *Mennonites, Amish, and the American Civil War* (Baltimore, Maryland: The John Hopkins University Press, 2007).

Die Ersatzzahlung betrug in der nördlichen Union 200 Dollar, in der südlichen Konföderation 300 Dollar. Einige mennonitische Männer sahen sich gezwungen, für ihren jeweiligen Staat in den Krieg zu ziehen, weil sie sich weder einen Ersatzmann noch das Geld für die Ersatzzahlung leisten konnten.

Eine bis dahin unbekannte Erfahrung für die Mennoniten war die unmittelbare Nähe einiger Schlachten zu ihren Farmen. Besonders die Bewohner des Shenandoah Tales in Virginia wurden in Mitleidenschaft gezogen, als die Unionsarmee das gesamte Tal ausbrann- te, um somit die Nahrungskammer der südlichen Konföderation zu zerstören. Viele mennonitischen Farmer entschieden sich wegen Vorfällen wie diesen in den Norden zu flüchten. Obwohl die Mennoniten den amerikanischen Bürgerkrieg aus erster Hand erfuhren, blieben die meisten von ihnen ihrer Überzeugung der Wehrlosig- keit treu.

Eine prägende Figur für die Mennonitengemeinschaften während den Kriegsjahren war John F. Funk. Funk war in den späten 1850er Jahren aus dem Osten Pennsylvanias nach Chicago gesiedelt, von wo aus er die monatliche Zeitschrift *Herald of Truth* (Herold der Wahrheit) herausgab. Dieses Blatt wurde zum Treffpunkt der Sor- gen und Anliegen der verschiedensten Mennonitengemeinschaften durch die Staaten hindurch. Lehman und Nolt, zwei renommierte nordamerikanische Historiker im Bereich der Mennonitengeschich- te schreiben, dass diese Zeitschrift ganz besonders zu einem Zu- sammengehörigkeitsgefühl unter den, geographisch gesehen, weit- verstreuten Mennonitengemeinschaften in Nordamerika beitrug. Die Erkenntnis, dass andere Gemeinden vor denselben Problemen und zum Teil auch theologischen Herausforderungen standen, be- kräftigte die Ansicht, dass die Mennonitengemeinschaften über die Lokale hinaus an die an sie herantretenden Situationen zusammen- arbeiten müssten.

Das Gesamtbild der Mennoniten Nordamerikas wurde nach Ende

des Bürgerkrieges ab 1874 stark verändert, als in einer neuen Ein- wanderungswelle etwa 18.000 russische Mennoniten in die Verei- nigten Staaten und dem neugegründeten Kanada einwanderten.[70] Im Vergleich zu den bereits in Nordamerika lebenden Mennoniten unterschieden sich die russischen Mennoniten in mehreren Aspek- ten. Zum einen hielten sich die russischen Mennoniten strikt an der deutschen Sprache, während die Nordamerikaner neben der deut- schen auch schon die englische Sprache weitgehend übernommen hatten. Zum anderen hatten die russischen Mennoniten ihre Über- zeugung der Wehrlosigkeit nicht in so einem unmittelbaren Kriegs- zustand verteidigen müssen, wie es ihre nordamerikanischen Glau- bensgeschwister etwa 10 Jahre vorher mussten.

Gerlof D. Homan, ein Mennonitengeschichtler aus den Vereinigten Staaten, behauptet, dass die Mennoniten vor dem 1. Weltkrieg zu wenig unternahmen, den eigenen jungen Generationen wie auch den nichtmennonitischen Mitmenschen den Grund für ihre Wehrlo- sigkeit zu erklären. Zu oft war die Wehrlosigkeit den folgenden Generationen als eine Tradition ohne theologische Basis weiterge- reicht worden. Das beinhaltete auch, dass die Mennoniten relativ
wenig Literatur zu diesem Thema und auch überhaupt im Allge- meinen produzierten.[71]

Obwohl die nordamerikanischen Mennoniten bis zum frühen 20. Jahrhundert mehrere Waffenkonflikte miterlebt hatten, enthielt der 1. Weltkrieg ein für sie neues, äußerst konfliktives Element: Sie wurden nicht nur wegen ihrer Wehrlosigkeit kritisiert, sondern von vielen wegen ihrer deutschen Sprache als Staatsverräter bezeichnet, weil sie angeblich die deutsche Seite im Krieg unterstützten. Diese beiden Umstände stellten die Mennonitengemeinschaften in den di- rekten Widerspruch zur englischsprachigen Bevölkerung, die größ- tenteils von einem allgemein wiedererweckten Patriotismus, der

---

[70]. Dyck, *Mennonite History,* 196.

[71]. Homan, *American Mennonites,* 36.

teilweise an Fanatismus grenzte, angetrieben wurde. Plötzlich wur- den die Mennoniten von verschiedenen Massenmedien als alliierte des Kriegsfeindes dargestellt.

Sowohl in Kanada als auch in den Vereinigten Staaten erlebten die Mennoniten während dem 1. Weltkrieg verschiedene Formen der Diskriminierung. So wurden in Kanada mennonitische Arbeiter entlohnt und mit Englisch sprachigen Arbeitern ersetzt, ihre Post wurde zensiert und manche mennonitischen Geschäfte beschä- digt.[72] Zudem mussten mennonitische Zeitschriften, die in Deutsch herausgegeben wurden, ihre Ausgaben ausschließlich in Englisch verfassen - darunter auch die „Steinbach Post" und „Der Mitarbeiter". Trotz dieser und weiterer öffentlicher Maßnahmen gegen sie bekamen die kanadischen Mennoniten als Gruppe 1917 die Freiheit vom obligatorischen Militärdienst bestätigt. Allerdings verloren sie gleichzeitig ihr Recht zu wählen.[73]

Nachdem die Vereinigten Staaten in den Krieg eingetreten waren, wurden die Mennoniten auch hier Opfer von Misshandlungen. An- ders als in Kanada, wurde den Mennoniten die Wehrfreiheit nicht als Gruppe zugesprochen, sondern die Antragsteller mussten sich dazu in Militärcamps präsentieren und ihren Antrag vorlegen und verteidigen. Dabei wurden viele Antragsteller enorm unter Druck gesetzt, indem sie ins Gefängnis gesteckt wurden und andere Demütigungen hinnehmen mussten.[74] Manche mennonitische und amische Jungen starben wegen der Misshandlungen. Zudem wur- den Felder von mennonitischen Farmern abgebrannt, ihr Vieh ge-

---

[72]. Reina C. Neufeld, "Tolerant exclusion: expanding constricted narratives of wartime ethnic and civic nationalism," *Nations & Nationalism* 15, no. 2 (2009): 213, Academic Search Premier (37137846).

[73]. John J. Friesen, *Building Communities: The Changing Face of Manitoba Mennonites* (Winnipeg, Manitoba: CMU Press, 2007), 54 – 56.

[74]. Neufeld, *Tolerant Exclusion,* 218.

stohlen und öffentlich verkauft.[75] Die meisten Mennoniten konnten die Anschuldigungen ihrer Nachbarn nicht verstehen, weil sie sich selbst als aufrichtige und loyale Landesbewohner sahen.

Die öffentlichen Anfeindungen und die Beschuldigung, dass die Mennoniten während des Krieges nicht ihren schuldigen Beitrag an ihr Heimatland geleistet hatten, spornte sie an, sich besonders stark am Wiederaufbau der Gesellschaft nach dem Krieg einzusetzen. Allein in Manitoba spendeten die Mennoniten etwa 750.000 Dollar an das Rote Kreuz und andere Organisationen, die verschiedenen

vom Krieg betroffenen Menschen halfen - besonders in Übersee.[76]

Waren die bisherigen mennonitischen Gesellschaftsinstitutionen wie das Waisenamt und die Brandversicherung darauf versiert, die Not in der eigenen Gesellschaft zu lindern, so ließ sich nach dem 1. Weltkrieg eine erhöhte Anstrengung beobachten, Menschen von außerhalb der eigenen Gemeinschaftsgrenzen zu helfen. Der Höhe- punkt dieser Anstrengungen war zweifellos die Gründung des Mennonite Central Committee (MCC) im Jahr 1920. Diese Hilfsorganisation wurde mit dem Ziel gegründet, den mennoniti- schen Glaubensgeschwister zu helfen, die nach der Machtüber- nahme Russlands seitens der Kommunisten im Oktober 1917 in der

Ukraine Hunger litten.[77] In relativ kurzer Zeit entwickelte sich das MCC zu einer Hilfsorganisation, deren Hilfsprojekte auch Nicht- mennoniten einschlossen. Heute ist das MCC in zahlreiche Wie- deraufbau- und Entwicklungsprojekte unter armen Menschen rund um die Welt verwickelt.

Durch die obigen Anstrengungen machten die nordamerikanischen

---

[75]. Friesen, *Building Communities,* 56.

[76]. Adolf Ens, *Subjects or Citizens?: The Mennonite Experience in Canada, 1870 – 1925* (Ottawa, ON: University of Ottawa Press, 1984), 183 – 185, zitiert in Friesen, *Building Communities,* 55.

[77]. Homan, *American Mennonites,* 169 – 170.

Mennoniten bedeutende Schritte von einer anfänglich passiven Wehrlosigkeit zur aktiven Friedensverbreitung. Diese Schritte hal- fen nicht nur Menschen in Not, sondern waren zu gleicher Zeit auch ein Statement an die nichtmennonitischen Bürger des Landes, mit dem man zeigte, dass die Mennoniten sehr wohl bereit waren, ihren Anteil als verantwortliche Staatsbürger zu übernehmen - nur eben nicht in Form von Waffengewalt. Die Hilfe von Menschen in Not ermöglichte es den Mennoniten, ihrem Land zu dienen und zu gleicher Zeit Jesu Gebot von der Nächstenliebe zu erfüllen.

Nach dem 1. Weltkrieg setzte bei den nordamerikanischen Menno- niten eine prägende sozio-kulturelle und demographische Veränderung ein. Einerseits wurden, besonders in Kanada, die letzten deutschsprachigen mennonitischen Schulen den englischsprachi- gen, von den Provinzregierungen vorgesehenen Stoffplänen ange- passt. Andererseits verließen aber auch viele Mennoniten das länd- liche Leben und siedelten in den Städten an. So entstanden die er- sten Mennonitengemeinden in Städten wie Winnipeg und Calgary. Nicht alle Gruppen innerhalb der Mennonitengemeinschaft konnten mit diesen Veränderungen mitgehen und wanderten in den 1920ern nach Mexiko und Paraguay aus.

Der Kompromiss zur graduellen Anpassung an die allgemeine Ge- sellschaft um sie herum, wirkte sich für Mennoniten nach Aus- bruch des 2. Weltkrieges anfänglich positiv aus. Ein weiterer Um- stand, der sich neben der englischen Sprache für sie günstig aus- wirkte, war die Möglichkeit für diejenigen, die die Waffengewalt aus Gewissensgründen ablehnten, an Stelle des Militärdienstes ei- nen Zivildienst zu absolvieren. Dieser Zivildienst kam sowohl in den Vereinigten Staaten als auch in Kanada unter der aktiven Mit- wirkung von mennonitischen Gemeinden zu Stande. Ob der Antrag zum optionalen Zivildienst eines Antragstellers von der Regierung genehmigt wurde oder nicht, war von der individuellen Haltung des

Antragstellers und nicht von seiner Gruppenzugehörigkeit abhän- gig. Die allgemeine Bevölkerung sah diese Option als ein demokra- tisches Experiment an. Auf diese Weise wurden die Mennoniten nun Teil der Geschichte, und nicht die störende Ausnahme wie in den vorherigen Kriegen.[78]

Der japanische Angriff auf Pearl Harbour im Dezember 1941 je- doch beendete die anfänglich tolerante Haltung gegenüber der Wehrlosigkeit der Mennoniten. In einem totalen Krieg gab es kei- nen Mittelweg. In Manitoba drückte ein Richter diese Ansicht bei einer Gelegenheit, an die Mennoniten gerichtet, folgend aus: *„Ihr habt euer Land in diesem Krieg mit aller Kraft zu unterstützen. Wenn ihr nichts tut, unterstützt ihr Hitler."*[79] In den Vereinigten Staaten war die Situation für die Mennoniten, ähnlich wie auch im 1. Weltkrieg, um einiges unangenehmer als in Kanada. Kirchen und andere mennonitische Einrichtungen wurden mit gelber Farbe beschmiert und mennonitische Wehrdienstverweigerer wurden so- wohl von Zivilisten als auch von Armeeangehörigen öffentlich ge- demütigt. Dr. Brian Froese, Geschichtsprofessor an der *Canadian Mennonite University* in Winnipeg, stellte bei seinen Forschungs- arbeiten in verschiedenen Archiven von mennonitischen Gemein- den in den Vereinigten Staaten fest, dass die Protokolle von den verschiedenen Sitzungen um die Jahreswende zwischen 1941 und 1942 beinah ausnahmslos von der deutschen zur englischen Spra- che wechselten. Dieser Sprachwechsel wurde in den Protokollen selber nicht weiter begründet, ist wohl aber als ein Kompromiss seitens der mennonitischen Gemeinden an ihr Heimatland nach dem Angriff auf Pearl Harbour zu deuten.

Viele mennonitische Jugendliche hielten dem öffentlichen Druck

---

[78]. Neufeld, "Tolerant Exclusion," 212 – 221, und Bush, *Two Kingdoms – Two Loyalties*, 90 – 92.

[79]. Neufeld, "Tolerant Exclusion," 220.

nicht stand und meldeten sich bei der Armee. Im 2. Weltkrieg entschieden sich nur etwas mehr als 40% der wehrfähigen mennonitischen Männer für einen Zivildienst. 39,5% meldeten sich für Aufgaben, die sie direkt ins Kampfgeschehen führten, während 14,2% sich
für logistische Aufgaben in der Armee meldeten.[80] Aus Manitoba meldeten sich 38% der wehrfähigen, mennonitischen Män- ner
für Einsätze in der kanadischen Armee.[81]

Angesichts der relativ hohen Anzahl von Männern mennonitischer
Herkunft, die sich zu aktiven Kriegsdiensten gemeldet hatten,
schlussfolgerten die Mennonitengemeinschaften, dass ihre Frie-
densüberzeugung vor dem Krieg nicht überzeugend an folgende
Generationen weitergegeben worden war. Nach dem Krieg setzten sie
sich deshalb verstärkt für die Gründung von mennonitischen Grund-
und Mittelstufeschulen, sowie auch postsekundäre Ausbil-
dungsinstitutionen, deren Erziehungsgrundlagen nach den Richtli- nien
der Friedenslehre Jesu ausgerichtet waren. Folglich wuchs auch die
Anzahl mennonitischer Akademiker. Diese gezielte Kon- zentration auf
eine akademischen Ausbildung nach mennonitischen Friedenswerten
führte nicht nur zu einer internen Bewusstmachung der Bedeutung der
Friedenslehre, sondern ermöglichte es den Men- nonitengemeinschaften
auch, die Beweg- und Hintergründe ihres
Friedensverständnisses besser nach außen hin zu erklären bzw. zu
verteidigen.[82] Die von Harold Bender verfasste Abhandlung *The
Anabaptist Vision*, die er 1944 herausgab, wurde in den ersten Jahren der Nachkriegszeit zur wichtigsten akademischen Quelle über das
geschichtliche und theologische Friedensverständnis der Men-

---

[80]. Bush, *Two Kingdoms – Two Loyalties*, 98.

[81]. Friesen, *Building Communities*, 104.

[82]. Susan Schultz Huxman und Gerald Biesecker-Mast, "In The World But Not Of
It: Mennonite Traditions as Resources for Rhetorical Inventions," *Rhetoric and
Public Affairs* 7, no.4 (2004), 548.

noniten.[83]

Seit dem 2. Weltkrieg haben die nordamerikanischen Mennonitengemeinschaften verstärkt auch gerade in der Öffentlichkeit zu ihrer
Friedenshaltung Stellung bezogen. In den Konflikten, in denen die US-
amerikanischen und kanadischen Streitkräfte nach dem 2. Weltkrieg
verwickelt waren, wie z. B. den beiden Golfkriegen, rie- fen Vertreter
der Mennonitengesellschaften zu friedlichen Alterna-
tiven zu den Konflikten auf.[84] Solche Aufrufe entstanden aus der
Überzeugung, das Beste für den Staat zu suchen, und nicht nach dem
Motto, die Stillen im Lande zu sein.

Durch ihre Geschichte hindurch lässt sich beobachten, dass die
nordamerikanischen Mennonitengemeinschaften immer darum bestrebt waren, dem von Jesus Christus überlieferten Friedenszeugnis
ihrer Interpretation gemäß treu zu bleiben. Diese geistliche Überzeugung, die idealerweise in den konkreten Lebensentscheidungen die
oberste Priorität hatte, gepaart mit ihren kulturellen Besonder- heiten,
brachten die Mennonitengemeinschaften wiederholend in für sie
äußerst unangenehme Situationen. Besonders in Kriegszei- ten, wo der
Patriotismus der Bevölkerung um sie herum am stärk- sten hervortrat,
stieß die Lebensausrichtung auf das zukünftige Reich Gottes unter
Nichtmennoniten auf Unverständnis und Miss- billigung in seinen
verschiedenen Formen.

Die mennonitische Interpretation von Jesu Friedenszeugnis hat sich
über die Jahre und Generationen verändert, wohl auch gerade durch die
einschneidenden Einflüsse der Krisensituationen in Kriegszei- ten. Die
anfängliche passive, zurückgezogene Wehrlosigkeit nach dem Motto
„nicht auffallen zu wollen", entwickelte sich mit der Zeit in eine
öffentliche Haltung, in der man nach Wegen suchte,

---

[83]. Bush, *Two Kingdoms – Two Loyalties,* 64 – 65.

[84]. Bush, *Two Kingdoms – Two Loyalties,* 221 – 256, und Huxman und
Biesecker-Mast, "In The World But Not Of It," 543.

den Frieden aktiv zu verbreiten und gezielt als Alternative zur Ge- walt anzubieten.

Durch die Gründung von Institutionen wie das MCC, Ersatz- dienstmöglichkeiten für Wehrdienstverweigerer aus Gewissens- gründen und akademischen Einrichtungen ermöglichten die Men- noniten nicht nur eine erneute Bewusstmachung über die Bedeu- tung und Reichweite der christlichen Friedenslehre. Durch diese Schritte setzten sie auch ein an ihre nichtmennonitischen Mitbürger gerichtetes Statement, dass die Mennoniten dazu bereit sein sollten, Zeit, Energie und finanzielle Mittel in den Aufbau ihres Landes zu stecken.

Bibliographie

- Bush, Perry. *Two Kingdoms, Two Loyalties: Mennonite Pacifism in Modern America.* Baltimore and London: The John Hopkins University Press, 1998.

- Dyck, Cornelius J. *An Introduction to Mennonite History.* 3rd ed. Scottdale, Pennsylvania/ Waterloo, Ontario: Herald Press, 1993.

- Friesen, John J. *Building Communities: The Changing Face of Manitoba Mennonites.* Winnipeg, Manitoba: CMU Press, 2007.

- Homan, Gerlof D. *American Mennonites and the Great War.* Waterloo, Ontario: Herald Press, 1994.

- Juhnke, James C. *The Mennonite Experience in America.* Vol. 3, *Vision, Doctrine, War: Mennonite Identity and Or- ganization in America, 1890 – 1930.* Scottdale, Pennsyl- vania; Waterloo, Ontario: Herald Press, 1989.

- Lehman, James O., and Steven M. Nolt. *Mennonites,*

Amish, and the American Civil War. Baltimore, Maryland: The John Hopkins University Press, 2007.

- Macmaster, Richard K. *Land, Piety, Peoplehood: The Establishment of Mennonite Communities in America, 1683 – 1790.* Scottdale, Pennsylvania: Herald Press, 1985.

- Neufeld, Reina C. "Tolerant exclusion: expanding con- stricted narratives of wartime ethnic and civic nationalism." *Nations & Nationalism* 15, no. 2 (2009): 206 – 226. Aca- demic Search Premier (37137846).

- Schultz Huxman, Susan, and Gerald Biesecker-Mast. "In the World But Not of It: Mennonite Traditions as Resources for Rhetorical Inventions." *Rhetoric & Public Affairs* 7, no. 4 (2004), 539 – 554. Academic Search Premier (17483055).

Mennoniten erlebten den Chacokrieg: Ein Überblick

Gerhard Ratzlaff

Es sind 80 Jahre seit Ende des Chacokrieges vergangen. Ungewollt haben auch die Mennoniten eine bedeutende Funktion in diesem Krieg gehabt, wie der Überblick zeigen soll. Der Artikel gründet weitgehend auf dem Buch des Autors: *„Zwischen den Fronten: Mennoniten und andere evangelische Christen im Chacokrieg 1932 – 1935"*, Asunción, 2009. Der interessierte Leser findet dort weitere Informationen über die Mennoniten und andere evangelische Gemeinden. Im Folgenden geht es ausschließlich um die Mennoniten.

Kurze Übersicht der Ereignisse des Chacokrieges

Der Chacokrieg (1932 - 1935) hat eine lange Vorgeschichte, die bis in die Kolonialzeit zurückreicht, in der keine klaren Grenzen durch gegenseitiges Abkommen festgelegt wurden. Über die Jahrhunderte hatten sowohl Bolivien als auch Paraguay dem Chaco wenig Bedeu- tung beigemessen. Er schien zu feindlich und der Zivilisation ver- schlossen zu sein. Das Interesse Boliviens wuchs, nachdem es seinen Zugang zum Pazifischen Ozean (1884) verloren hatte und Erdöl im westlichen Chaco entdeckte, das ab 1920 von der *Standard Oil Company*, USA, ausgebeutet wurde. Bolivien suchte nun einen Zu- gang zum Atlantischen Ozean über den Paraguayfluss. Infolgedessen kam es bald zu Grenzstreitigkeiten zwischen den beiden Ländern, wobei jedes Land den größten Teil des Chacos für sich beanspruchte und zu sichern suchte. Zunächst gab es Bemühungen, den Grenzkon- flikt auf diplomatischem Wege zu lösen. Die Verhandlungen verschiedener internationaler Kommissionen zogen sich über Jahrzehn- te hin, ohne jedoch den Grenzkonflikt zu lösen. Historische Bedeu- tung bekam das Abkommen von 1907, in dem beide Nationen einen *Status quo* anerkannten und eine Grenze festlegten, die von beiden Seiten nicht überschritten werden durfte. Trotzdem wurde sie nicht eingehalten. Die Friedensbemühungen der amerikanischen Staaten sowie des Völkerbundes in Genf konnten den Ausbruch des Krieges nur einige Jahre hinauszögern, aber nicht verhindern. Bolivien und Paraguay klagten sich gegenseitig als Angreifer an und jedes Land verlangte auf seine Art Gerechtigkeit. Bolivien fühlte sich Paraguay militärisch überlegen und sah in einer Offensive Paraguays keine Gefahr (Route 1970, S. 24: „...the offensive action of Paraguay would never be able to severely injure us". - „... die offensive Aktion Paraguays könnte uns niemals ernsthaft schaden").

Ab Anfang des 20. Jahrhunderts begann Bolivien durch die Grün- dung von militärischen Stützpunkten, den sogenannten *Fortines,* die schrittweise militärische Besetzung des Chacos. Ab 1923 drang Bo- livien entlang dem Pilcomayofluss tief in den paraguayischen Chaco ein. Am 26. Februar 1927 (kurz nachdem die ersten kanadischen Mennoniten am 31. Dezember 1926 in Puerto Casado angekommen waren) wurde der paraguayische Leutnant Adolfo Rojas Silva und einige Soldaten von bolivianischem Militär auf *Fortín* Sorpresa, im südlichen Chaco am Confusofluss gelegen, festgenommen und bei dem Versuch zu entfliehen wurde der Leutnant erschossen. Blut im Streit um den Chaco war nun geflossen. Es setzten wieder diplomati- sche Verhandlungen ein, aber der Grenzkonflikt konnte trotz ernst- hafter Bemühungen nicht beigelegt werden.

Nach und nach kamen die Bolivianer bis an das Gebiet der mennoni- tischen Kolonien und die Paraguayer antworteten ihrerseits mit der Gründung von *Fortines.* Am 21. Januar 1927 gründeten sie *Fortín* Toledo, bald darauf Isla Po'í, am 19. Juli 1928 Boquerón, südlich von Menno gelegen und die Bolivianer Huijay, von den Paraguayern umbenannt in Carayá. Dieser militärische Vorstoß Paraguays ge- schah gleichzeitig mit dem Einzug der kanadischen Mennoniten   in den Chaco.

In beiden Ländern herrschte Kriegsstimmung. Beide Seiten bauten ihre *Fortines* aus. Zu alledem trafen ab Ende April 1930 die Russlandflüchtlinge nach und nach im Chaco ein und gründeten neben Menno die Kolonie Fernheim - bis 1932 rund 2.000 Personen. Diese Einwanderung sorgte für weitere Spannung zwischen den zwei Län- dern - diplomatisch und militärisch. Am 15. Juni 1932 eroberten die Bolivianer das strategisch wichtige *Fortín* Carlos Antonio López an der östlichen Seite der Lagune Pitiantuta gelegen und töteten den *cabo* (Gefreiten) Oliverio Talavera - die fünf Männer der paragua- yischen Besatzung entkamen. Dieser Vorfall wird von den Para- guayern als der Beginn des Krieges angesehen.

Nun war kein Halten mehr. Die Paraguayer schlugen zurück und er- oberten den strategisch wichtigen Stützpunkt am 16. Juli 1932 zu- rück. Auf beiden Seiten gab es Tote. Die Bolivianer reagierten mit der Eroberung der *Fortines* Corrales und Toledo westlich von Fern- heim am 27. und 28. Juli 1932, drei Tage später (am 31. Juli) Bo- querón südlich von Menno und am 8. August eroberten sie den klei- nen Stützpunkt Carayá südlich von Fernheim (den die Paraguayer kurz vorher verlassen hatten), der schon am 17. August von den Pa- raguayern zurückerobert wurde (vgl. E. Neufeld, *Mennoblatt*, 1. De- zember 1993, S. 6).

Am 31. Juli 1932 erhielt *Teniente Coronel* (Oberstleutnant) José Fe- lix Estigarribia von Asunción Order, die Mennonitenkolonien unter militärischen Schutz zu nehmen, um sie unter keinen Umständen in bolivianische Hände fallen zu lassen, da sie für das paraguayische Heer von größter strategischer Bedeutung seien (Zook 1962, S. 118). Auf die große Bedeutung der Kolonien für die Verpflegung der pa- raguayischen Truppen hat der bolivianische Leutnant Alberto Ta- borga in seinem Tagebuch bereits am 20. August 1932 hingewiesen, als er sich in Boquerón befand (Taborga 1970, S. 47).

Am 1. August führte Paraguay die allgemeine Mobilisierung ein. Täglich marschierte nun paraguayisches Militär durch die Kolonie

Menno und mehr und mehr auch durch die Kolonie Fernheim - teils zu Fuß, teils auf Ochsenkarren und teils auf Lastwagen.

Am 1. September 1932 erhielt Estigarribia Order vom Präsidenten Eusebia Ayala, Boquerón zurückzuerobern. Um diese Zeit hatte Paraguay bereits etwa 13.500 Soldaten im Felde, den größeren Teil da- von auf Isla Po'í – Bolivien im Vergleich hatte etwa 4.000 (*Nueva Historia del Paraguay,* Editorial Hispana Paraguay S.R.L. 1997, S. 1009). Der Angriff unter Estigarribia begann mit 3.500 Mann - mehr wurden später eingesetzt - die sich ab dem 7. September in Richtung Boquerón, rund 50 km entfernt, in Bewegung setzten und dabei   am
8. September auf einige bolivianische Spähtrupps stießen. Der eigentliche Kampf um Boquerón begann am 9. September 1932, um 7 Uhr morgens, und endete nach blutigen und für beide Seiten verlust- reichen Kämpfen mit dem Sieg der paraguayischen Truppen am 29. September - heute als Tag des Sieges gefeiert.

Boquerón war von den Bolivianern stark befestigt worden und wur- de unter der Führung des Oberstleutnant Manuel Marzana heldenhaft verteidigt. Die paraguayischen Verluste waren enorm, doch was letz- ten Endes zählte war der Sieg. Anschließend wurden mehrere boli- vianische *Fortines* erobert, darunter Arce und Platanillos, die zwei Hauptstützpunkte der Zone. Während Boquerón noch in seiner letz- ten Phase umkämpft wurde, eroberte eine paraguayische Einheit To- ledo am 27. September 1932.

Schwere Kämpfe fanden im Februar und März 1933 um Toledo - im Westen von Fernheim - während 16 Tagen statt, als die Bolivianer alles dransetzten, diesen strategisch wichtigen Stützpunkt zu er- obern, von da aus auf die mennonitischen Siedlungen zu stoßen und Isla Po'í vom Norden anzugreifen. Rund 700 Leichen gefallener bo- livianischer Soldaten blieben unbeerdigt auf offenem Felde liegen, den Geiern, wilden Tieren und der Verwesung preisgegeben. Danach entfernte sich das Kampffeld nach und nach von den mennonitischen Kolonien. Paraguay erklärte Bolivien erst am 10. Mai 1933   den

Krieg, als alle Aussichten auf eine eventuelle friedliche Lösung verflogen waren.

Diese ersten schweren Kämpfe fanden alle in unmittelbarer Nähe der Mennonitenkolonien statt und bedrohten diese ernsthaft. Der enge Kontakt mit dem Militär blieb jedoch für die ganze Zeit des Krieges und auch viele Jahre danach bestehen.

Die paraguayischen Truppen drangen unaufhaltsam in Richtung Bolivien vor, bis sie an den Fuß der Anden gelangten. Am 12. Juni 1935 (zum nationalen Feiertag in Paraguay erhoben) wurde endlich in Buenos Aires, Argentinien, von Vertretern beider Länder das Pro- tokoll über einen Waffenstillstand unterschrieben, der dann am 14. Juni um 12 Uhr mittags in Kraft trat. Damit war der Krieg beendet.

Am 21. Juli 1938, also nach drei Jahren Verhandlungen, einigten sich die zwei Länder nach Festlegung der Grenzen auf einen endgül- tigen Friedensvertrag.

Der Blutzoll des Krieges war sehr hoch. Das paraguayische Heer zählte 36.000 Tote, d. h. 3,5% der Bevölkerung und Bolivien hatte 65.000 Tote zu beklagen, 2% ihrer Bevölkerung. Im Gegensatz dazu starben in Menno auf dem Wege in den Chaco bis zur Ansiedlung von 1775 Einwanderern 171 Personen, das sind 9,6%. In der Kolonie Ferrnheim starben im Jahr 1930 von 1437 Einwanderern 95 Perso- nen, dies sind 6,6%.

II. Die Mennoniten im Chacokrieg

„Die Mennoniten, ein friedliebendes und harmloses Volk, sind anscheinend die Ursache des Konfliktes.“ (Roland K. Abercrombie. „Peaceful Pawns in the Chaco Conflict“. *The Christian Century,* September 20, 1933, S. 1173). So kommentierte die amerikanische Zeitschrift ein Jahr nach Ausbruch des Krieges. Dieser Kommentar beinhaltet zwei schwerwiegende Aussagen. Einerseits wird behaup- tet, dass die Mennoniten friedliebend und harmlos sind, und anderer- seits, dass ihre Ansiedlung im Chaco ausschlaggebend für den Aus-

bruch des Krieges war. Anschließend wird die Rolle der Mennoniten in dieser bewaffneten Auseinandersetzung untersucht.

1. Die Mennoniten im Visier der paraguayischen Politiker

Die ersten Mennoniten, die nach Paraguay einwanderten, kamen aus Kanada. Dort waren einige ihrer geistigen und kulturellen Werte in Frage gestellt worden, nämlich die christliche Erziehung und der Deutschunterricht in den Schulen, worauf sich diese Erziehung aufbaute. Aufgrund dieser neuen politischen Situation nach dem ersten Weltkrieg wanderten rund 6.000 Mennoniten in den Jahren 1922 bis 1926 nach Mexiko aus. (Martin W. Friesen. *Neue Heimat in der Chacowildnis.* 1987, 502 Seiten. Dieses Buch bietet eine detaillierte Beschreibung der Einwanderung der kanadischen Mennoniten in den Chaco.)

Einige jedoch meinten, dass dieses Land nicht das Richtige für sie sei. Diese Gruppe nahm Kontakt zum Ex-Brigadier General Samuel McRoberts auf, der zu diesem Zeitpunkt Direktor der *Chatam Phoe- nix National Bank and Trust Company* in New York war. Die Men- noniten vertrauten ihm und baten um Unterstützung bei der Suche nach einem anderen Land als Mexiko. McRoberts zögerte zunächst, sagte dann jedoch seine Unterstützung zu und schickte Fred Engen, norwegischen Ursprungs, Ex-Immobilienmakler und Abenteurer, um Lateinamerika zu bereisen und ein geeignetes Land für die Mennoni- ten zu suchen. Während Engen Bolivien bereiste, unternahm McRo- berts eine Geschäftsreise nach Buenos Aires, Argentinien. Er wollte bei dieser Gelegenheit dann auch persönlich bei der Regierung die- ses Landes vorsprechen und Informationen in Bezug auf das Anlie- gen der Mennoniten einholen. Dies geschah im Jahr 1920.

Auf der Schiffsreise nach Buenos Aires lernte McRoberts hohe Per- sönlichkeiten aus Paraguay kennen: Dr. Manuel Gondra, der wäh- rend seines Aufenthalts in den Vereinigten Staaten zum Präsidenten Paraguays gewählt worden war, befand sich mit Dr. Eusebio Ayala (Präsident von 1932 - 1936). als seinem zukünftigen Außenminister auf dem Weg zurück in sein Land, um sein Amt am 15. August 1920 anzutreten. Gondra und Ayala hörten mit großer Aufmerksamkeit, was McRoberts über die Mennoniten, ihre Geschichte und ihre Glaubensprinzipien erzählte.

McRoberts wies darauf hin, dass die Mennoniten besondere Privile- gien erwarteten wie Religionsfreiheit, Befreiung vom Militärdienst, Deutsch- und Religionsunterricht in ihren eigenen Schulen und ein Ja oder Nein an Eidesstatt. *„Wir werden ihnen all dies geben und noch mehr, wenn sie es wünschen",* war die überraschende Antwort der beiden paraguayischen Spitzenpolitiker. (John E. Bender. *Para- guay calling. Part two: The Mennonite Colonies in Paraguay.* Ma- schinen geschriebenes Manuskript ohne Datum [1945], S. 17; siehe auch: Edwin Schoenrich. „The Mennonite colonies in the Para- guayan Chaco". Report prepared for the U.S. Embassy, Asunción, 1940.)

In Buenos Aires verabschiedeten sich Gondra und Ayala von McRo- berts, bekundeten nochmals ihr Interesse an den Mennoniten und wiederholten ihre Bitte, an Paraguay zu denken, falls er bei der ar- gentinischen Regierung keinen Erfolg haben sollte (Martin W. Frie- sen. Neue Heimat in der Chacowildnis, 1997, S. 86).

Während sich McRoberts noch in Buenos Aires aufhielt und bei der Suche nach Privilegien zu Gunsten der Mennoniten bei der Regie- rung auf entschiedene Ablehnung stieß, erhielt er aus Asunción ein Telegramm von Fred Engen - der in der Zwischenzeit den Chaco durchquerte -, dass er das „verheißene Land" für die Mennoniten ge- funden hätte („I have found the promised land"), „ein Land so schön, wie ich es noch nirgendwo auf der Welt gesehen habe." (John W. White. "The great Mennonite Migration to Paraguay". *Bulletin of the Pan American Union,* LXI, May 1927, S. 437)

Fred Engen nahm sich fortan der Sache der Mennoniten an - deren pazifistische Haltung er überzeugt teilte - und setzte sich uneigen- nützig für diese ein bis zu seinem frühen Tod an Krebs am 10. Au- gust 1929 im Alter von 62 Jahren. (John W. White, "The great Men- nonite migration...", S. 436. Ein amerikanischer Reporter stellt ihn

Rast der Chacoexpedition bei Km 90 im Mai 1921. Nach dem Regen werden naße Sachen getrocknet.

guayische Regierung sich nicht so entschieden hinter dieses Einwanderungsprojekt gestellt hätte. Diese Tatsache zeigt sich sehr deutlich in der Debatte um das Gesetz 514, in welcher die Privilegi- en für die Mennoniten behandelt wurden. Einige Senatoren wider- sprachen der Annahme dieses Gesetzes aufgrund der allzu großzügi- gen Privilegien. Zu viel würde man den Mennoniten zusagen. Der Innenminister, in Vertretung der Regierung, hielt ihr Kommen dage- gen für *„eine sehr schöne Perspektive"* und *„einen wertvollen wirt- schaftlichen Beitrag".* Er fügte hinzu: *„Die Regierung kommt in al- ler Aufrichtigkeit zum Senat, es erübrigt sich zu sagen, dass es sich hier um ein starkes und wertvolles Kontingent handelt, das kommt, um unser Hoheitsrecht zu stärken, und unseren Anspruch auf ein weites Territorium wirksam zu machen. Das ist der springende Punkt."* (Diario de Sesiones del Congreso. Cámara de Senadores. 32° Sesión Ordinaria, Asunción, Julio 12 de 1921. S. 7)

Der Justizminister unterstützte das Gesetz für die Mennoniten mit folgenden Worten: *„Die unleugbare Tatsache ist, dass das Kommen der Mennoniten das Problem der Einwanderung lösen wird, die Er- oberung einer Wüste, und wenn wir berücksichtigen, dass diese Einwanderung, die wir durch dieses Gesetz möglich machen wollen, das Beste für unser Land bedeutet... dürfen wir nicht zögern. "* (Ebenda, *S.* 16-17)

Zur Unterstützung des neuen Gesetzes und besonders in Verteidi- gung der Befreiung des Militärdienstes für die Mennoniten sprach der Senator F.C. Chaves. Er betont, dass das Privileg der *„Befreiung des Militärdienstes mit anderen Diensten ausgeglichen werden wird"* und fügt zum Schluss mit Nachdruck hinzu: *„Die Mennoni- ten werden eine Armee darstellen, die in der Lage ist, unsere Ho- heitsansprüche wirksam zu verteidigen. "* (Hervorhebung hinzuge- fügt) (Ebenda, S. 18)

Die Bedenken bezüglich der Gefahr, dass die Mennoniten einen Staat im Staate bilden und sich nicht den nationalen Gesetzen unter- werfen würden, beantwortete der Senator Eusebio Ayala und betont, dass es den Mennoniten darum geht, *„die Reinheit ihrer Sitten [zu]* *erhalten"*. Dazu gehört natürlich das Halten der „paraguayischen Gesetze". Er schließt mit dem prophetischen Worten: *„Die Mennoniten, im Land geboren, werden paraguayische Staatsbürger mennonitischer Religion sein."* (Hervorhebung hinzugefügt) (Ebenda, S. 18)

Die nationale Presse widersetzte sich heftig der Einwanderung der Mennoniten auf Grund der Privilegien, die sie verlangten. Die Bedenken und Proteste setzten sich nicht durch. Hohe nationale Inter- essen waren im Spiel, von denen die Mennoniten selbst nichts ahn- ten. So wurden die Privilegien vom Senat und von der Regierung genehmigt. Präsident Eligio Ayala stieg an Bord der Apipé, als die erste Mennoniten-Einwanderergruppe aus Kanada im Hafen von Asunción am 29. Dezember 1926 ankam und sprach folgenden recht herzlichen Gruß in fließendem Deutsch aus: *„Meine Damen und Herren: Es freut mich aufrichtig, bei Ihnen zu sein, und Sie alle bei dieser Gelegenheit herzlich begrüßen zu dürfen. In Gedanken sind wir schon lange miteinander bekannt. Seit Jahren haben wir auf Sie gewartet. Und als wir schon die Hoffnung, Sie hier zu sehen, aufge- ben wollten, da sind Sie endlich doch gekommen, und, wie ich hoffe, auch glücklich angekommen. Darum ist unsere Freude und Genug- tuung umso größer und inniger. – Das Land Paraguay ist beschei- den. Es ist nicht groß und mächtig. Aber wir legen unseren Stolz darein, ein Land des wirtschaftlichen Fortschritts, der Gerechtigkeit und der Freiheit zu sein. – Sie werden Ihre Tätigkeit ohne irgend- welche Störung entfalten können. Und wir werden uns Ihnen gegen- über der größten Achtung und der sorgsamsten Berücksichtigung befleißigen.- Ich verabschiede mich von Ihnen mit dem herzlichen Wunsche, dass Sie in unserem Lande Glück und Wohlstand finden mögen!"* (Friesen 1977, S. 5-6)

Das Asunciόner Tageblatt *El Diario* vom 29. Dezember 1926 publizierte den beeindruckenden Willkommensgruß an die Mennoniten:
„Es ist die Vorhut einer gewaltigen Armee ins Land gekommen, unseren Besitz zu verstärken; ein Heer des Friedens, das den Pflug als Angriffswaffe mit sich führt ... Sie kommen nicht mit leeren Händen,

sie kommen nicht um zu bitten; sie kommen um zu geben. Glaubens- voll und Geist erfüllt geben sie sich für diese Sache. Vor ihnen brei- tet sich der Chaco aus wie ein warmer Schoß und Paraguay, zum Gruß erhoben, heißt sie herzlich willkommen." (Friesen 1977, *S.* 6)

Die Mennoniten gingen in den Chaco, eine Region, in der bisher niemand erfolgreich angesiedelt werden konnte. Außerdem – und dies war wohl damals der springende Punkt - stand der Chaco in Gefahr, von Bolivien erobert zu werden, das dadurch über den Paraguayfluss Zugang zum Atlantischen Ozean suchte. In der Besiedlung des Chacos benutzte Paraguay die friedlichen Mennoniten zielbewusst als eine politische Waffe, gegen die die Bolivianer nichts ausrichten konnten, laut dem amerikanischen Journalisten Roland K. Abercrombie (Abercrombie, "Peacefull pawns...", September 1933).

Der paraguayische Schriftsteller und Dramaturg Jose Maria Rivarola Matto stellte diese Tatsache mit folgenden Worten dar: *„Paraguay musste dringend seinen langzeitig friedlichen Besitzanspruch als Rechtsquelle nachweisen. Aus diesem Grund und ohne dass diese [die Mennoniten] die Staatsgründe verstanden, siedelte man sie weit ab, nur wenige Kilometer von den vorgeschobenen Fortines entfernt an, damit sie von uns als Rechtfertigung benutzt werden konnten, wie auch unermüdlich geschehen, dass die Mennonitenkolonien - unter nationalem Hoheitsrecht - unseren Besitzanspruch auf das Land nachwiesen. Auf diese Weise kamen diese friedvollen Familien aus Übersee, Verweigerer des Krieges aus Religionsgründen, dem Krieg so nahe, wie niemals eine andere paraguayische Gemeinschaft gekommen ist* (Peter P. Klassen. Kaputi Mennonita. Traducido al castellano por K. Neufeld. Asunción 1976, S. 205).

2. Erste Erlebnisse der Mennoniten im Chaco[85]

Im Juni 1924 erhielten die Mennoniten Manitobas in Kanada ein Schreiben von der bolivianischen Botschaft in Washington, in dem ihnen mitgeteilt wurde, dass das Gebiet, welches sie im Chaco besiedeln wollten, bolivianisches Hoheitsgebiet sei. Nach Martin W. Friesen habe diese Nachricht die Mennoniten nicht sonderlich beun- ruhigt. Denn auf ihre Nachfrage bei der *Intercontinental Company* von McRoberts sei ihnen versichert worden, dass das von ihnen zu besiedelnde Gebiet paraguayisches Hoheitsgebiet sei, da es östlich der *Status quo* Linie von 1907 liege. Damit war für sie die Angele- genheit erledigt.

Interessant ist, dass die bolivianische Regierung den Mennoniten die gleichen Vorrechte in einem *„Kontraprivilegium"* angeboten hat (Klassen 1988, S. 51).

Als die einwandernden Mennoniten 1927 von Puerto Casado etwa 220 km in den Chaco vordrangen, war es schon bedenklich, auf dem Wege Militärlager vorzufinden. Friesen schreibt: *„So gab es seit dem ersten Tag des mennonitischen Einzugs in die Wildnis auch be- ständig paraguayisch-militärische Bewegung im Einzugsgebiet der mennonitischen Siedler."* Auch diese Tatsache beunruhigte die Ein- wanderer nicht sonderlich. Empört waren sie, als es in der kanadi- schen Presse hieß, dass dieses Militär für den Schutz der Mennoniten gegen die gefährlichen Indianer im Chaco ausgesandt sei. Das ent- sprach keineswegs den Tatsachen. Martin W. Friesen widerlegt diese Pressemeldung als *„falsche Auslegung, denn tatsächlich verließen sich diese Wildnissiedler auf Gottes Schutz."* Sie wussten aber, dass das Militär wegen der Grenzschwierigkeiten im Chaco war, und dass die Einwanderung der Mennoniten den Grenzkonflikt verschärfte. Jedenfalls hat Friesen es im Nachhinein so interpretiert. Doch zu der

---

[85] Nach: Martin W. Friesen, „Kriegsgetümmel im 'Friedensstaat'". Der Bote, 15. – 29. Juni 1976, unveröffentlichte Aufzeichnungen von A. B. Toews sowie Proto- kolle im Archiv der Kolonie Menno.

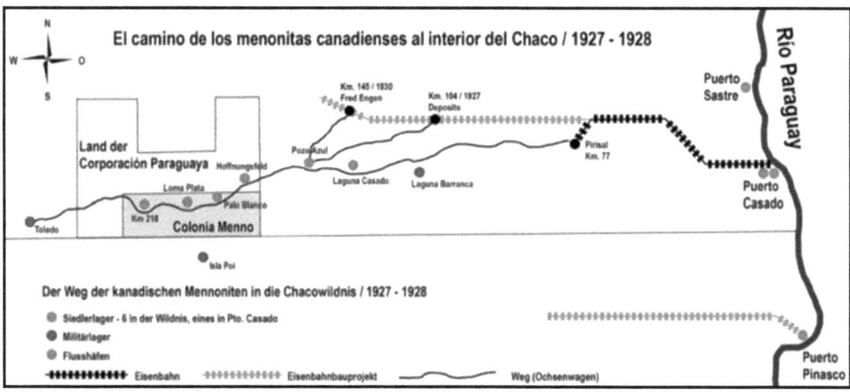

Weg der kanadischen Mennoniten in den Chaco, 1927

Karawanen von Militärlastwagen rollten mehrere Jahre durch die Mennoniten-siedlungen

gen in die Traufe gekommen. Darauf schrieb einer der Menno- Siedler: *„Wir Glauben an eine allwaltende Hand Gottes, und es ist nicht von ungefähr, dass die Mennoniten gerade in diesem Gebiet Fuß fassen mussten. Nicht durch die ‚Ironie des Schicksals' sind wir hergekommen, sondern Gottes Führung und Leitung ist es, die uns hierher gebracht hat, und deshalb scheint uns die Zukunft auch nicht so dunkel. Wir wollen ausharren auf dem Posten, auf den Gott uns hingestellt hat.“*

1930 war die Eisenbahnlinie von Puerto Casado bis Km 145 fertig gestellt. Von dort ging die Heeresstraße über die Militärlager Casa- nillo, Pozo Azul und Campo Esperanza (Hoffnungsfeld) durch Men- no nach Isla Po'í (Villa Militar). Von dort wiederum durch Fernheim in den Westen nach Toledo. Mitten in Fernheim entstand auf dem Corporationsplatz Trébol (wo die ersten Fernheimer eintrafen und ihr Verwaltungszentrum hatten) ein Militärlager und Lazarett. Tele- fonlinien stellten die Verbindung zu allen Militärstationen her und die Verbindungsstraßen wurden aufgebessert. Friesen schreibt: *„Die ‚Welt', aus der wir mit so großen Opfern geflohen waren, war nun wieder in erschreckende Nähe gerückt.“* Überall, wohin man sich auch bewegte, war Militär. Neben mehreren Mennonitendörfern ent- standen Militärlager.

Am 5. August 1932 erhielten Menno und Fernheim folgende Schreckensbotschaft: Sie sollten mit ihrem Hab und Gut evakuiert werden. Auf Bitten der Siedler wurde der Befehl einstweilen aufge- hoben. Für den Ernstfall sollten sie sich allerdings jederzeit bereit- halten. Ein Vormarsch bolivianischer Truppen, und damit die Erobe- rung der Mennonitensiedlungen, wurde ernsthaft und mit Grund be- fürchtet.

Am 8. September, einem Mittwoch, fand im Dorfe Osterwick in Menno die Einweihung der ersten Mennonitenkirche in ganz Para- guay, statt. Nach Friesen waren 573 Gäste zu dieser Feier erschie- nen. Die Kirche hatte nicht Raum für alle und 140 mussten der Feier draußen folgen. Mitten in dieser feierlichen Stimmung schallte plötz- lich dröhnender Kanonendonner aus dem Süden zu den Versammelten herüber. An diesem Tag stieß das paraguayische Militär auf bolivianische Spähtruppen. Am 9. September früh morgens folgte dann der erste Frontalangriff auf Boquerón, der aber blutig niedergeschla- gen wurde. Friesen schreibt: *„Täglich und auch oft in der Nacht drang das dumpfe Grollen des Kanonendonners zu den tief besorg- ten Kolonisten hinüber."* Der Krieg war mit einer Heftigkeit ausge- brochen, wie ihn niemand erwartet hatte, und betraf immer stärker auch die Mennoniten.

Laut A. B. Toews, Menno, kam am 6. Oktober von der obersten Heeresführung die Bitte an die Mennoniten, Lebensmittel für das Militär von Km 145 nach Isla Po'í zu transportieren. Daraufhin ver- sammelten sich die Prediger und leitenden Personen der Kolonie Menno am 7. Oktober, um über die Angelegenheit zu beraten. Man einigte sich, eine Bittschrift um Befreiung von dieser Aufgabe an den Kommandanten des Heeres zu richten. Sie lautete wie folgt:

„Sehr geehrter Herr!

Wir, die Unterzeichneten, bitten untertänigst im Namen der Kolonie, es uns nicht übel zu deuten, wenn wir Ihren Wunsch, den Sie an uns gerichtet haben, nicht erfüllen können, weil wir das Evangelium so verstehen, dass es uns nicht erlaubt ist, irgendwie am Krieg zu beteiligen, wovon wir, Gott sei dank, durch die Regierung frei gesprochen sind.

Ihre untertänigen Bittsteller:" (Es folgen acht Unterschriften)

Am 10. Oktober 1932 kam die Antwort vom Kommandanten Esti- garribia, in der es hieß, dass es ein Befehl und keine Bitte sei, 60 Fahrzeuge (alle mit Ochsen bespannt) dem Militär für ihren Trans- port zur Verfügung zu stellen (40 von Menno und 20 von Fernheim). Diese sollten am 14. Oktober um 4 Uhr nachmittags auf Campo Es- peranza (Hoffnungsfeld) samt Fuhrmann zur Verfügung stehen. Alle Fahrten würden den Mennoniten vergütet werden.

Am folgenden Tag, dem 11. Oktober, setzten sich in Osterwick der Gemeinderat und das Fürsorgekomitee von Menno zu einer Beratung zusammen. Es wurde beschlossen, dass der Älteste der Ge- meinde, Martin C. Friesen, und der Leiter der Kolonieverwaltung, Isaak K. Fehr, persönlich beim Kommandanten Estigarribia vorstel- lig werden sollten. Am 12. Oktober fand in der neuen Kirche in Osterwick noch eine Bruderberatung statt (alle männlichen Gemein- deglieder - Brüder - wurden zu solch einer Versammlung eingela- den), zu der auch vier Predigerbrüder als Gäste aus Fernheim er- schienen waren. In Fernheim hatte man sich allerdings schon für ei- ne Zusage entschieden (Mennoblatt, Oktober 1932). Dennoch inter- essierte sie die Stellung der Mennos. Diese beharrten auf ihrem Standpunkt, dass der oberste Befehl nicht den biblischen Prinzipien entspräche und dass man hier Gott mehr als den Menschen zu gehor- chen habe (Apg. 4, 19). Leider wurde den zwei Entsandten der Zu- gang zum Kommandanten von der Wache verwehrt. Aus diesem Grunde stellten sie folgende Schrift auf:

„An den Herrn Oberst Estigarribia Kommandant

der ersten Militärzone

Geehrter Herr!

Wir bedauern von ganzem Herzen, dass es uns nicht möglich war, persönlich vor Ihnen zu erscheinen, um Ihnen unsere Bitte zu überreichen. So kommen wir dann mit einer schriftlichen Bitte zu Ih- nen: Dass Sie uns doch nicht möchten etwas auflegen, was wir nicht erfüllen könnten, ohne unserem Glauben zuwider zu handeln. Wir können Ihnen versichern, dass wir alles tun wollen, was zum wirt- schaftlichen Aufbau dieses Landes dienen könnte, welches wir schon einigermaßen getan haben und welches unsere ganze Kraft in An- spruch nimmt - nämlich eine Wildnis urbar machen. Es soll auch weiter unsere Pflicht sein, in oben erwähnter Weise dem Lande zu dienen, worinnen wir Gastfreundschaft genießen.

Ihre untertänigen Bittsteller: Martin C. Friesen

Isaak K. Fehr

Aufgrund dieser Bittschrift wurden die Mennos von diesem Dienst befreit. Doch wenige Tage später, am 18. Oktober 1932, kam eine weitere Bitte an die Mennoniten: Brot für das Militär zu backen. Das Mehl würde geliefert und die Arbeit bezahlt werden. In Fernheim wurde dieser Antrag als eine Hilfe in finanzieller Not gewertet, und sie griffen ohne ernsthafte Bedenken zu. Die Mennos waren mit der Zusage vorsichtiger. Eine Bruderberatung wurde wiederum für die- sen Zweck für den 21. Oktober einberufen. Trotz Widerstand einer Minderheit wurde der Bitte diesmal Folge geleistet, denn hier, so meinte man, ging es darum, hungernden Menschen (Soldaten, Kran- ke, Verwundete) aus Mitleid zu helfen.

Das Brotbacken hielt nicht lange an. Wie die harten, trockenen para- guayischen *Galletas* wurde das Brot in Säcke gefüllt. Doch das lok- kere Brot hatte nicht die Resistenz gegen die Witterung und ver- schimmelte schnell. Die Aktion wurde vom Militär abgebrochen, bevor das gelieferte Mehl verbacken war. Das restliche Mehl wurde an die Siedler verkauft. Später, nach Ende des Krieges, wurde den Mennoniten die Schuld für dieses Mehl gestrichen. Doch der Handel mit landwirtschaftlichen Produkten blühte. Für die Mennoniten be- deutete er Einkommen, für das Militär Ersparnis an Geld und Zeit, da diese Produkte in ihrer unmittelbaren Nähe zu haben waren, so dass weniger Transportkosten anfielen.

Zwei Anekdoten aus der Zeit des Einzugs der kanadischen Mennoni- ten in den Chaco, aufgeschrieben von Martin W. Friesen:

- Im Februar 1927 begaben sich die ersten sechs Mennonitenfamilien und etwa ein Dutzend junger Männer von Puerto Casado auf den Weg in den Chaco. Am Ende der Eisenbahn (damals 77 Kilometer) stießen sie auf das Militärlager „Laguna Barranca". Hier wurden sie vom verantwortlichen Offizier kontrolliert. Ein Deutsch-Paraguayer, Herr Siebert, begleitete die Gruppe im Auftrag der Casadogesellschaft und diente als Dolmetscher. Der Offizier wollte wissen, ob die Siedler entsprechend bewaffnet wären, um einen Überfall, wenn notwendig, abwehren zu können. Die Siedler antworteten, dass sie einige Jagdgewehre mit sich führten. „Wie wollt ihr euch denn weh- ren?", wollte der Offizier wissen. Ein Moment Stille, dann antworte- te einer der Männer halblaut in schelmischem Ton: „Dann nehm wie onse Statja" (Dann nehmen wir unsere Stöcke). Alle, die den Witz verstanden, lachten. Nun war der Offizier neugierig. Als es ihm übersetzt wurde, lachte auch er und ließ die Gruppe ziehen.

- Es war zwischen Weihnachten auf Neujahr 1927, als ein paraguay- ischer Offizier unter der Tarnung mennonitischer Siedler einen wei- ten Erkundigungsritt machte. Er hielt Ausschau nach Wasserstellen und auch nach Spuren berittenen bolivianischen Militärs. Die Men- noniten wiederum wollten Land erkunden. Sieben Tage ritten sie, bis sie wieder zurück auf Km 216 waren (in der Nähe von Loma Plata). Der Offizier legte für die Kundschaftsreise seine Uniform ab und ließ sie samt Pistole im Siedlerlager und zog sich mennonitische Kleider an. Sie stießen nicht auf Bolivianer, wohl aber auf Maultier- fährten, die mit Sicherheit auf die Gegenwart von Bolivianern in der Gegend schließen ließen.

3. Die mennonitische Einwanderung weckt internationales Interes- se und Aufsehen

Im Dezember 1926 kamen die ersten 309 mennonitischen Einwande- rer in der Bucht von Asunción auf dem Schiff Apipé an. Wie bereits oben erwähnt, gingen sie nicht an Land, aber der paraguayische Staatspräsident Dr. Eligio Ayala ging an Bord und begrüßte sie herz- lich in deutscher Sprache.

Der amerikanische Journalist John W. White, der die Gruppe von Buenos Aires nach Puerto Casado begleitete, fand bemerkenswerte Parallelen zwischen dieser Reise und der *Mayflower* (Schiff, in dem verfolgte evangelische Christen aus England im Jahr 1620 nach Nord Amerika auswanderten und so eine große evangelische Ein- wanderungswelle nach Nordamerika einleiteten) und war der Meinung, dass die Geschichte zeigen werde, dass die Einwanderung der Mennoniten in den Chaco für Paraguay nicht weniger Bedeutung haben werde wie die der Mayflower für die Vereinigten Staaten (White, „The great Mennonite Migration...," S. 432).

Auch Bender (Bender, *Paraguay calling*, II. S. 44) war überzeugt, dass die Einwanderung der Mennoniten einen Meilenstein in der Einwanderungsgeschichte des Chacos darstellte, vergleichbar mit der Einwanderung der ersten Siedler Nordamerikas.

„Wo immer die Mennoniten auch hingezogen waren, immer folgte ihnen der Krieg, aber nun endlich haben sie einen sicheren Ort gefunden", kommentierte *The Literary Digest* im September 1927, („The Mennonite migration", *The Literary Digest,* September 3, 1927, S. 32), als die ersten Mennoniten im Chaco ankamen. Die Mennoniten selbst waren überzeugt, dass sie isoliert im Chaco in Frieden und Ruhe von der Welt leben könnten. Viele waren der Meinung, dass es unmöglich wäre, einen Krieg im Chaco zu führen, auf Grund des Wassermangels und fehlender Wege. Dieselbe Zeitschrift jedoch informiert im April des Jahres 1933: *„Der Krieg hat die Mennoniten mitten im Busch erreicht, wo sie gehofft hatten, niemals wieder den Kanonendonner zu hören."* („The blond men of the Chaco", *The Literary Digest,* April 1933, S. 27)

Wegen der mennonitischen Siedlungen protestierte Bolivien und brach die diplomatischen Beziehungen zu Paraguay ab. Im Jahre 1930 gelang es, die Beziehungen nach ernsthaften Bemühungen wieder herzustellen und es gab erneute Anstrengungen, um das Grenzproblem zu lösen. Leider kam es nicht zu der erwünschten endgültigen Lösung.

Neue Schwierigkeiten tauchten auf, als der Völkerbund mit Sitz in Genf die Einwanderung der Mennoniten, die aus Russland über den Amur nach China geflüchtet waren und in Harbin (China) unter beklagenswerten Bedingungen untergebracht waren, in den Chaco genehmigte. Bolivien war nicht gegen die Einwanderung der

Mennoniten in den Chaco, im Gegenteil, aber sie sollte unter bolivianischer Schirmherrschaft geschehen. Etwa 370 der genannten Flüchtlinge waren mit Unterstützung des Völkerbundes von China nach Le Havre, Frankreich, gekommen, wo sie die Einreiseerlaubnis in den Chaco vom paraguayischen Konsulat erhielten, ein Ereignis, das in der internationalen Presse kommentiert wurde. Als die Flüchtlinge sich anschickten an Bord des französischen Ozeandampfers *Groix*, der sie nach Buenos Aires bringen sollte, zu gehen, schaltete sich der bolivianische Konsul mit der Begründung ein, dass die Mennoniten nach Bolivien einreisen würden und deshalb von Bolivien eine Einreiseerlaubnis bräuchten. Es gab großen Ärger, internationale Schlagzeilen und eine Verzögerung der Abfahrt, aber letztendlich konnten die Flüchtlinge an Bord des Schiffes gehen, ausgestattet mit zwei Visa für die Einwanderung in den Chaco, eines ausgestellt von den paraguayischen, das andere von bolivianischen Behörden (Benjamin H. Unruh. *Fügung und Führung im Mennonitischen Welthilfswerk 1920-1933*. Karlsruhe 1966, S. 45-46. Die Eltern des Schreibers waren Teil dieser Gruppe):

Konsulat   der   Republik   Paraguay

Hiermit bestätige ich, dass die in diesem Ausweis aufgeführten Personen

sich definitiv in Paraguay ansiedeln werden. Le

Havre, 4. April 1932.

Konsulat Bolivien

„Visto y bueno" zur Einreise ins Territorium des Gran Chaco, Republik Bolivien.

El Havre, 5. April 1932.

Die diplomatischen Probleme zwischen Bolivien und Paraguay spitzten sich zu. Paraguay protestierte gegen die Handlung in Le

Havre. Andererseits erklärte der bolivianische Außenminister Juan Maria Zalles am 10. Juni 1932, dass *„in Zukunft jeder Mennonit den Chaco nur mit ausdrücklicher Genehmigung von Bolivien betreten dürfe. Jegliche zukünftige Siedlung westlich des Rio Paraguay wird nur unter bolivianischer Schirmherrschaft genehmigt werden."* (Abercrombie, Peaceful pawns..., S. 1175) Bolivien versprach den Mennoniten alle Privilegien, die auch Paraguay ihnen zugebilligt hatte. Der oberste Befehlshaber der bolivianischen Streitkräfte er- hielt den Befehl, die schon gegründeten Mennonitenkolonien unter seine Kontrolle zu nehmen. Damit wurde auch die Lage der Menno- niten bedenklich.

Der bolivianische Leutnant Alberto Taborga hatte am 6. August 1932, während er in *Fortín* Toledo, westlich von Fernheim, statio- niert war, diesbezüglich einige aufschlussreiche Aufzeichnungen in seinem Tagebuch gemacht. Er schrieb, dass seine Einheit laufend Streifzüge durch die Gegend von Guajhó, Trébol und Loma Plata mache. Die Gegend sei ihnen noch unbekannt. Trotzdem seien sie auf Befehl ihres Hauptmanns (*Capitán*), Víctor Ustarez, bis an die mennonitischen Siedlungen gelangt. Taborga schlussfolgert, dass hinter diesen Kundschaftsreisen die Absicht stehe, Isla Po'í, das Hauptquartier der paraguayischen Streitkräfte, auf dem kürzesten Weg vom Norden her anzugreifen (Taborga 1970, S. 43).

Die Deutung und Hoffnung Taborgas, durch die Kolonien nach Isla Po'í zu marschieren, erfüllte sich nicht. Am 15. August 1932 erhielt seine Truppeneinheit den Befehl, nach Boquerón zu marschieren, um diesen Ort gegen einen möglichen Angriff der Paraguayer zu verteidigen. So hat er den Kampf um Boquerón als Verteidiger mit- erlebt und seine Aufzeichnungen später veröffentlicht.

Im September 1932 erschien im Dorf Schönwiese (Nr. 7) im Westen der Kolonie Fernheim eine Delegation bolivianischer Soldaten. Sie überreichten Heinrich Dürksen, einem Bürger des Dorfes, ein Schreiben folgenden Inhalts:

Guajhó, bolivianisches Territorium, IX. - 10 – 32

An die Herrn Leiter der mennonitischen Dörfer Nr.7 – 8 und Filadelfia:

Hiermit gebe ich Ihnen zur Kenntnis, dass die Dörfer Ihrer Sekte vom heutigen Datum unter dem Schutz unserer Gesetze und der Herrschaft Boliviens stehen.

Wir erwarten von Ihnen, dass Sie und Ihre Gläubigen unser Wohlwollen respektieren, dass wir Ihnen als ausgebildete und für den Krieg vorbereitete Soldaten bringen. Wir erwarten von Ihnen strikte Neutralität, was auch im Einklang mit Ihrer Religion steht. Bewirken Sie bei Ihren Gläubigen, dass sie sich unserer Truppe ge- genüber freundlich verhalten. Gleichzeitig teilen wir Ihnen mit, dass wir unerbittlich jede Form von Verrat mit aller Härte und Energie bestrafen werden.

Über den bolivianischen Soldaten werden Sie sich nicht bekla- gen müssen, denn er ist der Spiegel der Erziehung und der Disziplin unseres Heeres, das den Namen des großen Bolívar trägt.

Es lebe Bolivien!   Gott beschütze Sie!

Leutnant Suárez, Chef der Vorhut des Heeres im Felde der 4. Divisi- on

P.S.: Dieser Brief diene Ihnen als Ausweis, wenn unsere Regimenter im Vormarsch in Richtung Puerto Casado vorbeikommen. Unsere Kampfflugzeuge haben Anweisung, die mennonitischen Dörfer nicht zu bombardieren (Ein historischer Brief, *Mennoblatt*, 1. Oktober 1972, S. 5-6. Das Original dieses Briefes befindet sich im Fernheimer Archiv).

Inwieweit waren die Mennoniten bei der Einwanderung über die Ernsthaftigkeit dieses Grenzkonfliktes informiert? Als die ersten Mennoniten aus Kanada abreisten, hatte die Regierung in Ottawa vor den Grenzschwierigkeiten zwischen Bolivien und Paraguay gewarnt (Goodbye to the Mennonites, *The Literary Digest*, 22. Januar 1927). Da die Regierung Kanadas jedoch darauf bedacht war, die Abwan- derung der Mennoniten zu verhindern, wurde diese Warnung nicht ernst genommen, sondern als Gegenpropaganda eingestuft und un- beachtet gelassen. Im November 1928, als die ersten Mennoniten aus Kanada im Chaco angesiedelt waren, schrieben sie an ihre Gemein- den in Kanada: *„Über die Grenzstreitigkeiten zwischen Paraguay und Bolivien hören wir verschiedenes. Wie es eigentlich in Wirklich- keit steht, wissen wir nicht. Paraguay hat Soldaten im Chaco, die, wie es heißt, Grenzwache stehen. Hoffentlich fällt es gut aus. "* (Frie- sen 1977, *S.* 14)

Aber zur selben Zeit berichteten mennonitische Zeitschriften über die Grenzschwierigkeiten und über einen möglichen Krieg in naher Zukunft (*Mennonitische Rundschau*, 25. Mai 1927, S. 2-3). Es gibt keine Hinweise dafür, dass die Auswanderer diese Information ernst genommen hätten. Sie waren überzeugt, dass sie in den paraguayischen Chaco fuhren, und dass die Grenzschwierigkeiten sie nicht betreffen würden, da sie das Land ja legal gekauft hatten. Dies waren auch der Standpunkt und die Meinung des Mennonitischen Zentralkomitees (MCC) in den USA, das ab 1929 eine wichtige Rolle in der Migration der schon erwähnten russischen Flüchtlinge (Mennoniten) spielte. *The Associated Press* in Washington D.C. befragte das MCC im Juni 1932, ob die durch sie unterstützte Einwanderung der Mennoniten den Konflikt nicht auf die Spitze treiben würde (Kopien von diesen Schreiben im Archiv des Autors). Das MCC hielt diese Befürchtungen für völlig unbegründet. Das Land sei legal von der *Corporación Paraguaya* für die Kolonie Fernheim gekauft worden. Außerdem waren sie davon überzeugt, dass die Grenzschwierigkeiten sich auf ein Gebiet weiter im Westen und Norden bezogen, weitab von den mennonitischen Siedlungen Menno und Fernheim (siehe *Status- Quo*-Linie).

Nicht einmal die kanadischen Mennoniten, die 1927 in den Chaco kamen, waren sich der Gefahr eines Krieges bewusst (Friedrich Kliewer. „Der Chacokonflikt und die Mennonitensiedlungen", *Mennoblatt,* November 1931, S. 3). Der Krieg war jedoch schon viel näher, als sie ahnten und sich vorstellten. Sie waren nicht gut informiert und die Regierung hatte auch kein Interesse, ihnen mit- zuteilen, was vor sich ging. Als der Krieg dann ausbrach, waren die Mennoniten völlig überrascht.

4. *Zwischen den Fronten*

Der Chacokrieg begann in aller seiner Härte mit der Schlacht von Boquerón im September 1932. Paraguayische Truppen griffen dieses von Bolivianern besetzte *Fortín* an und nach 20 Tagen Kampf er- oberten sie es unter großen Verlusten am 29. September. Die boli- vianische Front befand sich südlich und westlich der Mennonitenko- lonien. Fernheim war in einer besonders kritischen Lage, schutzlos zwischen den Fronten der beiden feindlichen Armeen. Das para- guayische Hauptquartier war in Isla Po'í südlich der Kolonie Menno. Die großen Kämpfe zu Beginn des Krieges fanden in unmittelbarer Nähe der Mennonitenkolonien statt. Ein bolivianisches Flugzeug überflog Filadelfia und feuerte einige Maschinengewehrsalven ab, ohne jedoch Schaden anzurichten.

Das Industriewerk in Filadelfia, zur Zeit des Chacokrieges

rückkehrte. *„Es ist rührend anzusehen"*, sagt er, *„wie diese Siedler, die nicht einmal Spanisch sprechen, sich mit Paraguay identifizie- ren."* Er betont dann, dass die Mennoniten, die jede Beteiligung am Krieg verweigern, einen bescheidenen Beitrag zur Verteidigung Pa- raguays brachten (The blond men of the Chaco, *The Literary Digest,* April1933, S. 27).

Worin bestand dieser „bescheidene Beitrag" der Mennoniten? Der Korrespondent klärt dies nicht, aber kurz danach, am 19. August, beschloss die Kolonie Fernheim, das paraguayische Rote Kreuz mit Lebensmitteln zu versorgen, und am 21. desselben Monats fuhren die ersten neun mit Süßkartoffeln, Bohnen, Brot, Honig und Eiern beladenen Wagen nach Isla Po'í, dem militärischen Hauptquartier (*Mennoblatt,* August 1932).

Zu Beginn des Jahres 1933 gab es heftige Kämpfe in der Nähe von Toledo, nicht weit von Fernheim entfernt. Täglich fuhren zwischen 80 bis 90 LKWs der Militärs durch die Kolonie. Das Krankenhaus Fernheims und die Schulen in den Dörfern waren überfüllt von verwundeten Soldaten. Tag und Nacht wurde Wasser aus den Brunnen der Mennoniten geholt, so dass diese manchmal nicht einmal genug für den eigenen Gebrauch hatten (*Mennoblatt,* Januar- Februar 1933 und *Mennonitische Rundschau,* Mai 1933).

Im Januar 1933 unterschrieb das paraguayische Militär einen Ver- trag mit den Kolonien, nach dem jede Kolonie 80.000 kg Brot liefern sollte (*Mennoblatt,* Januar 1933, S. 6). Außerdem ordnete die para- guayische Regierung an, dass das Heer alles zu kaufen habe, was die Mennoniten produzierten. *„Es ist beeindruckend"*, bemerkt Aber- crombie, *„wie der grausame Krieg zwischen Paraguay und Bolivien den friedlichen Mennoniten etwas Bargeld brachte, mit dem sie sich das Lebensnotwendige kaufen konnten."* (Abercrombie, Peacefull pawns..., S. 1175)

Mitte des Jahres 1933, entfernte sich die Front von den Kolonien. Der Krieg ging jedoch weiter und auch der Handel mit dem Militär. So begann ein ruhigeres Leben für die Mennoniten und der Krieg gab ihnen, das erste Mal während ihres Aufenthaltes im Chaco, ei- nen guten Absatzmarkt für ihre Produkte.

Während des ganzen Krieges war das Verhältnis zwischen dem Mili- tär und den Mennoniten - abgesehen von einigen Ausnahmen - aus- gezeichnet. Dies kann durch Artikel aus der Zeitschrift *Mennoblatt* belegt werden. Die Disziplin, die Ordnung und die Freundlichkeit der paraguayischen Soldaten wurden wiederholt gelobt und standen im starken Kontrast zu dem, was sie mit den sowjetischen Soldaten erfahren hatten. Jeglicher Schaden, der den Mennoniten durch den Krieg entstanden war, sollte ersetzt bzw. bezahlt werden.

Um diesem Versprechen gerecht zu werden, schickte die Regierung den Rechtsanwalt Dr. Sigifredo Gross Brown in den Chaco. Die Mennoniten waren zutiefst beeindruckt und drückten dem Präsiden- ten Eusebio Ayala ihre Dankbarkeit in einem Schreiben aus, welches Oberschulze J. Siemens während eines Besuches, den er mit diesem Ziel persönlich beim Präsidenten der Republik vornahm, vorlas:

„Ew. Exzellenz!

Im Namen der Mennoniten in der Kolonie Fernheim im Chaco Paraguay sind wir erschienen, um Ihnen unsere Glückwünsche per- sönlich zu übermitteln. Gleichzeitig danken wir innig, dass durch Ih- re Vermittlung und durch die Aufmerksamkeit des hohen Komman- dos im Chaco wir in den drei schweren Kriegsjahren so gut mit dem disziplinierten paraguayischen Heer auskamen, was stets dankend von uns anerkannt werden soll ...

J. Siemens, Oberschulze" (Mennoblatt, August 1935, S. 5)

In dem Gespräch, das sich bei dieser Gelegenheit mit dem Präsiden- ten der Nation ergab, drückte dieser den Wunsch aus, dass noch mehr Mennoniten nach Paraguay kommen möchten und verabschie- dete sich von Siemens mit den Worten: *„Ladet bitte noch mehr Mennoniten ein, denn sie werden hier immer willkommen sein."*

5. *Zusammenfassung und Schlussbemerkungen*

1. Als die ersten Mennoniten im Jahr 1927 in den Chaco kamen, wa- ren sie nicht gut über die Grenzschwierigkeiten zwischen Paraguay und Bolivien informiert. Sie kamen in der Gewissheit, dass das Ge- biet, in dem sie sich niederließen, definitiv zu Paraguay gehöre.

2. Die Regierung nutzte die Unwissenheit der Mennoniten nicht nur, um den Chaco zu bevölkern, sondern auch um ihren Anspruch auf das Gebiet im Streit mit Bolivien zu sichern.

3. Die Mennoniten waren nicht der Grund für den Krieg, aber ihre Gegenwart im Chaco spitzte den Konflikt zu und trug zum Ausbruch bei.

4. Der Krieg war für die Mennoniten eine unangenehme Überra- schung. Sie verweigerten jede direkte Beteiligung und beteten für ein schnelles Ende.

5. Dadurch, dass die Mennoniten Wasser, Lebensmittel, Wege und Transport zur Verfügung stellten, hat ihre Präsenz zum Sieg der pa- raguayischen Armee und damit zur Eroberung des Chaco beigetra- gen.

6. Die Mennoniten haben finanziell vom Chacokrieg profitiert. Bar- geld kam zum ersten Mal in die Kolonien. Es war auch die Gelegen- heit, näheren Kontakt zu den Paraguayern aufzunehmen und so auch ihre Eigenart kennen und schätzen zu lernen. Wenn dieser Kontakt auch bedingt und einseitig war, half der Krieg den Mennoniten doch auf gewisse Art, aus der Isolierung herauszukommen. Der Kontakt während des Krieges hat zu einem guten Verhältnis zwischen Para- guayern und Mennoniten geführt - das bis heute besteht. Das *Men- noblatt* hat immer wieder die Disziplin und Ordnung des paraguay- ischen Heeres anerkannt und gelobt. Nur in relativ wenigen Fällen sind Mennoniten von paraguayischen Soldaten belästigt worden. Diebstähle gab es öfters und in jeder Kolonie mehrere Vergewalti- gungen.

7. Durch den Krieg erhielten die Mennoniten eine nicht gesuchte Bewunderung und Sympathie, nicht nur im Lande, sondern auch   in-

ternational. Dies geschah durch die Soldaten, die nach Hause zurückkehrten, sowie durch die nationale und internationale Presse. Im Dezember 1933 besuchte eine Delegation des Völkerbundes die Mennoniten. Unter ihnen waren Vertreter aus England, Frankreich, Spanien, Italien, Mexiko und Uruguay. Alle zeigten großes Interesse an den Kolonien (*Mennoblatt*, Dezember 1933).

8. Zu jener Zeit wurden Bewohner der Kolonien von Militärärzten versorgt, da eine große Anzahl von Soldaten dort interniert war und da aufgrund des Krieges Krankheiten in den Dörfern ausgebrochen waren. Das Krankenhaus in Filadelfia erhielt am Ende des Krieges als Dank einen LKW von der Regierung geschenkt.

9. Obwohl das Militär einerseits die Wege der Mennoniten (wenn man diese als solche bezeichnen kann) benutzte, nutzten diese - be- sonders nach dem Krieg - auch die Wege des Militärs (*picadas* oder *rectas* genannt), die es während des Krieges durch den Chacobusch geschlagen hatte.

10. Die mennonitischen Schmiede wurden durch den Krieg mit viel Alteisen versorgt, das auf den Schlachtfeldern und am Rande der Wege liegen geblieben war. In Mengen sammelte man auch Stachel- draht sowie glatten Draht für die Einfriedung der Felder. Für andere, die altes Eisen und Munition sammelten, war dies eine zusätzliche Möglichkeit, Bargeld zu bekommen.

11. Militärisch hat das paraguayische Heer den Chaco erobert, aber, laut den Worten Friedrich Kliewers, Brasilien, haben die Mennoni- ten die „kolonisatorische Großtat" erbracht. Sie waren es, die den Weg zur Zivilisierung des Chaco freimachten.

Infolge des Aufrufs während der Mennonitischen Weltkonferenz 1984 in Straßburg, entstand die Einrichtung der Christlichen Frie- densstifter-Teams (Christian Peacemaker Teams, CPT). CPT arbeitet mit der Vision unbewaffneter Intervention durch engagierte Frie- densstifterInnen, die bei kühnen Versuchen, tödlichen Konflikt durch die gewaltfreie Macht der Wahrheit und Liebe Gottes zu verändern, Verwundung und Tod riskieren. Begonnen von Mennoniten, Brethren und Quäkern und mit umfassender ökumenischer Beteili- gung betont der Dienst des Friedensstiftens durch CPT mit seiner bi- blischen Grundlage und spirituellen Mitte kreatives öffentliches Zeugnis, gewaltfreie Aktionen und Schutz der Menschenrechte.

„Was geschähe, wenn Christen dieselbe Disziplin und Selbsthingabe gewaltfreiem Friedensstiften widmeten wie Soldaten dem Krieg?" (Ronald Sider)

Bibliografie

- Bainton, R.H. *Christian Attitude towards War and Peace: A Historical Survey and Critical Re-evaluation.* Abingdon Press, Nashville, Tennessee, 1990.

- Böhrt Gastelú, Roberto. *Deber cumplido: Páginas de la Gue- rra del Chaco.* La Paz, Bolivia, 1978.

- Braun, Jacob A. *Im Gedenken an jene Zeit: Mitteilungen zur Entstehungsgeschichte der Kolonie Menno.* Asunción, Para- guay, 2000.

- Bray, Arturo. *Armas y letras: memorias.* Tomo II, Ediciones NAPA, Asunción, 1981.

- Brock, Peter. *Breve historia del pacifismo: Desde la época del Nuevo Testamento hasta la Primera Guerra Mundial.* México, 1997.

- Bussmann, Claus. *Die Geschichte der deutschen evangeli- schen Gemeinde zu Asunción/Paraguay 1893 – 1963.* [Asun- ción, Paraguay, 1988?].

- Cabrera-Coenes, Roberto und Harris de Decoud, Esther. *Co- mo un Diamante: Reseña biográfica y pensamientos de Reinaldo Julian Decoud Larrosa.* Asunción: Publicaciones Aguila, 1996.

- Céspedes, Augusto. *Sangre de mestizos.* La Paz, Bolivia, 1969.

- *Deutsche Evangelische Gemeinde Asunción Paraguay: 75 Jahre 1893-1968.* Asunción, Paraguay, 1968.

- Driver, Juan. *Como los Cristianos hicieron paz con la gue- rra.* Ediciones Semilla, Guatemala, 1993.

- Driver, Juan. *Una alternativa Cristiana a la violencia.* Ediciones Comunidad, Quito, Ecuador, 1988.

- Duarte, Rogelio. *Historia y mensaje de los bautistas en el Paraguay.* Asunción, Paraguay, 2001.

- Duarte, Rogelio. *El desafio protestante en el Paraguay.* Asunción, Paraguay, 1994.

- Elliott, Arthur Elwood. *Paraguay: Its Cultural Heritage, So- cial Conditions and Educational Problems.* Teachers Col- lege, Columbia University, New York, 1931.

- Friesen, Martin W. *Kanadische Mennoniten bezwingen eine Wildnis.* Asunción, Paraguay, 1977.

- Friesen, Martin W. „Kriegsgetümmel im 'Friedensstaat'", *Der Bote*, 8. 15. und 22. Juni 1976.

- Friesen, Martin W. *Neue Heimat in der Chacowildnis.* Asunción, Paraguay, 1997.

- Ganser, Cristian. *Historia documental de San Bernardino.* Editora Litocolor, Asunción, 1997.

- Holst, Enrique. *Deutsche in Paraguay: Eine Schilderung über Deutschsprachige Einwanderer im Corazón de America und deren Vereine.* Asunción, Paraguay, 2005.

- Hoyer, Hans Juergen. *Germans in Paraguay, 1881-1945: A Study of Cultural and Social Isolation.* Ann Arbor Michigan, 1974 (Ph.D. 1973).

- Hunt, R. J. *The Livingstone of South America: The Life and*

Adventures of W. Barbrooke Grubb among the wild tribes of the Gran Chaco in Paraguay, Bolivia, Argentina, the Falk- land Islands and Tierra de Fuego. London, 1933

- Klassen, Paulhans. *Die das Leid trugen.* Filadelfia, Paraguay, 2008.

- Klassen, Peter P. *Kaputi Mennonita: Eine friedliche Begeg- nung im Chacokieg.* Asunción, Paraguay, 1980.

- Klassen, Peter P. *Die Mennoniten in Paraguay: Reich Gottes und Reich dieser Welt.* Asunción, Paraguay, 1988.

- Klassen, Peter P. *Immer kreisen die Geier: Ein Buch vom Chaco Boreal in Paraguay.* Filadelfia, Chaco Paraguay, 1994

- Klassen, Walter. *La guerra justa: Un resumen.* Edición Se- milla, Guatemala, 1991.

- Mills, Elisabeth Eastman. *Adventuring with Christ in Para- guay: Fifty years of service 1920 –1970.* California 1973.

- Nery T., Jorge. *En el camino del Señor.* La Paz, Bolivia 1996.

- Querejazu Calvo, Roberto. *Masamaclay: Historia política diplomática y militar de la Guerra del Chaco.* La Paz, Boli- via 1965.

- Ratzlaff, Gerhard. *Zwischen den Fronten: Mennoniten und andre evangelische Christen im Chacokrieg 1932 - 1935,* Asunción, 2009.

- Rout, Leslie B. *Politics of the Chaco Peace Conference 1935-1939.* University of Texas Press, Austin & London, 1970.

- Taborga T., Alberto. *Boquerón: Diario de campaña - Guerra del Chaco.* La   Paz, Bolivia, 1970.

- Toews, J.A. *Pacificadores por medio de Cristo.* Traducido por Myrta Biber. Instituto Bíblico Asunción, Asunción, Pa- raguay, 1993.

- [illegible]
- [illegible]
- [illegible]

Mennonitische Siedlungen zwischen den Fronten 1932

Friedenszeugnis der Mennoniten im Chacokrieg: Ein
Vergleich zwischen Menno und Fernheim

Robert Wiens

Welche Rolle spielte das Friedenszeugnis der Mennoniten während des
Chacokrieges? Spannend ist diese Frage vor allem auch, weil wir hier
zwei Gruppen von Mennoniten vergleichen können, die sich nach fast
60 Jahren unterschiedlichen Weges in der gleichen Konfliktsituation
wiederfinden.

Aber vielleicht sollte zuerst die viel schwierigere Aufgabe ange-
gangen werden, zu beschreiben, was unter Friedenszeugnis zu verstehen ist, bzw. was wir in diesem Aufsatz darunter verstehen.

Friedenszeugnis

Den Frieden bezeugen oder ein Zeugnis für den Frieden sein. Was heißt
das? Das deutsche Wort des „Zeugnis" lässt durch seine Her- kunft von
„ziehen" glücklicherweise an einen doppelten Sinn den- ken. Einerseits
an den Zeugen, der vor Gericht „gezogen" wird, um Zeugnis abzulegen,
um für den Frieden gerade- und einzustehen und den Frieden praktisch
mit seinem Wort zu verteidigen. Die in- haltliche Verbindung zum
griechischen Martyrium schwingt dabei mit, zum Märtyrer, der für die
von ihm vertretene Wahrheit auch mit seinem Leben einsteht. Der
Friedenszeuge, der bereit ist, den Frieden sogar unter Einsatz seines
Lebens zu verteidigen. Da ste- hen wir sehr schnell vor der
entscheidenden Frage, wenn es um   das

Friedenszeugnis geht: Was ist mir der Friede wert, den ich bezeu- ge? Kann man denn von Frieden sprechen, solange Menschen für seine Bezeugung sterben (müssen)?

Aber wie sollte andrerseits ohne solche Opfer jemals Friede Wirklichkeit werden, inmitten der gewaltsamen Realität unserer Welt? Das führt uns zu dem zweiten, nicht ganz so naheliegenden Gedan- ken; an den Friedenszeugen als denjenigen, der den Frieden zeugt, ihn in die Wirklichkeit hineinzieht und ihn Realität werden lässt. Zum Tragen kommt diese Doppeldeutigkeit des Zeugen, wenn das Blut der Märtyrer als Same der Kirche bezeichnet wird. Wer bereit ist, sein Leben für etwas in die Waagschale zu werfen, der lässt es genau durch diesen Akt neu entstehen, überzeugt damit die Zu- schauer und erzeugt in ihnen den Glauben an die verteidigte, mit Blut besiegelte Realität.

Frieden bedeutet vielerlei. Vom militärisch erzwungenen Stillhal- ten der *Pax romana* bis zum umfassenden Wohlbefinden des he- bräischen Schalom. Für Frieden als Abwesenheit des Krieges aber braucht es keine Zeugen. Sehr wohl jedoch für einen tieferen, um- fassenden und ganzheitlichen Frieden, da Schalom in unserer Welt nie selbstverständlich oder offensichtlich ist.

In der biblisch-täuferischen Perspektive ist der Friede durch eine Person definiert. Christus ist unser Friede. Sein Handeln, bis hin zum Opfer seines Lebens, bezeugen den Frieden. Er hat den Frie- den gezeugt, indem er am Kreuz die Feindschaft getötet hat.[86] Frie- denszeugnis ist christlich verstanden also nicht vom Christuszeug- nis zu trennen. Wenn nicht klar wird, dass unsere Verweigerung der Gewalt ihr Zentrum und ihre Wurzel im Kreuzestod Jesu hat, ist unser Zeugnis nicht vollständig. Wahres Friedenszeugnis ver- deutlicht der Umwelt, dass unsere veränderte Beziehung zu Gott zwingend die Beziehungen zu unseren Mitmenschen verwandelt, dass wir niemandes Feind mehr sein können, selbst wenn uns noch jemand Feind sei. Für wen die Kluft zwischen Mensch und Gott am

---

[86] Epheser 2, 14-16

Kreuz überbrückt ist, der kann nicht Gräben zwischen Menschen aufreißen. Christliches Friedenszeugnis stellt die „Zuschauer" frü- her oder später immer vor den Skandal des Kreuzes, wo Gott sei- nen Sohn, sich selbst „verliert", um damit uns Menschen zu gewin- nen. Friedenszeugnis war für die Täufer daher untrennbar mit Ver- kündigung der frohen Botschaft von Gottes versöhnender Liebe verbunden.

Nach Jahrhunderten der Unterdrückung, Verfolgung und Isolie- rung, haben die Mennoniten am Anfang des 20. Jahrhunderts Frie- denszeugnis meist nur noch als „Wehrlosigkeit" verstanden, als Be- reitschaft zum Opfer, wenn ein Ausweichen nicht mehr möglich ist. Die kämpferische Komponente des für die Wahrheit in die Bresche Springens und das opferbereite und darum lebenspendenden Zeu- gen der Wahrheit war in vielen mennonitischen Gemeinschaften in den Hintergrund getreten. Die Ursachen dafür waren sicher vielfäl- tig und wurden schon häufig beschrieben.

Wenige Jahre nachdem zwei Gruppen von Mennoniten inmitten der Wildnis des Chacobusches einen Neuanfang in Angriff nah- men, brach in ihrer unmittelbaren Umgebung der Krieg zwischen Paraguay und Bolivien aus, bei dem es genau um diese verlassene Wildnis ging, in der reiche Ölvorkommen vermutet wurden. Wie würden die Mennoniten der beiden Traditionslinien ihre Prinzipien der Gewaltlosigkeit inmitten dieser gewaltsamen Situation bewah- ren und bezeugen?

Unterschiedliche Reaktionen in Menno und Fernheim

Die Ablehnung des staatlich verlangten Ersatzdienstes und der ob- rigkeitlichen Einmischung in ihre Schulen hatten die Vorfahren der „Mennos" ab 1874 aus Russland nach Kanada auswandern lassen. Auch nach Paraguay waren sie weitergezogen, weil der kanadische Staat zu viel Einfluss auf ihre Schulen beanspruchte und der Natio- nalismus zwischen den Weltkriegen zunahm. Absonderung, Di- stanzierung und Skepsis gegenüber dem Staat, seinen Institutionen und Bestimmungen, bildeten die festen Prinzipien, um derentwillen diese Familien in 60 Jahren bereits zweimal völlig neu angefangen hatten.

Die Eltern und Großeltern der „Fernheimer" dagegen hatte sich in dieser Zeit mehr und mehr in der Kooperation mit dem Staat geübt, hatten den zaristischen Ersatzdienst akzeptiert und einschneidende wirtschaftliche und soziale Reformen durchgeführt. Aufgrund ihrer staatsfreundlicheren, kooperativen Haltung und dank der entsprechenden Reformen von Johann Cornies, hatten sie es zu großem Aufschwung und Wohlstand gebracht – und dann durch staatliche Verfolgung alles verloren, um ihr nacktes Leben zu retten. Nach ih- rer Erfahrung gab es „gute" und „böse" Regierungen, förderliche, mit denen sie gern zusammenarbeiteten, oder aber gefährliche, die zu fliehen waren. Da die paraguayische Obrigkeit die mennoniti- schen Bürger nach Kräften beschützte, während der Militarisierung und des Krieges auch gegen Übergriffe der eigenen Soldaten, und
da sie aufgrund der mennonitischen Bitte eine schon befohlene Evakuierung aussetzte[87], musste sie eindeutig zu den „Guten" ge- zählt werden, für die man vor allem dankbar war und die es zu un- terstützen galt. Bis heute scheint dem „Koloniesmennonitentum" ja
der eigene Nutzen manchmal DAS Kriterium zu sein, ob eine Re- gierung zu den „Guten" zählt oder nicht.

Auch ein Unterschied in der politischen Erfahrung beider Gruppen wird sichtbar. Waren die Mennos aus Kanada wegen der wachsen- den und militarisierenden Nationalisierung ausgewandert, so flohen die Fernheimer vor einem, zumindest in der Theorie, antinationalen Kommunismus, den sie als zutiefst grausam, ungerecht und desta- bilisierend erlebt hatten. Auch von daher mögen im Chaco die „Kanadier" eher eine gewisse Skepsis gegenüber jedem kriegsbe- dingten Nationalismus an den Tag gelegt haben als ihre „russi- schen" Nachbarn. In Menno kannte man zumindest ansatzweise den Zusammenhang zwischen Nationalismus und Kriegsbegeiste-

---

[87] Siehe Nicolai Siemens im Mennoblat Nr. 8, 1932, zitiert nach Klassen, 1996.

rung. In Fernheim, wo das gefürchtete Monster Kommunismus hieß, war man sich der Gefahren des Nationalismus sicher weniger bewusst. Diese Vermutung wird durch die Tatsache untermauert, dass sich gerade in Fernheim wenige Jahre später eine überra- schend starke Bewegung nationalsozialistischen Deutschtums her- ausbilden konnte.

Aber wesentlicher erscheint mir die Beobachtung, dass wir von den Gemeinden Fernheims bezüglich des Krieges kaum mehr wissen, als dass sie für den Frieden, für Bewahrung und gegen eine dro- hende Evakuierung gebetet haben. Dagegen übernahmen in Menno die Ältesten als kirchliche Leiter deutlich mehr Verantwortung und Beteiligung, in jeder Entscheidung, die mit dem Krieg zu tun hat- te.[88] Menno wurde ja zu diesem Zeitpunkt fast „theokratisch" ge- führt, mit starkem Einfluss einer verbindenden kirchlichen Autori- tät, während in Fernheim der Umgang mit den weltlichen Instanzen praktisch komplett an eine „säkulare" Verwaltung delegiert wurde. Die voneinander unabhängigen Fernheimer Gemeinden waren für Gebet, Seelenleben und später dann Mission zuständig, hatten aber keine gemeinsame Stimme zu solch „weltlichen" Themen wie dem Krieg in unmittelbarer Nachbarschaft. Die lutherische Zwei- Reiche-Lehre scheint über die evangelisch-deutschen Nachbarn in Russland und über die pietistischen Erweckungsprediger irgendwie im Denken der Fernheimer Fuß gefasst zu haben.[89] Und dem tradi- tionell übernommenen Prinzip der Wehrlosigkeit ist ja scheinbar Genüge getan, solange kein Mitglied der Gemeinschaft auf andere Menschen schießt.

Als dann die paraguayische Heeresleitung im Oktober 1932 einen Auftrag zum Transport unterschiedlicher militärischer Güter[90] von der Bahnstation Km 145 nach Isla Poí erteilte, scheinen die Fern-

---

[88] Vgl. Friesen

[89] Ausführliche Darstellung der schrittweisen Beeinflussung durch die Zwei-Reiche-Lehre Luthers in Klassen 2001, S. 437ff, besonders S. 444.

[90] Nach Ratzlaff 2009, S. 25, handelt es sich allerdings um Lebensmittel die transportiert werden sollen. Ratzlaff beruft sich hier auf eine Aussage von A.B. Toews.

heimer Gemeinden dies kaum als theologische Frage wahrgenom- men zu haben. Auf einer Schulzenversammlung wird die Sache entschieden, auffälligerweise aber unter Berufung auf das Gebot Jesu, dem Kaiser zu geben, was des Kaisers ist.[91] Also mit durch-
aus theologischer Begründung, aber von Seiten der säkularen Koloniesautorität. Auch die Erfahrungen in Russland und die Privile- gien in Paraguay werden in der Argumentation ausdrücklich er- wähnt. Dass der Transport militärischer Güter vom Feind als direk- te Unterstützung gewertet wird und eventuell mit dem Tode be- straft werden könnte, war den Fernheimern aus ihrer russischen Erfahrung wohl bekannt.[92] Das Problem wurde scheinbar aber primär als eine Frage der Kolonie und ihrer Beziehung zum Staat verstan- den, und dann natürlich auch als eine wirtschaftliche Frage. Die Spannung zwischen dem Privileg der Befreiung vom Wehrdienst und dieser mit Ochsen entlohnten, also „freiwilligen" Form des
„Kriegsdienstes" scheint dabei niemanden zu beunruhigen, obwohl ja gerade die Argumentation der Fernheimer deutlich macht, dass auch sie sich dazu zumindest genötigt sahen. Vielleicht liegt es auch hier wieder an einer extremen Reduzierung des Prinzips „Wehrlosigkeit", die nur den isolierten Akt des Tötens verbietet.

Die Verantwortlichen in Menno haben dagegen den Befehl des Mi- litärs zur Transportunterstützung offensichtlich als Anfrage an ihre theologischen Standpunkte verstanden, oder zumindest den Zu- sammenhang mit ihrer überlieferten religiösen Identität gesehen. Schon als Anfang August 1932 einige Halbstädter Bürger auf eige- ne Initiative den paraguayischen Rückzug aus Carayá mit ihren Fuhrwerken unterstützt hatte, waren sie nachträglich von den Auto- ritäten in Menno streng gerügt worden.[93] Folgerichtig baten die „Mennos" um eine Befreiung vom Fahrdienst zwischen Km 145

---

[91] Klassen 2010, S. 39. Vgl. auch Mennoblatt, Oktober 1932.

[92] Klassen, 2010, S. 43. Vgl. auch den Brief des bolivianischen Heeres mit einer ausdrücklichen Mahnung zur Neutralität, Klassen 1996, S. 82f.

[93] So berichtet bei Friesen.

und Isla Poí. Am 10 oder 11. Oktober[94] kam der abschlägige Be- scheid von der Heeresleitung. Schon am 14. Oktober um 16 Uhr hätten 40 Fuhrwerke mit Bemannung aus Menno in *Fortín* Es- peranza bereitstehen und dies sei ein Befehl, keine Bitte.[95] Auf ei- ner eilig einberufenen Brüderversammlung in Osterwick am näch- sten Tag wurden jeweils ein Vertreter der Kolonies- und Gemein- deverwaltung, mit der Bitte um Rücknahme dieses Befehls, zum zuständigen Kommandanten geschickt. Aus Fernheim waren vier Prediger der drei Fernheimer Gemeinden als Beobachter anwesend, und versuchten scheinbar sogar, die Mennos zur Befolgung des Be- fehls umzustimmen. Dennoch überbrachten der Älteste Martin C. Friesen und der Koloniesleiter Isaak K. Fehr am nächsten Tag eine Bittschrift an den paraguayischen Oberbefehlshaber José F. Estiga- ribia in Boquerón, in der es u. a. hieß: *„So kommen wir dann mit einer schriftlichen Bitte zu Ihnen: dass Sie uns doch nicht möchten etwas auflegen, was wir nicht erfüllen könnten, ohne unserem Glauben zuwider zu handeln."*[96] Die Leitung in Menno war zu der eindeutigen Auffassung gekommen, dass ein Transport von Mili- tärgütern nicht mit ihrem Glauben vereinbar sei. Entgegen der Pro- gnosen ihrer „russischen" Nachbarn hatten diese Bitten Erfolg und die Bürger der Kolonie Menno wurden vom Fuhrdienst befreit. Wie die „Mennos" reagiert hätten, wenn sie kein Gehör gefunden hätten, bleibt Spekulation. Hätten sie passiven Widerstand gelei- stet, zivilen Ungehorsam, auch wenn daraus Repressalien erfolgt wären?

Wenige Tage später kam die Armee schon mit einer weiteren Auf- forderung zu den mennonitischen Kolonien. Die Siedler sollten Mehl von der Bahnstation Km 145 abholen und daraus für das pa- raguayische Heer Brot backen. Die Militärverwaltung konnte in der weitläufigen Wildnis die Versorgung des Heeres nicht ausreichend

---

[94] Ratzlaff 2009, S. 25 gibt hier den 10.10 als Datum an, Friesen spricht vom 11.10.
[95] Ratzlaff 2009, S. 25.
[96] A.a.O. S. 26.

gewährleisten. Auf einer neuerlichen Brüderversammlung am 21. Oktober wurde dies von den „Mennos" angenommen, allerdings nicht einstimmig. Eine kleine Gruppe bezeichnete auch dies als „Militärdienst" und wollte auf keinen Fall etwas damit zu tun ha- ben.

Warum hatte Menno hier anders entschieden als eine Woche zuvor in einer ähnlichen Frage? Weil man jetzt doch lieber mit den „libe- raleren" Fernheimern an einem Strang ziehen wollte? Oder war der Unterschied darin begründet, dass es sich hier um Nahrung handel- te, nicht um Kriegsmaterial, dass man mit Brot nur Hungernde un- terstützt, aber keinesfalls bei der Ermordung anderer Menschen mithilft? Letzteres ist die Einschätzung von Martin W. Friesen.[97] Das würde bedeuten, dass die Geistlichkeit in Menno deutlich un- terschieden hat, zwischen einer Beteiligung an kriegswichtigen Handlungen einerseits und Nothilfe andrerseits, auch wenn die Hungernden Soldaten sind. Also keine sture Prinzipienreiterei, wie sie in dieser Situation nur eine kleine, mit „Nein" stimmende Min- derheit an den Tag legt. Vielmehr ethisch verantwortliche Abwä- gung verschiedener Grundsätze, je nach Lage der Situation. Wenn diese Einschätzung von Friesen zutrifft, hat die Mehrheit der „Mennos" in diesen Momenten tatsächlich die Gelegenheit für ein deutliches und auch differenziertes Friedenszeugnis genutzt.

Verpasste Gelegenheiten

Es gab in Paraguay andere Gruppierungen evangelischer Christen, die sich auf andere Art für den Frieden einsetzten. Der Direktor des *Colegio Internacional Dr. Arthur E. Elliott* und andere Vertreter der *Discípulos de Cristo* unterstützten tatkräftig die Bemühungen des Roten Kreuzes, die Folgen des Krieges unter den Notleidenden und Verwundeten zu mildern. Außerdem versuchten sie, ihre inter- nationalen Kontakte über den *Rotary Club* oder über aussendende Gemeinden in USA zu nutzen, um die Friedensverhandlungen zu

---

[97] Friesen. Auch Ratzlaff 2009, S. 27 stellt es so dar.

unterstützen und den Irrsinn des Krieges bekannt zu machen.[98] Dass von Seiten der Mennoniten keine ähnlichen Versuche bekannt sind, hat vielleicht mit ihrer Abgeschiedenheit im Busch und der fehlenden Integration in die paraguayische Gesellschaft zu tun. Auch waren sie erst so kurz da, dass ihre Sorge sich verständli- cherweise hauptsächlich auf die eigene Zukunft inmitten der Frem- de konzentrierte. Vermutlich erkannten sie auch nicht die Möglich- keiten der Hilfe, die ihre nordamerikanischen Kontakte für den Frieden bedeuten könnten. Einflussnahme auf Politik und Obrigkeit war ihnen damals nur bekannt zur Verteidigung der eigenen Inter- essen, nicht aber als Mittel um Frieden zu stiften.

Schwerwiegender scheint mir der Mangel an Schutz für die India- ner, die oft vom Militär regelrecht verfolgt wurden. Die Erzählung von *Cacique* Molina in „Kaputi Mennonita" [99] zeigt die ganze Hilflosigkeit der täuferischen Siedler gegenüber Verfolgung und Mord an jenen ihrer Nächsten, die weder zur Siedlungs-   noch Glaubensgemeinschaft gezählt wurden. Obwohl sicherlich hier und da auch mal ein Indianer versteckt oder gedeckt wurde[100], hätten die Men- noniten sich mit Sicherheit systematischer und dezidierter für den Schutz der Indianer einsetzen können.[101] Aber diese Chance scheint damals keine große Rolle gespielt zu haben.

Zusammenfassend ist man geneigt zu sagen, dass das Friedens- zeugnis der Mennoniten im Chacokrieg keine sehr große Rolle spielte. Es ist nicht unsere Aufgabe, aus der sicheren historischen Entfernung eventuelle Unterlassungen zu kritisieren. Vielmehr   ist

---

[98] Ratzlaff 2009, S. 108-117. Andrerseits haben die „Discípulos" nicht den Wehrdienst ihrer wehrfähigen Schüler in Frage gestellt, da sie kein Prinzip der Wehrlosigkeit in ihrer Theologie verankert hatten.

[99] Z.B. die Erzählung von Heinrich Janz in Klassen 1996, S. 146-147.

[100] Eine solche Situation berichtet Frieda   Kaethler in Klassen 1996, S. 143-145.

[101] Vgl. Unruh; Kalisch, S. 106, die beschreiben, wie die Indianer erst schutzsuchend die Nähe der Siedlungen suchten, aber bald bemerkten, dass sie von den Mennoniten nicht vor dem Militär beschützt wurden. Daraufhin flohen die meisten in möglichst abgelegene Wildnis, wo sie oft besonders unter Wassermangel zu leiden hatten.

zu befürchten, dass trotz sehr viel günstigerer Umstände heute, in ähnlichen Situationen, die Reaktionen nicht bedeutend anders wä- ren.

Aber ein Zeugnis ist nur eines, wenn es auch entsprechend verstan- den wird oder zumindest verstanden werden könnte. Und ob reine Wehrlosigkeit von den bolivianischen oder paraguayischen Militärs wirklich im Zusammenhang mit ihrer theologischen Begründung gesehen wurde, wage ich zu bezweifeln. Bestenfalls wurde vermut- lich eine religiöse Absonderlichkeit festgestellt, was aber von ei- nem Zeugnis der Treue zum Friedensfürsten noch weit entfernt ist. Und auch in der allgemeinen paraguayischen Bevölkerung, sofern sie überhaupt von der Wehrlosigkeit der Mennoniten Notiz nahm, wurde diese sicherlich von vielen eher als Ausdruck des Egoismus der Siedler verstanden, denn als Ausdruck ihrer gewaltfreien Fein- desliebe. Die zwei kurz aufeinander folgenden Entscheidungen der Menno-Gemeinschaft waren ein deutliches Zeugnis für die Prinzi- pientreue und Wehrlosigkeit: Standhafte Verweigerung jeglicher Mithilfe am Kampfgeschehen bei gleichzeitiger Bereitschaft zur Hilfe Bedürftiger.

Friedenszeugnis aber ist noch viel schwieriger: Es hat vielleicht mehr mit jenem Vater aus Menno zu tun, der ohne Waffen seine Tochter verteidigen wollte und dabei erschossen wurde[102]. Wenn wir bereit sind, eigene Sicherheit, eigenen Gewinn und sogar das eigene Leben in die Waagschale zu werfen, um drohendes Unheil
von unserem Nächsten abzuwenden – das ist Nachfolge Christi. Dem „Feind", in dessen Gewalt man sich befindet, gewaltfrei und vielleicht sogar hilfsbereit oder segnend entgegenzutreten – das ist christliches Friedenszeugnis. Leider kann man nicht mit Gewissheit sagen, dass wir Mennoniten in Paraguay heute allgemein eher dazu in der Lage wären als 1932.

---

[102] Klassen 2008, S. 179-181.

Bibliographie:

- Friesen, M. W. (kein Datum). *Kriegsgetümmel im Friedensstaat.*

- Klassen, P. (2008). *Die das Leid trugen.* Filadelfia.

- Klassen, P. (2010). *Relatos de mi querida patria.* Filadelfia.

- Klassen, P. P. (2001). *Die Mennoniten in Paraguay. Band 1. Reich Gottes und Reich dieser Welt.* Bolanden - Weierhof: Mennonitischer Geschichtsverein e.V.

- Klassen, Peter P. (1996). *Kaputi Mennonita* (3. Ausg.). Asunción.

- Ratzlaff, G. (2009). *Zwischen den Fronten. Mennoniten und andere evangelischen Christen im Chacokrieg 1932-1935.* Asunción.

- Siemens, N. (1996). Nubes de tormenta en el horizonte político (Mennoblatt Nr. 8, 1932). In P. P. Klassen, *Kaputi Mennonita* (S. 75-78). Asunción.

- Unruh, E.; Kalisch, H. (2008). Salvación - ¿rendición? Los enlhet y la Guerra del Chaco. In N. Richard, *mala GUERRA. Los indígenas en la guerra del Chaco (1932- 1935).* Asunción; Paris: Museo del Barro; ServiLibro; CoLibris.

Der mennonitische Selbstschutz 1918-1919 und Nestor Batjko Machno in der neueren Forschung

Alfred Neufeld

Einleitung

Im kollektiven Gedächtnis, besonders auch der russlanddeutschen Mennoniten in Paraguay, sind die oben genannten Ereignisse tief verankert. Bei einer der ersten Tagungen unseres Geschichtsvereins war die bekannte Frau Milda Rivarola als Referentin eingeladen. Sie hatte u. a. Geschichte und Politikwissenschaft in Paris studiert. Jakob Warkentin führte sie durch die Bildergalerie der russland- deutschen Mennonitengeschichte. Bei Nestor Machno angelangt, bemerkte er: *„Dies war ein wahrer Teufel...“* „Aber ich bitte Sie“, reagierte Milda überrascht und entrüstet, *„das war ein großartiger Freiheitskämpfer des ukrainischen Volkes.“* Damit war bei uns in Filadelfia schon vor 15 Jahren ein Thema angeschnitten, das die neuere Forschung in der Ukraine und in Kanada stark bewegt.

Aus der Kindheit erinnere ich mich an das in Fernheim vorgeführte Bühnenstück ‚Verlorene Söhne‘, das theatralisch versuchte, die Beweggründe und Fehltritte des mennonitischen Selbstschutzes darzustellen und aufzuarbeiten. Unvergessen bleibt mir auch die 75-jährige Jubiläumsfeier der *Harbiner*, bei der ein Pionier das erschütternde Gedicht vortrug: ‚Eichenfeld – Leichenfeld'. Bei dem Massaker kamen ja praktisch alle Männer des Dorfes und auch fünf Evangelisten der mennonitischen Zeltmission um.

Viele Selbstschutzbeteiligte waren erfolgreich in die Krim und teilweise nach Istanbul geflohen, als   diese „Mennonitenarmee“ in

Südrussland, die allein in Molotschna im Frühling 1919   zeitweilig 3.000 Männer unter Waffen hatte, zerschlagen wurde (Sean David Patterson, The Makhnos of Memory. Mennonite and Makhnovist Narratives of the Civil War in the Ukraine 1917-1921, Theses Mas- tors of Art, University of Manitoba, Manitoba 2013, S. 90). Und dann waren da ja auch die Frauen, viele von ihnen vergewaltigt, die überlebt hatten. Allein im Chortitza Hospital sollen anschließend etwa 100 Frauen wegen Syphilis behandelt worden sein, da schon damals Massenvergewaltigung als Kriegswaffe eingesetzt wurde (Ibid, S.89-90).

In Kanada ist in den 1920er und 1930er Jahren intensiv literarisch und dokumentarisch an diesem Thema gearbeitet worden. Die Ly- rik von Fritz Senn (Gerhard Friesen) hat mich besonders bewegt:

Ein Waffenklirren noch, dann fällt ins Schloss im

Bauernhof die schwere Tür mit Krachen; Jetzt

wiehern Rosse, und mit rohem Lachen stürmt in

die Nacht der trunk'ne Räubertross.

Nun   grauenvolle   Still,   leise   quillt

ein Blutstrom über dunkle Männerlocken,

daneben kniet entgeistert, toterschrocken und

leichenblass ein Frauenbild.

Und plötzlich brennt es lichterloh,

die Flammen züngeln schon durch Dach und Sparren und

Handharmonikas und fernes Fahren

verklingt mit wilden Flüchen roh. Das

war Machno.

(Peter P. Klassen, Jahrbuch für Geschichte und Kultur der   Mennoniten in Paraguay, 10. Jahrgang, 2009, S.147).

In jener Etappe wurde kaum erwähnt, dass zur Machnoarmee auch einige Deutschmennoniten gehörten. Machno hat im Prinzip nie von Mennoniten gesprochen, sondern nur von deutschen Groß- grundbesitzern. In seiner ideologischen Prägung gehörten mennoni- tische Lehrer und Landlose durchaus nicht zum Klassenfeind, den es zu bekämpfen galt.

Auf alle Fälle war schon damals klar, und einige Befürworter be- merkten es auch nicht ohne Stolz, dass der mennonitische Selbst- schutz wohl mehr Menschenleben umgebracht hatte als durch die Banditen unter den Mennoniten umgekommen waren.

I.   Hinführung zum Thema und zu seiner Relevanz

Nein, man weiß von keinem, der während des Chacokrieges zu ähnlichen Maßnahmen gegriffen hätte, wie der mennonitische Selbstschutz 13 Jahre zuvor im russisch-ukrainischen Bürgerkrieg. Ganz im Gegenteil. Durchgehend wird die Disziplin und der Re- spekt der paraguayischen Soldaten gelobt, besonders auch Frauen gegenüber. Die kleinen Diebstähle von Wassermelonen und die nicht immer geglückten Pferdehändel zwischen mennonitischen Bauernjungs und den paraguayischen Soldaten wurden meist groß- zügig übersehen und belächelt.

Dabei müssen die schrecklichen Erinnerungen vielen Fernheimern immer wieder neu vor Augen gestanden haben, als die Maschinen- gewehre ratterten und verschiedene Truppen durch ihre Dörfer zo- gen. Und natürlich waren die beiden großen Freunde und Antago- nisten zu diesem Thema, B. B. Janz und Benjamin H. Unruh, bei den meisten Fernheimern gut bekannt. B. H. Unruh, der wohl auch wegen seiner engen Beziehung zu den Mennoniten Süddeutsch- lands und Preußens (da seine erste und auch zweite Frau Töchter mennonitischer Ältester in Würtemberg waren), hatte sehr früh das Prinzip der mennonitischen Wehrlosigkeit beinahe ganz aufgegeben. Seine Schüler aus der Kommerzschule machten im Selbst- schutz mit, und er war zeitweilig da Milizseelsorger. Unruh war Zeit seines Lebens ein kräftiger Verfechter des Deutschtums und der arischen Blutstheorie, was die Mennoniten Südrusslands und auch Paraguays betraf. Und er wurde nach dem Chacokrieg für fru- strierte Fernheimer und Friesländer ein Hoffnungsschimmer, um die „Heim ins Reich" Sehnsüchte zu erfüllen.

B. B. Janz wird allgemein als der Vater der „Holländerei" angese- hen, der Theorie, dass die Mennoniten in Russland eher holländi- schen als deutschen Ursprungs seien. Janz war auch der erste Vor- sitzende des All-Mennonitischen Agrarvereins, der unter anderem versuchte, die Image-Schäden, die durch den fehlgeschlagenen Selbstschutz in der russischen Gesellschaft entstanden waren, wie- der gut zu machen. Er sah beizeiten, dass die Aussichten schlecht waren, in Russland unter den Sowjets zu überleben, schleuste über das Moskaubüro so viel Mennoniten wie möglich nach Kanada, und konnte sich selbst rechtzeitig, obwohl in letzter Minute, in Si- cherheit bringen.

B. B. Janz aus Coaldale, Alberta und B. H. Unruh aus Karlsruhe, Deutschland, waren die zwei großen geistlichen Autoritäten für die russlandmennonitischen Fernheimer. Im Rückblick muss gesagt werden, dass B. B. Janz, wenn auch im Auftreten etwas plumper und legalistischer, den besseren politischen Weitblick hatte als B.
H. Unruh. Dieser hatte das Pech, fast immer auf die falschen Vi- sionen und Parteien zu setzen und den Mennoniten die falschen Partner zu empfehlen.

So war es auch im Selbstschutz gewesen: Mitten im 1. Weltkrieg, wo die Deutschen als Nationalfeinde galten, feierten die Mennoni- ten Südrusslands den Einmarsch der kaiserlichen deutsch- österreichischen Armee und verbrüderten sich schnell mit ihr. Als der Krieg schon praktisch verloren war, ließen sie sich von diesen mit Waffen versorgen und militärisch schulen, um das gerade wie- dergewonnene Eigentum, das die Sowjets schon teilweise umver- teilt hatten, in der Ukraine neu zu verteidigen bzw. zurück zu erbeuten. Dann verbündete sich der Selbstschutz mit der Weißen Armee Wrangels und Denikins, die eigentlich schon besiegt waren, da die bolschewistische Revolution schon einige Zeit von Moskau aus herrschte. Und als der benachbarte Ukrainerjunge Machno, der teilweise bei mennonitischen Großgrundbesitzern als verachteter Laufbursche half, um so seine verwitwete Mutter und seinen behinderten Bruder zu ernähren, in kurzer Zeit eine Guerilla von bis zu 100.000 Mann zusammenstellte, schätzte der Selbstschutz seine strategischen Möglichkeiten falsch, erklärte ihm den Krieg und versuchte mehrmals, ihn direkt zu ergreifen und hinzurichten. Im Laufe weniger Monate wurden die Mennonitenjungs dabei so ver- roht und brutal wie die Machnowse selbst. Sie machten im Prinzip keine Gefangenen, sondern versuchten bei ihren Ausbrüchen je- weils ‚das ganze Banditennest' zu liquidieren, um auch Zeugenaus- sagen zu verhindern. Die Verteidigungslinien und imaginären Fronten waren überdies so lang, dass der Selbstschutz mittelfristig keine Chancen hatte.

Auch passierten ganz unmögliche Fehler, nämlich dass man einen frisch gegründeten „Sowjet" (kommunales neues Leitungsgremi- um) in einem Nachbardorf, zu dem auch ein „Verräter" Hiebert ge- hörte, versuchte total auszulöschen. Zu spät merkte man auch, dass die Rote Armee sich vorübergehend mit Machno verbündet hatte. So kämpfte der Selbstschutz eine tragische aussichtslose Schlacht gegen offizielle Regierungstruppen.

Es darf also (im Nachhinein ist man immer klüger) mit Sicherheit behauptet werden, dass der Selbstschutz strategisch und natürlich auch theologisch von Anfang an eine „Missgeburt" war, die auch ein fragendes Licht auf das viele mennonitische Leid und die schrecklichen Massaker bei Eichenfeld und anderswo wirft. Im- merhin war jedem dieser Machnomassaker, bei denen Machno üb- rigens meist selbst nicht dabei war, eine blutige militärische Aktion des Selbstschutzes vorangegangen.

B. B. Janz, die mennonitische Zeitschrift Friedensstimme und auch manche Ältesten der Mennonitengemeinden hatten den Weg des

Selbstschutzes von Anfang an verurteilt. Und er war es auch wie- der, der nach den Wirren der völkischen Zeit 1947 den Fernheimer Gemeinden half, einen Weg der Reue, Vergebung und Versöhnung neu einzuschlagen.

Aber auch der Kavalier (der Zar hatte ihn seinerzeit in den Dien- stadel erhoben) und gutmütige B.H. Unruh sah seinen Fehler teil- weise ein, besonders als die Selbstschutzjungs offiziell gegen die Rote Armee aus Moskau gekämpft hatten. Er hatte die Courage, den befehlshabenden Kommissar Malarenko selbst aufzusuchen und um Gnade zu bitten. Die Gnadenfelder C. Martens und J. Derksen, die bei General Dybenko um Gnade für ihre Verfehlun- gen und um Verschonung der Dörfer baten, mussten über sich die Standpauke ergehen lassen: *„Ihr verfluchten Verräter des Glau- bens euer Väter! 400 Jahre habt ihr nicht zur Waffe gegriffen, aber jetzt wegen eurem Kaiser Wilhelm... Ich werde euch nicht umbrin- gen lassen, aber meine Soldaten dürfen drei Tage eure Dörfer plündern und jedes Mitglied des Selbstschutzes, das wir finden, wird hingerichtet werden.“* (H.Goossen, Unsere Vaterlandsliebe, S.7, in: The Selbstschutz: A Mennonite Army in Ukraine 1918- 1919. Lawrence Klippenstein, 5, Kapitel. Ed. Mary Rapp und Peter
F. Penner, in: History and Mission in Europe. Schwarzenfeld: Neu- feld Verlag 2011)

Nachdem der Selbstschutz endgültig zerschlagen war, versprach der General auf die Bitte Unruhs, nur Selbstschützler hinzurichten, den Rest der mennonitischen Bevölkerung aber unbehelligt zu las- sen. Das wurde auch zum größten Teil eingehalten.

II. Die Sequenz der Ereignisse um den Selbstschutz

Um sich im historischen Umfeld etwas orientieren zu können, er- wähne ich die Hauptereignisse anhand von Klippensteins Zusam- menfassung.

1. Die Mennoniten Russlands haben auch während des 1. Welt- kriegs ab 1914 erfolgreich zur Wehrlosigkeit gestanden und waf-

fenlose Dienste in Sanität oder Waldarbeit getan. Daher wird es für Leute wie Anton Sawatzky im Rückblick 20 Jahre später aus dem paraguayischen Chaco (Mennoblattartikel, 1. Mai 1938: Wer das Schwert nimmt) umso unbegreiflicher, dass schon vier Jahre da- nach, 1918, gewisse Dörfer fast mehrheitlich um den Selbstschutz herum zur Waffe greifen.

2. Im Rahmen der bolschewistischen Oktoberrevolution 1917 sind auch in der Ukraine erste Sowjets eingerichtet worden. Sogar man- che (wohl eher landlose) Mennoniten schließen sich dieser Bewe- gung an. Viele Großgrundbesitzer werden mehr oder weniger fried- lich enteignet und ihre Güter an alle aufgeteilt, wobei sie dann ei- nen Teil ihres Eigentums, ähnlich wie der Rest der Sowjets, zurük- kempfangen.

3. Auch Nestor Machno, der gerade aus einer langen Gefangen- schaft aus Moskau zurückgekehrt ist und aus einem russischen Nachbardörfchen stammt, ist an diesen, noch mehr oder weniger friedlichen sowjetischen Umverteilungen, beteiligt. Seine Kind- heits- und Teenagererfahrungen als Kuhhirte bei mennonitischen Gutsbesitzern sind teils positiv, teils negativ gewesen.

4. Am dritten März 1918 versucht Lenin durch den Brest-Litovsk Vertrag Russland aus dem 1. Weltkrieg herauszuziehen. Dieser Vertrag sieht vor, dass große Teile der Ukraine vorläufig von der österreichisch-deutschen Armee besetzt werden dürfen. Gemein- sam mit den ukrainischen Nationalisten liegt die Zukunft der Ukraine in Unsicherheit, was zum späteren Bürgerkrieg führt.

5. Anfang 1918 bewaffnen sich, teilweise geheim, junge mennoni- tische Gutsbesitzer, um ihr durch die Sowjets enteignetes Eigentum zurückzuerobern. Da vieles an Vieh, Pferden und Landwirt- schaftsmaschinerie verteilt worden war, holen sie es sich, in der momentanen Abwesenheit jeglichen Rechtsstaates, bewaffnet aus den Russendörfern zurück.

6. Die deutsche kaiserliche Armee, auf Grund des Friedensvertrags, darf nun in die Ukraine einmarschieren und wird am 19. April,

13.30 Uhr, am Bahnhof in Halbstadt von den Mennoniten freudig mit Zwieback und Schinkenfleisch empfangen. Etwa 700 Soldaten werden in mennonitischen Heimen einquartiert. Man stellt ihnen 200 Pferde zur Verfügung und singt gemeinsam deutsche Lieder.

7. Die deutsche Armee sieht ihre Aufgabe darin, die ganze Region von bolschewistischen Kräften zu „reinigen". Viele Bolschewisten werden standrechtlich erschossen, sogar einige Mennoniten, die sich den lokalen Dorfsowjetsvorständen angeschlossen hatten, so auch zwei Brüder von Nestor Machno.

8. Die deutschen Truppen erhalten begeistert Unterstützung von mennonitischen jungen Leuten, die sich von ihnen willig trainieren und bewaffnen lassen. Mennoniten hoffen, dass die deutsche Ar- mee ihnen hilft, alles verlorene Gut zurückzuerobern und Zustände, wie sie vor der kommunistischen Revolution herrschten, wieder zu bringen. An gewissen Orten, z. B. im Norden Chortitzas, geht die deutsche Armee so weit, obligatorisch alle mennonitischen Männer zwischen 18-35 einzuziehen. Meist wurde eine Kavallerieeinheit von 10-12 Reitern mit einem Maschinengewehr vor jedem Dorf aufgestellt, wobei die Besatzungsarmee Waffen und Munition lie- ferte. Die Gemeindeleitungen sind gespaltener Meinung über diese Entwicklungen.

9. Die militärische Begeisterung und formelles Training nehmen stark zu, besonders in Halbstadt, wo man große Ludendorf- Soldatenfeste feiert. Unter der Leitung vom 182. sächsischen Infan- terieregiment im Juli und August wird intensiv militärisch trainiert.
B. H. Unruh versucht die Entwicklungen eher im Rahmen der lutherischen Zwei-Reiche-Lehre zu ordnen und glaubt wohl, dass der Einmarsch der deutschen Armee der Situation eine gewisse neue Rechtsstaatlichkeit verleiht. Er wird einerseits „Selbstschutzmilitärseelsorger", bremst andererseits seine Kommerzschüler und unabhängige Gutsbesitzersöhne, das Recht selbst in die Hand zu nehmen, bewaffnet in die feindseligen russischen Nachbardörfer einzubrechen, um das ‚ganze Banditennest' auszunehmen. B. B. Janz von Tiege und Ältester Abram Nickel von Rudnerweide spre-

chen sich entschieden gegen jegliche Bewaffnung aus und wollen die mennonitische Gemeinschaft zur Wehrlosigkeit zurückbringen.

10. In Lichtenau findet vom 30. Juni - 2. Juli 1918 eine Studien-konferenz zum Thema Selbstschutz statt. Befürworter und Gegner argumentieren stark zum Thema Wehrlosigkeit. Eine diffuse Reso-lution wird verabschiedet, die prinzipiell an der Wehrlosigkeit fest-halten will, dem Einzelnen und der Lokalgemeinde aber freie Hand gibt zu entscheiden.

11. Während der deutschen Besatzung gibt es außer Training kaum Einsätze des Selbstschutzes. Die Eigentumsverhältnisse stabilisie- ren sich wieder und man geht seiner Arbeit nach.

12. Am 11. November 1918 beginnen die deutschen Truppen ihren Rückzug aufgrund des neuen Waffenstillstands. Noch bevor die Rote oder Weiße Armee ihre Herrschaft über die Ukraine behaupte, ist der Batjko Nestor Machno mit seiner Guerilla Herr der Lage. Sie haben seit Juli entschieden gegen die deutsche Besatzungs- macht gekämpft. Das Haus seiner verwitweten Mutter mit seinem behinderten Bruder in Gulai Pole, etwas südlich von Schönfeld, ist von anscheinend lutherischen Selbstschützlern abgebrannt worden.

13. Seit Oktober 1918 greift Machno auch mennonitische Farmen und Dörfer an. Anfänglich scheint es ihm in erster Linie darum zu gehen, die deutschen Waffen aus den mennonitischen Dörfern zu konfiszieren, sowie den Klassenfeind, mennonitische Großgrund- besitzer, zur Umverteilung der Güter zu zwingen bzw. hinzurich- ten.

14. Sowohl die Rote Armee mit Trotzky als Hauptbefehlshaber als auch die Weiße Armee der Don Kosaken, gemeinsam mit General Denikins freiwilliger Armee nehmen Richtung auf die Ukraine. Währenddessen beherrscht Machno die Region um Gulai Pole. Verschiedene Dörfer reorganisieren sich jetzt zur Selbstverteidi- gung. Die spätere Nazigröße Heinrich Hajo Schroeder tut sich be- sonders hervor in einer Rosenorter Bürgerversammlung. Wo Peter Bergmann einen Aufruf zum Gottvertrauen macht, wirft er ihn   ge-

walttätig aus dem Raum. Ein junger Mann in Gewissensnot wird verhöhnt: *„Häng dein Gewissen über die Hecke."* (Klippenstein, 4- 5). In einer Dorfversammlung in Rudnerweide fordert David Jan- zen zu radikaler Wehrlosigkeit auf. Der Vorsitzende schreit: *„Spuckt ihm ins Gesicht! Mein Finger wird das Gewehr abdrük- ken, so lange ich Kraft habe."* (Ibid, 63). Zwei Tage später fordert ein eingeladener Offizier der Weißen Armee die mennonitischen Jugendlichen auf und sagt, Machno müsse ausgerottet werden wie Unkraut ohne Gewissensbisse, so wie man einen Hasen, der den Garten zerstört, erledigt. David Janzen meldet sich wieder und sagt, dass er auf Grund von Gottes Wort kein Gewehr nehmen wird. Der Offizier antwortet: *„Wir werden dich vor ein Kriegsgericht stellen und erschießen wie einen Hund."* (Ibid)

15. Am 21. November 1918 treffen sich alle mennonitischen Selbstschutzeinheiten plus die deutsche nicht-mennonitische Ein- heit aus Prischib in Tiegerweide und wählen ein Selbstschutzkomittee, das eng mit dem ‚Mennozentrum' (eine Art administratives Komitee der mennonitischen Region) zusammenarbeitet. Es wird eine 300 Mann starke Kavallerie und etwa 20 Infanteriecorpse mit insgesamt 2.700 Mann in der Halbstadt und Gnadenfelder Region aufgestellt.

16. Chortitza ist nicht ganz so eifrig, wird aber von der rückziehen- den deutschen Armee großzügig mit Waffen versorgt. Manche Dörfer machen die Teilnahme am Selbstschutz obligatorisch, ande- re halten es freiwillig. Machno wird auf die Einheit von Abram Loewen aufmerksam, der sehr aggressive Ausfälle mit seiner Trup- pe macht, sowohl gegen die Machnowse als auch gegen die Rote Armee. Loewen wird im November 1919 hingerichtet und an- schließend verstümmelt. Auch Peter von Kampen in Nikolaipol schafft es unter deutschem Training bis zum Offizier. Anton Sa- watzky erinnert sich in seinem Mennoblattartikel 1938 an ihn als jemand, der heimlich den Sowjetrat in Nikolaipol überfiel und um- brachte, inklusive einen Mennoniten Hiebert, den er als Verräter ansah. Die Sache flog auf, weil ein kleingewachsener Jude sich   in

einem Ofen versteckte und später alles berichtete. Als Machno in das Dorf einfiel, suchte er spezifisch nach von Kampen und seinen Mitkämpfern. Der war aber schon mit falschem Dokument geflo- hen. (Klippenstein, S.67, Sawatzky, Mennoblatt).

17. Ende 1918 fängt Machno systematisch an, mennonitische Dör- fer zu überfallen. Der Selbstschutz wehrt ihn einige Wochen ab und wartet auf die Ankunft der Weißen Armee. Bei einer Gelegenheit entkommt Machno selbst nur knapp der Halbstadtkompanie des Selbstschutzes.

18. Am 18. und 19. Januar 1919 kommt es zu schweren Kämpfen. Molotschna beginnt unter dem Schutz von 300 Selbstschutzkaval- leriekämpfern in den Süden zu fliehen.

19. Bei der Ankunft der Weißen Armee schließt sich ihr der Selbst- schutz an. Heinrich Schroeder und Offizier Malakov handeln die Beziehungen aus. Die Mennoniten legen schriftlich fest, dass sie die Waffen niederlegen werden, sobald es in der Ukraine eine or- ganisierte Regierung gibt.

20. Am 26. Januar 1919 schließt sich Machno offiziell der vom Norden heranrückenden bolschewistischen Roten Armee an, um gemeinsam gegen die Weiße Armee, die Reste der alliierten Streit- kräfte und dem Selbstschutz zu kämpfen.

21. Mitten in Bürgerkrieg und Revolution heiratet Machno Galyna Kuzmenko eine gebildete und aufgeklärt feministische Lehrerin (1892-1978). Sie reitet im Kampf meist neben ihn, wird seine enge Verbündete, schenkt ihm die einzige Tochter Yelena und schreibt Tagebuch. Sie berichtet, dass im Laufe des Krieges Machno zu-nehmend härter wurde. Er spielte gern Schifferklavier, sang und besoff sich. Machnos Freunde bestreiten, dass er antisemitisch war oder auch selbst Vergewaltigungen als Kriegsmethode einsetzte. Das hätte Galyna nie erlaubt.

22. Am 2. März 1919 gibt es ein heftiges Gefecht in der Gegend von Grünthal und Andreasburg, wo etwa 100 Machnokämpfer ge- tötet werden. Das Kanonenfeuer wird heftiger. Plötzlich stellt der

mennonitische Selbstschutz fest, dass er gegen 10.000 Mann, uniformierte Soldaten der Roten Armee, kämpft. Die deutschen Kommandeure Homeyer und Sonntag lösen den Selbstschutz auf und bereiten die Flucht vor. Einem großen Teil der Selbstschützler gelingt es, in die Ukraine und nach Konstantinopel zu fliehen. Be- sondere Gebetsstunden werden abgehalten. Man fürchtet die Rache der Roten Armee. (Klippenstein, 73)

23. Vertreter des Mennozentrums, einschließlich B. H. Unruh, verhandeln nun direkt mit der Leitung der Roten Armee und mit Oberbefehlshaber Malarenko. Er fordert die Abgabe aller Waffen. In Gnadenfeld nennt General Dybenko die mennonitischen Vertre- ter Martens und Derksen verfluchte Verräter des Glaubens ihrer Väter. Er erlaubt seinen Soldaten, drei Tage zu plündern und alle Selbstschutzmitglieder hinzurichten. Auch Peter Wiens, der Sekre- tär des Mennozentrums, wird als Spion verhaftet und hingerichtet. Die meisten Güter werden beschlagnahmt und die Kolonien ge- zwungen, für etwa 10.000 Flüchtlinge aus dem Südosten zu sorgen.

24. Mitte Juni 1919 übernimmt die Weiße Armee wieder die Molotschnaregion. Die Weißen versuchen allgemeine Zwangsrekrutierung der Kolonisten, was aber nur teilweise gelingt. Viele Selbstschützler schließen sich der Weißen Armee an, besorgt um ihre ei- gene Sicherheit.

25. Im Herbst 1919 gewinnen Machno und seine Partisanen wieder die Vorherrschaft. Die Weiße Armee zieht sich zurück. Die schrecklichen Massaker von Eichenfeld (Nr. 4, wo Peter von Kam- pen einst den Selbstschutz kommandiert hatte), Blumenort, Halb- stadt und Sagradowka finden statt.

26. Anfang November 1919 sind die Weißen wieder Herren in der Molotschnagegend. Baron Peter Wrangel wird Oberbefehlshaber. Er wird aber bei Perekop entscheidend geschlagen. So endet der Bürgerkrieg in der Ukraine.

27. 111 Selbstschützler sollen es nach Konstantinopel geschafft haben. Eine solidarische Gruppe von 62 sollen sich von da in die

USA abgesetzt haben (Ibid, 80).

28. Sobald die Rote Armee siegreich ist, gibt Trotzky Anordnun- gen, Nestor Machno auszuschalten. Machnos Truppen erliegen ei- ner grausamen Typhusepidemie. Sie werden teilweise in mennoni- tischen Hospitälern gepflegt; die Hälfte stirbt. Es soll zu freund- schaftlichen Begegnungen gekommen sein, jetzt wo Machno selbst verfolgt wird. Der sowjetische Geheimdienst Cheka sendet 1920 zwei Killer, um ihn umzubringen. Sie werden gefasst, gestehen und werden von Machnos Leuten hingerichtet.

29. Am 26. November 1920, zwei Wochen nach der Besiegung Wrangels, wird Machnos Hauptquartier von der Roten Armee über- fallen und die meisten seiner Leute hingerichtet. Machno kann flie- hen.

30. Im August 1921 entkommt Machno nach vielen Rückzugge- fechten durch die Ukraine mit 77 seiner Getreuen nach Rumänien, dann Polen, Danzig, Berlin und Paris. Im Pariser Exil schreibt er seine dreibändigen Memoiren, leidet unter schwerer Tuberkulose, arbeitet als Schreiner und Bühnengestalter für die Pariser Oper und Filmstudios, aber auch als Fabrikarbeiter bei Renault. Machno stirbt am 6. Juli 1934 in Paris an Tuberkulose, wird eingeäschert und in der Gegenwart von etwa 500 Freunden begraben. Seine Witwe und Tochter werden von der deutschen Besatzungsarmee während des 2. Weltkriegs in Arbeitslager deportiert. Anschließend bringt sie die sowjetische Armee nach Kiew, wo ein Gericht sie 1946 zu acht Jahren harter Strafarbeit verurteilt. Galyna und Ye- lena leben nach der Freilassung 1953 in Kasachstan bis zu Galynas Tod 1978.

III. Überblick zur Forschungsgeschichte und den wechselnden Schwerpunkten

1. 1923 schreibt Peter Astinov, ein enger Mitarbeiter Machnos, im Exil die Geschichte der Machnobewegung, die später auch in Eng- lisch und Deutsch erscheint.

2. Dietrich Neufeld (Dederich Navall, 1886-1958) veröffentlicht in Emden 1921 seinen Bericht ‚Ein Tagebuch aus dem Reich des To- tentanzes'. Neufeld hatte in Basel, Heidelberg und Leibzig studiert und promovierte 1922 in Jena. In den Revolutionsjahren 1919-1920 war er in der Ukraine. Es wird vom Deutschen ins Englische über- setzt und erscheint mit dem Titel *A Russian Dance of Death. Revo- lution and Civil War in the Ukraine* (Winnipeg: Hyperion Press 1977).

3. Während der 20er Jahre wird die Selbstschutzerfahrung sowohl von Mennoniten in Russland als auch in Kanada durchgehend ne- gativ als ein Fehltritt und eine Fehlkalkulation beurteilt.

4. Die erste größere historische Darstellung zu dieser Etappe er- scheint 1933 in der Doktorarbeit von Adolf Ehrt, die B. H. Unruh mit einem lobenden Vorwort versah. Ehrt, der selbst aus dem Osten stammte, versuchte wie Walter Quiring, Hajo Schroeder und B. H. Unruh, die Russlandmennoniten der Ukraine als vollwertige deut- sche Bürger an der Peripherie des Deutschen Reiches darzustellen, sowie eine energische deutsche Aktion zugunsten ihrer Befreiung vom Bolschewismus zu rechtfertigen.

5. Mit dem aufstrebenden Nationalsozialismus und der Machtüber- nahme Hitlers 1933 beginnen ehemalige Selbstschützler wie Hajo Schroeder oder auch die literarische Gruppe um Arnold Dyck und die *Mennonitische Volkswarte* in Manitoba, die Selbstschutzerfah- rung als heldenhaften Kampf gegen den Bolschewismus darzustel- len. Der Nazipropagandafilm *Friesennot* oder *Ein Dorf im roten Sturm* beutet diese Stimmung ideologisch aus und wird von Joseph Goebbels strategisch eingesetzt.

6. 1938 veröffentlicht Anton Sawatzky im Fernheimer Mennoblatt einen kleinen Artikel „Wer das Schwert nimmt". Dies geschieht drei Jahre nach dem Ende des Chacokrieges und in einer Zeit, wo man schon spürt, dass Deutschland sich für einen großen Krieg vorbereitet, und wo Chacojugendliche in der ‚Rundbriefbewegung' mit deutschen mennonitischen Jugendlichen ernsthaft darüberdis-

kutieren, ob man die mennonitische Wehrlosigkeit fallen lassen sollte. Sawatzky erzählt aus eigener Erinnerung, wie Peter von Kampen und andere Nachbarsjungen begeistert den Selbstschutz gründeten und wie es zu dem Massaker in Eichenfeld kam. Er mahnt die Chacoleser, aus jener Erfahrung zu lernen und nicht wieder mit dem Griff zur Waffe zu liebäugeln.

7. 1947 wird Volines (Vsevolod Mikhailovich Eichenbaum, 1882-1945), ein Mitstreiter Machnos, Buch publiziert: *La Revolution Inconnue – 1917-1921* (Paris: Edition Pierre Belfond, 1947. Ins Englisch übersetzt 1954: The Unknown Revolution 1917-1921. Book One. Birth and Growth and Triumph of the Revolution.) Voline, ein Intellektueller (wohl jüdisch) mit Bildung in Paris und New York, hatte sich im Frühling 1919 Machno angeschlossen und war für Volksaufklärung zuständig. Trotzky hatte seine Hinrichtung angeordnet und Voline entkam. Er will die „exakten Fakten" der russischen Revolution gesamthaft darstellen. Er hat sich zuletzt auch von den Machnoleuten distanziert. Er hebt besonders die jüdi- sche Beteiligung positiv hervor und versucht nachzuweisen, dass Machno keinen Antisemitismus und überhaupt keine rassischen Vorurteile hatte.

8. 1970 veröffentlicht der Echoverlag in Winnipeg Victor Peters Buch *Nestor Makhno. The Life of an Anarchist.* Es fasst in etwa die kollektive mennonitische Erinnerung zusammen von Machno als einem gewalttätigen skrupellosen Bandit und Mörder.

9. Die erste größere wissenschaftliche Aufarbeitung, die im Mennonite Quarterly Review 1972 veröffentlicht wurde, stammt vom Historiker John B. Toews: *The Origins and Activities of the Mennonite Selbstschutz in the Ukraine 1918-1919* (Neben einer gleichzeitig erschienenen kleineren Arbeit von Prof. G. G. Thielmann, Georgia State University: *The Mennonite Selbstschutz in the Ukraine during the Revolution.* The New Review. A Journal of East European History, Vol X. March 1970, p 50-60).

Toews hat damals möglichst alle noch lebenden Selbstschützler in

Kanada interviewt, die Quellen der damaligen Zeit, besonders die vielen Stellungnahmen in der Zeitschrift *Friedensstimme* unter- sucht, und natürlich auch mit B. B. Janz, dem schärfsten Kritiker des mennonitischen Selbstschutzes und Vorsitzenden des All-Mennonitischen Agrarvereins, Rücksprache gehalten. Diese Arbeit räumt mit einigen Vorurteilen auf, stellt Machno differenzierter als einen Guerilla-Ideologen dar und weist besonders auf die strategischen Fehler und Miseren des Selbstschutzes hin.

10. Nach dem Zusammenbruch der Sowjetunion und der Unabhängigkeit der Ukraine hat es eine regelrechte Machno-Renaissance gegeben, die ihn als Befreiungsheld feiert. Das wieder hat zu weite- ren Forschungen auf mennonitischer Seite geführt, so z. B. auch zu der schönen literarischen Verarbeitung von Peter P. Klassen über den Batjko in unserem Jahrbuch 2009 (Jahrbuch für Geschichte und Kultur der Mennoniten in Paraguay. Herausgegeben vom Ver- ein für Geschichte und Kultur der Mennoniten in Paraguay. Filadelfia: 10 Jahrgang 2009, 147ff). Klassen berichtet, dass er im Mai 2004 bei der 200 Jahrfeier in Halbstadt, Molotschna, einen Vortrag zu halten hatte. Seine russische Übersetzerin Tatjana woll- te anfänglich die Passagen über Nestor Machno als Ursache der mennonitischen Auswanderung weglassen. Als Klassen dann trotz- dem über die schweren Erfahrungen der Mennoniten mit Machno berichtete, habe der Bürgermeister von Molotschansk, wie Halb- stadt jetzt heißt, wohl eher ungläubig den Kopf geschüttelt. Dann erfuhren sie, dass Machno heute in der Ukraine als Nationalheld verehrt wird. (Ibid, 168).

11. Eine zweite große wissenschaftliche Forschung zum Thema stammt von Lawrence Klippenstein in seiner Doktorarbeit an der Minnesota Universität: *Mennonite Pacifism and State Service in Russia: A Case Study of Church/State Relations: 1789-1936*. Un-published Phd Dissertation, University of Minnesota, 1984, 215-265. Die Arbeit von Klippenstein zum Selbstschutz wurde kürzlich publiziert in dem Sammelband *History and Mission in Europe*. Ed. Mary Raber und Peter F. Penner. Schwarzenfeld: Neufeld Verlag

2011.

12. 1986 übersetzt und druckt das *Journal of Mennonite Studies* die Erinnerung von Bernhard J. Dick von 1978 *Something about the Selbstschutz of the Mennonites in South Russia*. Translated and ed- ited by Harry Loewen and Al Reimer. Volume 4. Winnipeg. Dick hatte sich erfolgreich gegenüber den Rekrutierungsversuchen des Selbstschutzes geweigert. Aber bei der letzten Schlacht, wo Frei- willige aufgerufen wurden, habe er dem Gemeinschaftsdruck nicht widerstehen können und einen Patronengurt voll Munition für die Maschinengewehre an die Selbstschutzfront im feindlichen Kugel- hagel abgeliefert. Ihn plagen Selbstvorwürfe, wie viele Menschen- leben durch seine Handlangerdienste ausgelöscht worden sein könnten.

13. 1988 schreibt Josephine Shipman eine Magisterdiplomarbeit an der University of Manitoba zum Thema *The Mennonite Selbst- schutz in the Ukraine 1918-1919*. Sie kommt zu dem Schluss, dass der Selbstschutz eine logische Konsequenz der geistlichen und wirtschaftlichen Lage der Mennoniten in der Ukraine war. Sie be- legt besonders die Faszination und das Machtgefühl, die eine Waf- fe in den Händen von mennonitischen Jungs ausübte.

14. Nachkommen und Freunde der Ermordeten in Eichenfeld feiern am 27. Mai 2001 einen Gedenkgottesdienst in der Ukraine am Ort der Tragödie. Mit einem Denkmal in Gestalt eines traditionellen mennonitischen Sarges suchen sie den damals in Massengräbern verscharrten Leichen eine würdige Beerdigung zu erstatten.

John B. Toews, Harvey L. Dyck und John R. Staples editieren ei- nen Sammelband, in dem mennonitische und ukrainische Stimmen zu Worte kommen unter dem Titel *Nestor Makhno and the Eichen- feld Massacre: The Civil War Tragedy in an Ukrainian Mennonite Village*. Kitchener: Pandora Press 2004. Das Buch fasst die ver- schiedenen Beiträge aus der Gedenkfeier zusammen, auf der John

B. Toews die Predigt hielt unter dem Zeichen „Vergebung, Ver- söhnung, zukünftige Freundschaft". *„Wie auch immer unsere In-*

terpretationen jener Zeit ausfallen, das Leid verursachte eine kraft- volle Buß- und Erweckungsbewegung unter den Mennoniten, die für die kommenden Jahrzehnte prägend wurde." (Aus der Festan- sprache)

15. Alexandre Skirdas Werk *Nestor Makhno: Le Cosaque Libertai- re, 1888-1934. La Guerre Civile en Ukraine, 1917-1921.* (Ed. De Paris, Paris, 1999) wird ins Englische übersetzt und von AK Press 2004 veröffentlicht unter dem Titel: *Nestor Makhno: Anarchy's Cossack: The Struggle for Free Soviets in the Ukraine.* Dies ist die wohl vollständigste neuzeitliche Machnobiografie aus nicht- mennonitischer Perspektive. Skirda, geboren 1942, ist französi- scher Gelehrter mit ukrainischer Mutter und russischem Vater. Er schreibt aus seiner eher positiven Bewertung Machnos und des rus- sischen Anarchismus.

16. 2013 legt Sean David Patterson an der University of Manitoba eine preisgekrönte Magisterarbeit unter dem Titel *The Makhnos of Memory. Mennonite and Makhnovist Narratives of the Civil War in the Ukraine 1917-1921* vor. Die Arbeit ist eine komplette Neuin- terpretation und erregt viel Aufsehen in verschiedenen mennoniti- schen Blättern. Patterson lehnt alte stereotype Interpretationsmo- delle sowohl der Machnofreunde als auch der mennonitischen Kol- lektiverinnerung ab. Am Beispiel vom Eichenfeldmassaker ver- sucht er nachzuweisen, dass es sich weder um einen ethnischen Po- grom noch um ausschließlichen anarchischen Sadismus handelte. Er präsentiert wichtige Evidenzen, dass Machno selbst nicht dabei war und möglicherweise selbst nicht den Befehl zu dem Massaker gegeben hat. Machno habe noch kurz zuvor der mennonitischen Zeltmission erlaubt, in seinem ganzen Territorium zu evangelisie- ren. Er habe als Klassenfeind nur die Großunternehmer und Groß- gutsbesitzer, egal welcher Nationalität, angesehen, aber mit men- nonitischen Landlosen und Lehrern durchaus gemeinsame Sache gemacht. Zudem sei zu der Zeit eine ernsthafte Rivalität mit seinem zweiten Mann, der den Machnogeheimdienst leitete, im Gange ge- wesen. Manche mennonitischen Quellen deuten direkt darauf hin,

dass die großen Massaker um Eichenfeld, Blumenort und Sagra- dowka vor allen Dingen von dem Geheimdienst, gemeinsam mit verbitterten und verarmten Russenbauern aus der Nachbarschaft stattgefunden hätten.

Patterson interpretiert die Gräueltaten vorrangig als revolutionären Terror, wie er auch anderorts in der Geschichte bekannt ist. Im Fall von Machno richtete sich der Terror aber recht spezifisch auf Orte, wo vorher der mennonitische Selbstschutz aktiv und teilweise ag- gressiv proaktiv gewesen sei. Patterson glaubt, dass das Modell der Konflikttransformation, wo beide Seiten gehört werden und eine gemeinsame Narrative erarbeitet wird, in der alle Beteiligten gehört und verstanden werden, der Weg ist, dies dunkle Kapitel der mennonitischen und ukrainischen Vergangenheit zu bewältigen.

Patterson versucht einen friedenstheologisch historischen Ansatz und das mit einem sehr seriösen quellengesättigten Text. Neben theoretischen und methodischen Grundlagen im 1. Kapitel erzählt Kapitel 2 die Ereignisse aus der Perspektive des Machno Selbstverständnisses (*Through Makhnovist Eies*). In Kapitel 3 wird dieselbe Geschichte aus der kollektiven Erinnerung und Augenzeugenberichten der mennonitischen Perspektive erzählt (*Through Mennoni- te Eies*). Das 4. Kapitel wendet nun diese Methode auf das Eichenfeldmassaker an und versucht, diese schreckliche Geschichte, in der praktisch alle Männer des Dorfes sowie die fünf Mitarbeiter der mennonitischen Zeltmission ermordet wurden, neu zu erzählen (*The Eichenfeld Massacre: A Re-Narrativization*).

IV. Schlussfolgerungen

Aus den manchen Impulsen, die die Geschichte des Selbstschutzes und das Lebensbild des Nestor Machno fähig sind, zu geben, möchte ich für die Mitglieder unseres Geschichtsvereins und ihres kulturellen und kirchlichen Umfeldes drei Dimensionen heraus- streichen.

1. Das Problem von Landhunger und Geldliebe

„Wer Wissenschaft und Kunst besitzt, der hat auch Religion. Wer diese beiden nicht besitzt, der habe Religion." So soll es Goethe einmal gesagt haben. Damit wollte er wohl behaupten, dass Wis- senschaft und Kunst sich sehr gut als Glaubensersatz eignen, bzw. eine höhere Form von Religion sind. Aus rein menschlicher Per- spektive mag das zutreffen. Wenn nun aber der lebendige Glaube an das weltverändernde Evangelium verkümmert oder erschlafft, und wenn Wissenschaft und Kunst abwesend sind, dann verfällt der Mensch, und dann verfallen auch deutsch-mennonitische Kinder des Wohlstands leicht in Arroganz, Luxus und Habgier. Ja, im Selbstschutz ging es auch darum, Frauen und Töchter vor Massen- vergewaltigungen zu schützen. Aber es scheint beinahe noch stär- ker darum gegangen zu sein, verlorenes Eigentum zurück zu erbeu- ten, bzw. Wohlstand und Eigentum in Privatjustiz mit der Waffe zu verteidigen.

Und solche Grundtriebe wie Habgier und Geiz, in der biblischen Weltanschauung äußerst verwerflich, erhalten leicht die Oberhand gegenüber biblischen und historischen Glaubensprinzipien.

2. Die Herausforderung einer friedenstheologischen Erinne- rung

Milda Rivarola und Jakob Warkentin, in ihrer Begegnung auf dem Filadelfia Geschichtssymposium, waren beide seriöse Akademiker, in Europa ausgebildete Intellektuelle und für ihr Umfeld und seine Ungerechtigkeiten sensible Menschen. Dennoch hatten sie die Ge- schichte um Machno aus ganz verschiedenen Perspektiven wahrge- nommen. Sehr schön zeichnet Peter P. Klassen in seiner literari- schen Aufarbeitung jener Geschehnisse mit der Kurzgeschichte
,Der Batjko' auf, wie schwer es Jakob Toews am Red River in Winnipeg fällt, sich mit dem Buch von Peter Arschinoff *Geschich- te der Machnobewegung 1918-1921* anzufreunden. *„Das Buch war keine Geschichtsschreibung, sondern die Darstellung und Rechtfer-*

*tigung einer Ideologie, sagte er sich. Doch mit diesen Gegensätzen
hatte er sich bisher nicht befasst. Und daraus kam nun sein furcht-
bares Entsetzen. Wie selbstverständlich hatte er und viele anderen, die
nach der Revolution und dem Bürgerkrieg aus der Sowjetunion nach
Kanada gekommen waren, diesen grausigen Hintergrund als einen der
Hauptursachen für ihre fluchtartige Auswanderung gese- hen. Nun
machte Arschinoff den Lesern seines Buches und damit sicher vielen
Zeitgenossen und der Nachwelt klar, dass Nestor Machno und seine
Helfershelfer idealistische Ehrenmänner gewe- sen seien."* (Jahrbuch
2009, S.148)

Sich mit der Vergangenheit zu versöhnen, auch im kollektiven Gedächtnis einer Gemeinschaft, bedeutet aber immer auch, den Mut zu
haben, andere traumatische Vergangenheitserinnerungen anzu- hören
und ernst zu nehmen. Auch Nestor Machno war ein bedau- ernswerter
Halbwaise, ein Nachfahre der stolzen Kosaken, jemand, wie er erzählt,
dessen größtes Glück es war, als Hirtenjunge bei mennonitischen
Großgrundbesitzern Sonntags seiner Mama in Gu- lai Pole die paar
Rubel in die Hand zu drücken, die er während der Woche verdient
hatte. Auch er wurde von Freunden verraten und gejagt. Und die große
Narbe in seinem Gesicht, die auf den Exilfo- tos so sichtbar ist, soll von
dem Küchenmesser seiner wütenden Frau Galyna stammen. Auch er ist
mit Schnaps, Tuberkulose, Ein- samkeit, Enttäuschung und mit der
großen Sehnsucht nach den ukrainischen Steppen im Pariser Exil
gestorben.

3. Was spielt sich alles ab in der Seele eines armen und verwai-
sten Kuhhirtenjungen im Rahmen von mennonitischem Reich-
tum und Großgrundbesitz?

Als sich die Neuhutterer nach einigen Wochen Aufenthalt im Cha- co
1941 entschlossen, doch lieber in Ostparaguay ihre Lebensge-
meinschaft aufzubauen, erwähnen sie u. a. einen erstaunlichen Grund:
Im Chaco könne man nur rentabel wirtschaften, wenn man die billige
Arbeitskraft der indianischen Völker beanspruche. Sie

wollten aber möglichst nicht arme Leute für sich arbeiten lassen. Nun, dieses simple Argument klingt etwas wirklichkeitsfremd, wie das ganze Projekt der Gütergemeinschaft. (Es ist aber durchaus re- spektabel und bedenkenswert.)

Arbeitsplätze schaffen und Angestellte/Mitarbeiter gerecht und menschlich behandeln, sind m. E. legitime Formen christlicher Verantwortung in der Gesellschaft. Und ich glaube, es ist fair zu sagen, dass im Großen und Ganzen deutsch-mennonitische Arbeit- geber in Paraguay in dieser Hinsicht sich korrekter verhalten als das in der üblichen paraguayischen Kulturtradition der Fall gewe- sen ist. (Das bedeutet aber auf keinen Fall, dass hier nicht beachtli- cher Verbesserungsbedarf besteht.)

Paraguay hat bis heute nicht die alte Wirtschaftskultur des alten spanischen Feudalismus überwunden, wo physische Arbeit verach- tet wird und wo eine kleine Elite mit ererbtem Wohlstand, Privile- gien und Sozialstatus grundsätzlich anstrebt, andere für sich arbei- ten zu lassen. So war es eben auch in Russland. Neben den schrecklichen Gräueltaten der Bolschewisten und Machnowse gab es zwar immer auch wundervolle Geschichten von russischen An- gestellten, die ihre ehemaligen Herrschaftsleute schützten, beizei- ten warnten und zur Flucht verhalfen. Sogar von Machno wird Ähnliches berichtet.

Das alles wischt aber nicht die Realität weg, dass Kinderseelen empfindsam sind, besonders für soziale Ungerechtigkeit, für Dis- kriminierung, für Verachtung und Arroganz. Wenn diese dazu noch vonseiten ihrer wohlhabenden Altersgenossen kommt, die gar noch zu einer ethnischen Minderheit mit Migrationshintergrund gehören, werden die Gefühle besonders explosiv. Und traumatische Kind- heitserfahrungen können zu unvorstellbaren Grausamkeiten führen, sowohl an Tätern als auch an Opfern.

Kultureller Teil

Erinnerungen an den Chacokrieg

Klaus Löwen, Filadelfia

Aus der zeitlichen Entfernung von mehr als acht Jahrzehnten erscheinen die Ereignisse und Begebenheiten der Kriegsjahre 1932 -
1935 in einer immer mehr verblassenden Form im Nebel der Vergangenheit. Da ist auch kein Fernrohr mehr in der Lage, sie farben-
froher und klarer herauszuholen. Doch es gibt auch Ereignisse und
Begebenheiten jener Tage, die sich damals so scharf und tief in die
Seele und in das Gedächtnis eingraviert haben, dass sie kein Schei-
benwischer mehr auslöschen kann. Die davon Betroffenen werden sie
mit ins Grab nehmen. So ist es auch mir ergangen, und ich will meine
Erinnerungen, verbunden mit Informationen, die ich mir später
angeeignet habe, wiedergeben.

Da ist zum Beispiel der Nachmittag und Abend, als ich mit meiner
kleinen Schwester Anni auf dem Nordende vom Haus saß und das
Grollen und den Kanonendonner hörte. Ganz nahe, schräg über der
Straße hinter Wiensens Haus an der anderen Seite vom Kamp, da im
Busch, da musste es sein. Doch das Brüllen der Kanonenrohre hörte
auch am Abend nicht auf und das Feuer war nicht ausgegan- gen und
als es finster wurde, da war der Himmel dort ganz rot und wir merkten,
dass es weiter ab   war, viel weiter ab und doch so laut
- Toledo. Und in den nächsten Tagen und Nächten da hörte es im- mer
noch nicht auf, dieses Grollen und Dröhnen. Wir kannten ja schon die
schweren Gewitternächte und wussten, wie laut die na- hen Blitze
zischten, bevor der harte betäubende Schlag kommt. Doch dies war
anders. Und das Schlimme dabei war, als wir ins Haus liefen und der
Mutter alles erzählten, da merkten wir, dass

auch sie Angst hatte.

Erste Begegnungen mit dem Militär

Doch fangen wir die Geschichte einmal von vorne an, auch wenn sie sich hauptsächlich auf Friedensfeld und Carayá bezieht.

Die Friedensfelder Dorfgemeinschaft war mit dem zweiten Trans- port von Deutschland bis zur Bahnstation Km 145 gekommen und wurde von den Fuhrleuten aus Menno direkt bis auf ihren Kamp gebracht. Noch vor Abend waren alle Familien eingetroffen, außer der Familie Giesbrecht, die wegen der Geburt der kleinen Agnes noch im Krankenhaus in Buenos Aires blieb. Das war am 28. Mai 1930. Ich war damals acht Monate und sieben Tage alt.

Die 25 Familien hatten in Russland in 18 verschiedenen Dörfern und in weit voneinander entfernten Kolonien gewohnt. Da war nun sozusagen von allem etwas dabei; gewesene reiche Chutabesitzer, Mühlenbesitzer, Bauern, Handwerker, Lehrer und auch arme land- lose Pächter. Hier hatten sie nun, außer der Ausrüstung von Deutschland, alle gleich wenig - nichts. Es ist schon bemerkens- wert, mit welcher Entschlossenheit, Energie und Umsicht sie sich an die Gründung des Dorfes machten. Schon nach einigen Tagen war der Kamp vermessen. Er hatte eine 25 m breite Dorfstraße und 26 Hofstellen erhalten: 100 m breit, 500 m lang, mit 5 ha Kam- pland für jeden. Eine Hofstelle in der Mitte des Dorfes war für die Schule und das Lehrerhaus gerechnet mit dem Dorfsbrunnen, dem Ochsengehege und dem Friedhof hinten im Garten. Die nummerierten Hofstellen wurden verlost. Meine Eltern hatten an der Südseite die zweite Stelle nach der Schule erhalten. Schon am
15. Juni, also 2½ Wochen nach der Ankunft, war der große Dorfsbrunnen auf dem geplanten Schulhof fertig. Er hatte viel und auch gutes Trinkwasser. Auch das Ochsengehege neben dem Brunnen war fast fertig. Der geplante Friedhof erhielt schon im ersten Monat sein erstes Grab. Nun konnte ein jeder „zu Hause" mit dem Aufbau seiner Wirtschaft beginnen.

Niemand im Dorf wusste oder ahnte es, dass die Bolivianer schon vor ihnen angekommen waren und ganz in der Nähe ihr *Fortín* Huijay mit Munitionslager und einem Brunnen in der Nähe von der Wasserstelle u. a. m. aufgebaut hatten.

Der Friedensfelder Kamp, er wurde von den Lenguas *„Nitana Om-jip"* (Jaguarkamp) genannt, der lag ganz in der Südwestecke des damaligen Siedlungsgebietes und hatte an der Südseite eine lange 14 km breite Buschwand. Da ein großer Teil der Enlhet an der Süd- seite dieses gefürchteten Busches lebte, gab es in gewissen Abstän- den Indianerpfade durch diesen Busch. Einer von ihnen führte zur der Wasserstelle, wo die Bolivianer ihren *Fortín* hatten, bis in un- seren Garten an der Südseite des Dorfes. Es ist anzunehmen, dass die Enlhet über beide „Neusiedlungen" Bescheid wussten. Aber sie sagten es den Mennoniten nicht.

Der Kamp an der Südseite dieser Buschwand reichte von Platanillo im Westen bis in die Nähe von Isla Poí im Osten. Deshalb konnten die Bolivianer ihre Stützpunkte ohne große Schwierigkeiten immer weiter nach Osten hin aufbauen: Platanillo, Corrales, Huijay und Boquerón. Curucau wurde 1928 auch angefangen, dann aber ohne Kampfhandlungen sein gelassen, wohl wegen der nahen neuen Siedlung Menno, denn mit Leuten von da gab es Begegnungen. Huijay war somit im mittleren Grenzabschnitt zwischen Paraguay und Bolivien der am weitesten nach Osten gelegene Stützpunkt der Bolivianer, so wie Guajhó und Toledo im Norden und Boquerón im Süden.

Während die Mennoniten in den Dörfern ihre Existenz aufzubauen begannen, errichteten die Bolivianer wenige Kilometer südlich ihre Stützpunkte, ohne dass einer vom anderen etwas wusste. Die Friedensfelder wohnten 14 km vom paraguayischen Stützpunkt Trébol entfernt und wie sich später herausstellte vom bolivianischen Stützpunkt Huijaý auch 14 km. Doch wusste niemand, wie stark die bolivianische Besatzung da war.

An einem Nachmittag (es kann im September-Oktober 1930 gewesen sein, als mein Großvater Johann Löwen mit seinem Sohn Ab- ram im Garten arbeitete) kamen plötzlich drei bolivianische Reiter auf Maultieren aus dem Busch. Sie waren von Huijay den India- nerpfad entlanggeritten und standen nun neben den *Gringos*, den Fremden. Bei dem „Gespräch" ging es darum, wo das paraguay- ische Militär sei, und sie würden für Informationen auch *„muscho pescho"* bezahlen. Also hatten die Indianer den Bolivianern doch von der Ankunft der Weißen berichtet.

Natürlich wurde der Vorfall noch am Nachmittag dem Oberschul- zen gemeldet, der es dann dem Militär in Trébol berichtete. Es dau- erte auch nicht viele Tage, bis die paraguayischen Reiter im Dorf waren. Sie suchten nach einem Indianer, der Huijay kannte und ih- nen dabei helfen würde, das Gelände um den Stützpunkt auszu- spionieren. Damals war das Verhältnis zwischen den 'Volays' (Sol- daten) und den Enlhet noch gut und so erklärte sich Antonio, ein junger Indianer, bereit, ihnen zu helfen.

Einige Zeit später kam der Angriff. Nach meinen Erinnerungen an die Berichte in späteren Jahren waren es 56 Reiter, die sich schwer bewaffnet auf diesem Indianerpfad dem Stützpunkt Huijaý näher- ten. Im Morgengrauen, noch bevor es die Wache bemerkte, war der Stützpunkt umstellt und es gab für die Besatzung nur die Möglich- keiten sich zu ergeben oder zu sterben. Wie es damals hieß, gab es keine Toten.

Huijay hieß fortan Carayá. Von Bedeutung war für die Paraguayer der große Speicher, der als Lagerraum für Munition und Proviant gebaut worden war. Von ihm stehen heute noch ein Eckpfosten und zwei Stumpfen von abgesägten Trägern. Doch Carayá musste ver- teidigt und der Nachschub konnte nur mit Maultieren auf dem In- dianerpfad geleistet werden. Die Friedensfelder mussten nun eine Möglichkeit schaffen, dass das Militär von der Dorfstraße zum Bu- schrand kommen konnte. Sie beschlossen, den Weg, der zum Friedhof führte, dafür freizugeben und im Zaun an der Südseite ein Tor einzubauen. Der Militärweg führte fortan von der Dorfstraße über den Schulhof am Brunnen und Ochsengehege vorbei zum Buschrand.

Etwa im November 1930 kam der Leutnant Barreiro mit 10 Solda- ten nach Friedensfeld. Sie bauten in der Nähe von der Stelle, wo der Indianerpfad zum Kamp hin endet, ein Feldlager auf. Sie soll- ten den Verkehr auf dem Indianerpfad kontrollieren. Diese Solda- ten öffneten den Indianerpfad dann mit ihren Buschmessern so breit, dass er befahrbar war. Der Weg wurde später beständig ver- bessert. Er erhielt Umwege um die tiefen Wasserniederungen und auch eine Telefonverbindung von Trébol nach Carayá.

Im Jahre 1931 wurde der Stützpunkt weiter ausgebaut. Von Isla Poí aus wurde ein gerader Weg nach Carayá geschlagen und die beiden Stützpunkte wurden durch eine Telefonleitung verbunden. Die pa- raguayische Besatzung war nur klein und zu schlecht bewaffnet, um einen Überfall der Bolivianer abzuwehren.

Die Bolivianer arbeiteten in dieser Zeit stark an der Befestigung von Boquerón. Sie kamen dabei auch immer wieder den Kampweg entlang und es war zu befürchten, dass irgendwann ein Überfall auf Carayá kommen würde. Der Offizier ordnete deshalb die Räumung des Fortins an, bevor es zu dieser Kampfhandlung kam. Vier Leute aus Menno brachten das Inventar in der Nacht mit ihren Ochsen- wagen nach Isla Poí. Bald darauf waren die Bolivianer da und Ca- rayá war nun wieder ein bolivianischer Stützpunkt. Für die Frie- densfelder war das nicht gut, da sie nun auf einem befahrbaren Weg von den Bolivianern erreicht werden konnten, und die Mög- lichkeit bestand, die Kampfhandlungen nun auch im Dorf auszutra- gen. An der zweiten Rückeroberung war dann schon das Militär be- teiligt.

Die neue paraguayische Besatzung war stärker und besser bewaff- net. Die Verteidigungsanlagen wurden ausgebaut. Carayá erhielt Schützengräben und Bunker. Für das Militär wurden mehr Zelte er- richtet. Auch der Lagerraum für Proviant und Munition wurde ver- bessert. Von großer Bedeutung waren die vielen Brunnen, welche die Soldaten in den Wasserkämpen gruben. (Wir haben nach dem

Krieg 200 Brunnenlöcher gezählt.)

Der Krieg

Dann begann der Krieg. Die ersten Kampfhandlungen wurden bei Boquerón ausgetragen. Nach dem grausamen 20-tägigen Ringen mussten sich beide Gegner der Erkenntnis beugen, den Feind unterschätzt zu haben. Paraguay hatte den Sieg mit furchtbaren Verlusten bezahlt. Die Zufuhr von Munition und Militär geschah von Hoffnungsfeld über Isla Poí nach Boquerón.

Dann begannen die Vorbereitungen für eine zweite Begegnung der beiden Heere beim bolivianischen Stützpunkt Toledo. Die Zufuhr von Munition und Soldaten so wie auch die Versorgung des Mili- tärs ging nun von Hoffnungsfeld durch die mennonitischen Dörfer. Nach der tagelangen Schlacht von Toledo waren andere boliviani- sche *Fortíns* dran.

An einem Nachmittag kamen Autos in unser Dorf. Natürlich liefen wir Kinder zur Straße. Doch die Autos fuhren auf den Schulhof am Brunnen vorbei zum Friedhof und immer weiter in den Busch. Et- was später kamen die Soldaten, immer zu zweit, einer mit der Flin- te, der andere mit dem Buschmesser. Über die Schulter hatten sie eine zusammengerollte Decke. Ich stand mit David Löwen und mit meiner kleinen Schwester Anni an der Straße. Die Reihe wurde immer länger und länger und hörte nicht auf. Wie eine grüne Rie- senschlange schob sie sich die Straße entlang bis zur Schule, dann den Weg entlang bis zum Friedhof und weiter in den Busch. Als die ersten schon lange im Busch waren, da kamen vom Ende des Dorfes immer noch mehr. Wo konnten all diese Soldaten übernach- ten? Würde das Wasser vom Schulbrunnen ausreichen? Nun, die Soldaten gingen am nächsten Tag weiter bis Carayá und zur Front. Das Feldlager in unserem Dorf wurde leerer und auch wieder vol- ler. Die LKWs, Ford 4, kamen und gingen. Manchmal waren es einzelne, dann auch ganze Kolonnen. Am Schulbrunnen war es sel- ten leer.

Im Dorfe wurde es unruhiger, da die Soldaten auch in der Nacht fahren mussten. Unser Dorfsleben wurde mehr und mehr vom Mili- tär bestimmt und die Aufbauarbeiten und die Gartenarbeit wurden durch das ständige Kommen, Gehen und Fahren der Soldaten be- hindert. Indianer gab es hier nicht mehr; nachdem einige erschos- sen worden waren, waren die anderen im Busch verschwunden. Die Frauen und Mädchen konnten gewisse Arbeiten nicht mehr alleine verrichten und brauchten Begleitung.

Dazu ein Beispiel: Meine Tante musste am Nachmittag die Schule putzen. Ich war mitgegangen um zu „helfen". Das Militär hatte Schlachtvieh erhalten und es im Ochsengehege eingesperrt. Von dort wurden einzelne Rinder zum Schlachten ins Lager gebracht. Wir gingen auf den Hof, um zu schauen. Das Vieh war sehr wild. Da sprang ein großer Ochse über den Zaun und kam auf den Hof. Doch die Reiter waren gleich hinter ihm her und die Verfolgung begann. Die Kugeln pfiffen und schlugen hier und da ein und wir beeilten uns, in die Schule zu kommen. Für den Ochsen gab es kei- ne Zäune und für die Reiter auch nicht. Doch beim Jagen trafen die Kugeln nicht richtig und die Reiter waren schon weit im Garten meiner Großeltern, bis sie das endlich eingefangene Rind hatten. War es nun ein Baumwollfeld? Bei den Bohnen? Oder im Erdnuss- feld? War der Zaun kaputt? Irgendwann wurde wieder wildes Vieh gebracht und zum Schlachten abgeholt.

1933 nahm der Krieg an Heftigkeit zu. Nach der Schlacht von To- ledo waren andere Stützpunkte dran. Da die ganze Linie von Ca- macho im Norden bis Sorpresa im Süden von vielen paraguay- ischen und noch mehr bolivianischen *Fortines* verteidigt wurde, kam es in diesem Frontabschnitt zu den schwersten Kampfhand- lungen während des ganzen Krieges. Einige Fortines wechselten den Besitzer dreimal innerhalb kurzer Zeit. Am schlimmsten waren die Kämpfe um Nanava, wo sich das paraguayische Heer einer viel besser bewaffneten dreifachen Übermacht stellen musste. Der Busch war später an manchen Stellen bis auf eine Höhe von einem Meter abgeschossen. Nach der letzten und schwersten Schlacht   lagen zwischen den Schützengräben der Fronten auf der boliviani- schen Seite mehr als 1.000 Tote. Auf der paraguayischen Seite hat- te es auch große Verluste gegeben. Man konnte die Toten nicht mehr begraben. In den Ästen der verbliebenen Bäume hingen an manchen Stellen noch die Reste von menschlichen Körperteilen, die von den Geschossen zerfetzt worden waren. Estigarribia, der mit seinem General Irrazabal das Schlachtfeld inspizierte, ließ die Toten zusammentragen, mit Kerosen begießen und anzünden. Doch die Soldaten hatten vergessen, Holz zwischen die Leichen zu legen. Und so wurden viele nicht bestattet. Aasgeier kamen nicht mehr, doch die Büsche, Sträucher und Gräser hingen schwer beladen von grünen Madenfliegen herunter. Über Nanava breitete sich nach dem 14. Juli 1933 eine schwere Dunstglocke mit dem Geruch des Todes aus, die es das paraguayische und das bolivianische Heer lehrte, das Schlachtfeld in den nächsten Monaten nicht mehr zu be- treten. (Nachzulesen in der „Revista de las Fuerzas Armadas de la Nación" Enero 1964.)

Ähnlich schwere und furchtbare Schlachten gab es auch bei der Verteidigung anderer paraguayischer Festungen. Auf dieser Linie wurde sozusagen darüber entschieden, wie der Krieg ausgehen würde. Nach dem Verlust dieser Festungen wurden die Bolivianer immer wieder zum weiteren Rückzug gezwungen. El Carmen – Bolivian, Ingaví, Ravelo, Irendague und andere Festungen fielen, bis sie schließlich ganz bis in Bolivien hinein zurückweichen muss- ten. Und immer war der Durst der gefürchtetste Feind beider Hee- re, da der Wassertransport mit den damaligen Möglichkeiten den Bedarf nicht decken konnte.

Und die Friedensfelder mit ihrem Militärlager?

Nun, die haben in den Kriegsjahren viel gelernt. Manches ward im Wörterbuch nachgeschlagen, anderes wurde auf der Straße begrif- fen. Vor allem die Sprache und das so ganz andere menschliche Verhaltensmuster machten den Bewohnern des Dorfes zu schaffen.

Dazu ein Beispiel: Es war schon mehr zum Ende des Krieges, als meine Mutter mir eine neue Hose genäht hatte. Eine richtige neue Hose, nicht von den Überresten von Papas Bräutigamsanzug, nein, von neuem braunen Stoff eine Trägerhose und an der rechten Seite eine „Fupp", eine kleine Tasche. Wie ich mich freute! Und sie passte ganz genau. Es war fast nicht auszuhalten. Ich lief den Nachbarsteg entlang zu meiner Großmutter und zeigte ihr und dem Großvater sehr stolz das Meisterwerk meiner Mutter. Dann kamen auch die Tanten Agathe und Anna und bewunderten die Hose, bei der die Träger hinten kreuzweise angeknöpft waren. Doch damit waren meine nahen Verwandten auch schon alle erreicht. Da fiel mir der Offizier ein, der hinten im Garten wohnte. Ich sammelte bei Großmutters Zitronenbaum so viele Zitronen wie in die „Fupp" hineingingen. Dann ging ich zurück zu meiner Mutter und sagte ihr, dass ich dem Offizier wieder einige Zitronen bringen wollte.

Doch der Offizier war nicht zu Hause und das Schlimme war, dass heute der große Soldat Wachdienst hatte. Der konnte mich nicht leiden und war immer schlecht zu mir. Doch heute war er auch freundlich. Er nahm die Zitronen und bewunderte auch meine neue Hose. Dann zeigte er mir die roten halbgroßen Kaktusbeeren und sagte, ich solle mir die Tasche vollstecken und zu Hause essen, sie wären super süß. Als ich die Erste lospflücken wollte, da hatte ich die Finger gleich voll von den kleinen gelben Stacheln. Da sagte der Soldat, er würde mir helfen, ich sollte nur die Tasche aufhalten. Er wusste, wie man die Beeren anfassen musste und steckte mir die Tasche voll. Dann sagte er, ich solle zu Mama gehen. Bis zum Ka- firfeld ging das auch noch so eben. Als ich dann bei den Erdnüssen im Sand war, wurde es immer schwieriger. Die Stacheln waren bei der Hosentasche durch. Wenn ich die Beeren rausnehmen wollte, dann hatte ich die Finger voll von den gelben Stacheln, die immer gleich abbrachen und dann scheuerten. Das rechte Bein war dicht bei dicht voll. Ich fing an zu weinen. Dann wurde meine Stimme immer höher. Doch das half nichts. Ich war da hinten im Erdnuss- feld ganz allein. Ich zog die Hose aus, fasste sie bei den Trägern und schleifte sie mitsamt den Kaktusbeeren und den Stacheln hinter mir her, meine schöne neue Hose. Es war wieder kaum auszuhalten und ich heulte weiter. Als ich zum Haus kam, sah meine Mutter sich ihren halbnackten Jungen und seine Hose noch einmal näher an und wollte ihm helfen. Doch sie hatte ihre Finger auch gleich voll Stacheln und wusste auch nicht, wie sie die Tausenden Sta- cheln aus der Hose herauskriegen sollte.

Für die nächsten Jahre war uns „tjline Schlorrekaktusbeere" - klei- ne Feigenkaktusbeeren - ein bekannter Begriff. Eine rote schmack- hafte Frucht - drinnen süß, aber wegen den vielen Stacheln unan- tastbar. Gerne hätte meine Mutter damals den anderen Begriff „Soldat" – „Wache" auch so klar gehabt. Doch es blieb ihr die Fra- ge: Was ist das für eine Art Mensch? Wie funktioniert sein Seelen- leben? Der Offizier erhielt auch weiter die kleinen Zuwendungen: „Jahayá carú!"

Mein Vater hatte bald unter den Offizieren Freunde gefunden, die auch die russische Sprache verstanden. Wenn diese von der Front kamen, dann hielten sie meistens beim Schulbrunnen an und er konnte da so manches über den derzeitigen Stand der Kampfhand- lung erfahren. Manchmal ging er auch zum Offizier, der im Feldla- ger hinten in unserem Garten wohnte, um sich über die Situation an der Front zu informieren. Ich bin auch immer wieder mitgegangen. Aber das war für mich Kleinen nicht gut, denn ich sah da auch die Verwundeten, die Gefangenen und die Sträflinge, die mittags auf heißen Tonnen knien mussten. Auch mit der Sprache war das so eine Sache. Weil die Soldaten wegen jeder Kleinigkeit fluchten, kam das bei mir auch bald über die Lippen mit dem „Uta carajo". Auch die Befehle an die Soldaten und die Redewendungen gehör- ten bald zu meinem Wortschatz. Nun, meine Mutter hat mir das Fluchen sehr bald abgewöhnt.

Zwischenfälle mit dem Militär

In den Kriegsjahren gehörten der Brunnen bei der Schule und das Ochsengehege eigentlich nicht mehr dem Dorf, sondern dem Mili- tär. An das Kommen und Gehen der Soldaten auf die Höfe hatten einige sich bald gewöhnt, andere brauchten mehr Zeit und bei noch anderen war es selten. Das Militär kaufte sozusagen alles, was die jungen Bauernhöfe produzierten: Kartoffeln, Bohnen, Kafir, Eier und manches andere. Im Allgemeinen war die Disziplin der Solda- ten sehr gut, nach heutigen Maßstäben gemessen ausgezeichnet.

Doch es gab auch Zwischenfälle. Dazu einige Beispiele:

- Meine Großeltern hatten ihren Garten neben der Schule. Der Militärweg befand sich in der Mitte von der Hofstelle der Schule, also 50 m vom Grenzzaun. Als die Wassermelonen reiften, hielten es die hungrigen Soldaten nicht länger aus. Aber sie wussten nicht, welche reif waren und zerhackten dann die abgepflückten Grünen. Mein Großvater bot dem Offizier an, sie könnten alle reifen Was- sermelonen haben, aber er würde sie abpflücken und durch den Zaun rollen. Da standen dann auch bald viele Soldaten am Zaun entlang. Mein Vater half und ich trug auch die kleineren bis zum Zaun. Doch den Soldaten dauerte es zu lange bis wir sie brachten und unversehens waren einige durch den Zaun gekommen. Da knallte es. Da fuhren die Soldaten schnell unter dem untersten Sta- cheldraht durch den Zaun zurück und ich merkte, wenn der Offizier gesagt hat: Nicht durch den Zaun steigen, dann wird diesem Befehl ohne weitere Frage Folge geleistet.

- Nun, das Wassermelonenfeld wurde immer wieder leer. Darüber hat mein Großvater sich auch nicht gegrämt. Aber es wurde eines Tages sein Pferd mitgenommen, das er nicht vom Militär gekauft hatte, sondern es war von denen, die von Concepción geholt wur- den. Da hat er sich beim Kommando beschwert.

- Da war da noch die Sache mit dem Fahrochsen. Der eine hatte sich das Kreuz gebrochen und musste geschlachtet werden. Darauf erhielt er wieder einen Wilden. Als mein Vater ihn soweit gezähmt hatte, dass mit ihm schon fast zu fahren ging, da wurde er vom Mi- litär geschlachtet. Meine Mutter hatte sich das Kalb von der ersten wilden Kuh gezähmt und freute sich schon, dass sie nun bald eine zahme Färse melken könnte. Doch sie kam eines Tages nicht mehr nach Hause.

- Sehr traurig war für die Dorfgemeinschaft der Tod der Anna Ber- gen (Wiebe). Sie war mit einem Offizier mitgefahren und wurde nach einiger Zeit krank zurückgebracht, und sie starb dann auch bald. Ich erinnere mich noch an den Sonntagnachmittag auf dem Friedhof, dass wir Kinder wegen dem Nordwind nicht an der Süd- seite der Leiche stehen durften, wegen der Ansteckungsgefahr, da es eine sehr schlimme Krankheit war. Ihr Grab befindet sich in der Mitte des Friedhofes.

- Tief eingeprägt in meinem Gedächtnis hat sich auch der Tag und die Nacht nach dem Kriegsende. Das Brummen der Autos und das Rufen und Johlen der Soldaten wollte kein Ende nehmen. Beson- ders beeindruckend war die lange Kette der Scheinwerfer, die sich am Abend und in der Nacht aus dem Busch schob, bis zur Straße kam und dann am Dorfsende verschwand. Der Krieg war zu Ende. Es war der 12. Juli 1935.

Die Jahre nach dem Krieg

Nach dem Chacokrieg blieben die riesigen Gebiete des Chaco Bo- reals vorläufig menschenleer und unbesiedelt. Die Indianer kamen langsam und vorsichtig aus ihren Verstecken in den Wäldern her- aus und zogen wieder in ihre angestammten Jagdgebiete zurück. Die vielen Militärwege ermöglichten aber auch Wanderungen grö- ßerer Gruppen in für sie unbekannte Gegenden. So kamen z. B. die Nivaclé vom Pilcomayo erstmalig in die Mennonitenkolonien (1935) und die Guaraní vom Fuße der Anden bis nach Mariscal Estigarribia. Auch die Ayoreo von Bolivien kamen auf ihren Jagd- zügen die Militärwege entlang bis zum Cerro León und weiter. Es kamen einzelne Frontkämpfer in den Chaco zurück, um sich an den großen Lagunen eine Viehstation aufzubauen. Der Chaco war durch die vielen Wege sozusagen geöffnet worden. Seine großen „Möglichkeiten" konnten nun entdeckt und langsam ausgeschöpft werden.

Von den Festungen und den Schlachtfeldern holten sich die India- ner die Flinten (Karabiner) und Munition. Bald hatten viele Jäger ihr eigenes Gewehr, ihr Buschmesser, ihren Dolch, die Feldflasche (*Caramayola*) u. a. m. Die Mennoniten waren darum bemüht, das alte Kriegsmaterial zu erwerben, wie Autorahmen, große und klei- ne Tonnen, die Drähte von den Telefonleitungen und auch Stachel- draht. Der Chacokommandant kassierte für diese Kriegsbeute auch seinen Teil, 2/3 der Ladung. Bei einigen Mennoniten ging es dar- um, *„Schwerter in Pflugscharen umzuwandeln"* wie es hieß. Die Schmiedewerkstätten haben dabei viel Arbeit geleistet. Bei man- chen war es auch die Gewinnsucht, da ging es um das liebe Geld. Für noch andere war es eine große Hilfe im Ansiedlungsprogramm. (So steht im Busch von Carayá auf der Grenze zwischen Neuland und Fernheim noch immer ein alter Zaun, der zeigt, wie der dama- lige Besitzer ihn mit diesem Kriegsmaterial gebaut hat, unten zwei Stacheldrähte und oben ein dicker Telefondraht.) Die großen 500 Liter Zinktonnen waren besonders gefragt. Die Zentralschulküche von Filadelfia benutzte viele Jahre einen solchen Behälter für das Wasser. Auch die anderen Betriebe haben solche benutzt.

Nicht zu vergessen sind die leeren Patronenhülsen. Die Fernheimer Jungen hatten sozusagen in allen Dörfern einen neuen Job zum Geldverdienen gefunden. Das Sammeln dieser leeren Hülsen wurde fast zu einer Leidenschaft. Die Schmiede in den Dörfern erhielten so viel wie sie zum Löten brauchten und noch mehr. Unser Schmied Franz Peters hatte schließlich einen großen Kasten aufge- stellt, wo wir die Patronen reinschütten konnten. Es dauerte einige Jahre, bis die Patronenzeit vorbei war und die Hosentaschen beim Gehen nicht mehr so klapperten.

Zu den Erinnerungen an die Nachkriegszeit gehören auch die Er- lebnisse und Erfahrungen, die mit der Reparatur und dem Gebrauch der verrosteten Karabiner gemacht wurden, die man von den Schlachtfeldern geholt hatte. Anfänglich nahmen die Indianer nur die noch fertigen Flinten mit, d. h. solche, die noch den Schaft hat- ten, auch wenn der Lauf schon beschädigt war. Als es später knap- pere Zeiten gab, zündeten sie Schlachtfelder an, um die Buschmes- ser, Flinten und anderes Gerät schneller zu finden. So kamen sie mit den oft noch fast neuen Flinten an, denen nur der Schaft aus Holz fehlte. Für Heinrich Willms von Friedensfeld wurde die Re- paratur der Karabiner zu einem richtigen Hobby und Nebenver- dienst. Wenn er alle Teile gut gereinigt und geölt hatte, schraubte er das Gewehr wieder fest zusammen und machte Schießübungen. Dazu band er die geladene Flinte an das Rad vom Sitzpflug und be- festigte den Lasso am Abzug und zog aus gesicherter Entfernung ab. Der Pflug fuhr dann jedes Mal etwas weiter. Manche Flinten galten schon nach fünf Schüssen als 'eingeschossen'. Andere, die noch nicht einen so ausgeschossenen Lauf hatten, die brauchten mehr.

Ebenso eine Flinte mit einem neuen Schaft hätte mich nach einer guten Reparatur fast umgebracht. Das kam so: Auf unserer Viehstation Carayá waren die Jaguare wieder beim Schlachten. Wir hatten am Südende vom heutigen Dorf Gnadental in Neuland in der Niederung in wochenlanger Arbeit eine sehr gute Sammelstelle für Wasser geschaffen. Für die Rinder war das sehr gut, da sie nicht mehr so weit zu gehen brauchten. Aber für die Jaguare war es noch besser. Sie hatten es sich da im Busch zwischen der Niederung und dem heutigen Lichtenau gut eingerichtet.

Mein Freund Hans Neufeld und ich wollten die Sache einmal näher untersuchen. Da wir in der Woche nicht Zeit hatten, musste es am Wochenende geschehen. Wir sattelten die Pferde, nahmen die alt- neue Flinte und volle Patronen und auch die Taschenlampe mit. Doch die Hunde ließen wir zu Hause. Der alte *Guerra* von *Pirizal* hätte uns dringend geraten: „Jungens, das macht man nicht. Auf Jaguarjagd begibt man sich nicht ohne Hunde." Doch wir waren ja ganz unerfahren. Wir würden jetzt erst mal zur Station reiten.

Am Abend ging es dann zu den Wasserstellen. Bei der ersten war nicht viel los und auch bei der zweiten nicht, außer Füchsen und anderen Kleintieren. Als wir dann etwas später von der Nordseite an die Wasserstelle hinter Gnadental kamen, leuchtete ich wieder den Wasserrand sorgfältig ab und wirklich, an der Südseite da wa- ren die grünen Katzenaugen. Weil er saß und Wasser leckte, war es nicht zu sehen ob es ein Puma oder Jaguar war. Ich stieg ab, gab Hans die Zügel von meinem Pferd, entsicherte die Flinte und ging erst mal etwas näher an das Wasser. Dann legte ich an. Ich musste mit der linken Hand die Taschenlampe und den Flintenlauf halten und mit der Rechten versuchen, die grünen Augen richtig ins Visier zu kriegen. Dann drückte ich ab. Es gab einen Knall und der Rück- stoß hätte mich fast hingeworfen. Die Taschenlampe fiel runter, der Kehlriemen vom Tropenhelm riss und der Hut flog in hohem Bo- gen nach hinten, die rechte Gesichtshälfte und auch die Wimpern waren verbrannt, das rechte Ohr hatte einen Kratzer bekommen und war fast taub.

Was war geschehen? Nun, die Kugel blieb im Lauf stecken und so brach der Druck von der Explosion das Schloss mit dem Hebel und der Sicherung raus. Wie weit die Teile geflogen sind, weiß nie- mand. Dass sie mein Gesicht nicht getroffen haben, lag daran, dass ich mit dem rechten Auge gezielt hatte. Sicher waren da auch eini- ge Schutzengel am Werk gewesen, als der Schuss rückwärts durch- brach.

Und der bunte Kater? Nun, der hatte vorläufig das Lachen. Aber mit der Hilfe der Indianer konnte Abram Löwen später den Bau im Bunker finden, die beiden Jungen ausgraben und mitnehmen. Der Kater holte sich etwas später die Bleikugel, um damit im Busch zu verenden, aber nicht von mir. Sein Schädel mit den Reißzähnen lag einige Zeit zum Trocknen auf dem Dach.

Ich selbst habe einige Jahre gebraucht, um wieder mit diesen Flin- ten zu schießen.

Der Handel mit dem Alteisen

Im Rückblick auf die Jahre nach dem Krieg ist klar zu erkennen, welchen Wert das Alteisen der vielen Fahrzeuge für die wirtschaftliche Entwicklung der Kolonien hatte. Es ist niemals der Versuch gemacht worden zusammenzuzählen, wie viele Arbeitswagen, Buggys, Droschken, Einspänner, Pflüge, Kultivatoren u. a. Acker- geräte von diesem Material hergestellt worden sind. Unser Schmied, der Franz Peters, hatte sich hinter der Schmiede an einem tief eingegrabenen Quebrachopfosten ein selbstgerechtes Eisenge- wicht angeschraubt, mit einem langen dreimannstarken Hebel ver- sehen. Damit schnitt er die dickeren Eisenplatten nach Maß zu- recht.

Es ist erstaunlich, wie viele Menschen aus allen Dörfern sich da- mals am Transport vom Kriegsmaterial beteiligten, so dass die na- hen Festungen bald abgeräumt waren. Als dann immer weiter ge- fahren werden musste, bis Saavedra, Arce, Nanava, Sorpresa und andere, wurde die Zahl der Transporte immer geringer. Einer, der zu diesen entlegenen Stützpunkten fuhr, war Herr Willi Martens aus Filadelfia. Er hatte ein sehr starkes Ochsengespann und holte mit den Gefährten zusammen viele schwere Fuhren heran. Auf ei- ner dieser Fahrten geschah ein schweres Unglück. Herr Martens war bis Carayá gekommen. Dort machte er Rast und ließ die an den Hörnern zusammengeketteten Ochsen auf die Weide. Als er sie nach der Rast wieder einspannen wollte, fand er sie nicht mehr. Al- les Suchen auf dem Wasserkamp war vergeblich. Die Spuren führ- ten ihn an ein altes Brunnenloch. Es war klar zu sehen wo der erste ausgerutscht war, und wo der zweite heruntergerissen wurde. Das Brunnenloch war groß genug für zwei Ochsen. Der erste lag und der zweite Stand neben ihm. Was sollte, was konnte er machen? Herr Martens ging zur Friedensfelder Viehstation und bat den Verwalter Abram Löwen um Hilfe. Löwen holte sofort vom India- nerlager so viele Arbeiter, wie sie Spaten hatten. Diese gruben von der Seite einen 1½ m breiten Schacht mit einem starken Gefälle schräg nach unten. Die beiden Poncheros meines Großvaters mussten sich sehr anstrengen, um bei diesem Gefälle die Ochsen hochzukriegen. Doch die Ochsen verendeten trotz guter Pflege beide. Noch viele Jahre später waren beim Vorbeifahren die großen wei- ßen Knochen der Mastochsen am Brunnenloch zu sehen.

Zendy, das Soldatenpferd - mein Reitpferd

Es war schon viele Jahre nach dem Ende des Chacokrieges, als mein Vater an einem Tag ein Reitpferd nach Hause brachte. Er hat- te es in der Kolonie Menno legal erworben, auch wenn es ein ge- wesenes Soldatenpferd war. Die Brennmarke, das EP (Ejército Pa- raguayo) war so groß und breit auf den Oberschenkel des Hinter- beines gebrannt, dass man sie auch aus einiger Entfernung gut le- sen konnte. Es war ein mittelgroßes, langbeiniges Pferd, grau gelb und mager, aber ganz zahm, ein richtiger Läufer. Nun stand es bei uns neben den anderen Pferden und war hungrig. Dass es ein sehr gut dressiertes Pferd aus der Kavallerie war, das an vielen Schlach- ten im Krieg teilgenommen hatte und deshalb so große Narben hat- te, merkten wir erst später.

Pferde füttern, Pferde tränken, Pferde auf die Weide lassen und morgens wieder reinholen, das war schon sehr früh meine Aufgabe. Ich nahm mir vor, Zendy sehr gut zu füttern und zu meinem Reit- pferd zu machen. Anfänglich glaubte ich immer noch, dass ich schon zu reiten verstand, doch Zendy belehrte mich bald eines Bes- seren. Da waren vier Haltungen, die ich als Reiter noch ganz und gar nicht beherrschte.

Da war als erstes das Losgaloppieren. Zendy lief so schnell los, dass ich anfänglich immer bis hinten rutschte und mich dann beim Galoppieren wieder nach vorne bewegen musste. Manchmal rannte sie auch sozusagen unter mir davon. Sie bremste aber immer sofort ab, wenn ich runterfiel. Dann nahm sie die Zügel zu einer Seite, kam zu mir und wartete, bis ich wieder aufstieg.

Schlimmer noch war das Bremsen, weil ich dann leicht unter die Vorderbeine geraten konnte. Und wie schnell sie zum Stehen kam, das konnte ich mir vorher nicht vorstellen.

Eine sehr konzentrierte Haltung verlangten auch die Kurven und Ecken, die beim Vieh zusammenholen gemacht wurden. Zendy hatte dann sozusagen die Zügel selbst in der Hand und ich musste zusehen, dass ich oben blieb.

Eine sehr bewusste Haltung verlangte es auch vom Reiter, wenn es über den Zaun oder über hohe Sträucher ging. Man musste unbe- dingt in der Mitte des Pferderückens bleiben, denn beim Überset- zen gab es zuletzt immer den Schlag von unten an den Hintern, so dass man bis vorne an die Ohren fiel. Wenn dies mitten im Galop- pieren war, dann konnte es gefährlich werden.

Später habe ich das Pferd auch gesattelt wenn ich mit anderen zu- sammen ausritt, um die Milchkühe reinzuholen. Manchmal nahm ich auch die Flinte mit, weil da in der Wildnis ein Jaguar war. Aber ich hatte das Wort behalten, das die Soldaten beim Üben vor dem Schießen gesagt hatten, also sagte ich „Alto-o!" Sofort blieb Zendy stehen, hob den Kopf und rührte sich nicht. Ich legte ihr den Flin- tenlauf zwischen die Ohren, nahm das Ziel ins Visier und drückte ab. Keine Bewegung. Nur Hans Vogt musste zusehen, dass er auf seinem Pferd blieb. Doch es kam noch besser. Als ich einmal nach so einem Steppenritt nach Hause kam, saß meine Mutter draußen und spielte die siebensaitige Gitarre. Da blieb Zendy stehen, stellte sich in Position und begann, im Takt auf der Stelle zu trippeln. An- scheinend war Zendy auch Mitglied in der Militärkapelle gewesen.

Zendy war ein Reitpferd und konnte höchstens noch vor den Buggy gespannt werden. Für schwere Fuhren und die Arbeit mit dem Pflug taugte sie nicht. Eines Tages hat sich mein Vater für mein Pferd ein anderes Reitpferd eingetauscht. Mir war das sehr schade.

Die Erinnerungen an den Chacokrieg haben mich auch an das Ver- halten und die Stellungnahme unserer Eltern und Großeltern und der Vorgesetzten in den Krisensituationen erinnert und an ihr Gott- vertrauen. Fernheim war erst zwei Jahre alt und hat sich trotzdem tapfer und meisterhaft den jeweiligen Forderungen der Kriegsjahre gestellt.

Da kann man auch Jahrzehnte später nur noch großen Respekt vor den Pionieren haben.

Cacique Caballero - Eine Erinnerung an den Chacokrieg

(aufgeschrieben von Heinrich K. Braun, ein damaliger Bewohner vom Dorf Schöntal in Menno, der zur Zeit der Ereignisse etwa 20 Jahre alt war)

Die Indianer wurden während des Chacokrieges stark in Mitleidenschaft gezogen. Sie wurden der Spionage verdächtigt, und die Soldaten schossen auf sie, wo immer sie diese trafen. Die Indianergruppen zogen sich deshalb tief in den Busch zurück, wo sie sich sicherer fühlten. Nur selten, wenn sie wirklich keine Gefahr um sich sahen, kamen Einzelne heraus, um bei den Mennoniten Le- bensmittel zu erbetteln.

Es war 1934, als die Bewohner des Dorfes Chortitz durch Deser- teure beunruhigt wurden. Sie hatten eine Art Bande gebildet. Und eines Abends belästigten sie auch die Tochter eines Bauern auf der Straße. Als erwachsene Männer aus dem Dorf ihr zur Hilfe eilten, wurde einer von ihnen tödlich von einer Schusswaffe getroffen. (siehe: Mord in Chortitz)

Jakob Görtzen, Pionier der Kolonie Menno, wohnte damals am östlichen Ende des Dorfes Schöntal an der Nordseite der Straße. Er merkte irgendwann, dass nachts auf seinem Hof gestohlen wurde. Das Brot aus der Speisekammer verschwand, danach auch Hühner und Enten aus dem Stall. Das mussten wohl wieder Soldaten sein, dachte er, und bald schon entdeckte er auch, dass sie aus dem Busch kamen, der bis in die Nähe seines Hofes reichte. Niemand wusste jedoch, wie viele es waren, und die Unsicherheit und Angst der Leute im Dorf war groß.

Die Bewohner von Schöntal machten deshalb Meldung beim *For- tín* Isla Poí, wo das Oberkommando sich befand. Von da wurden gleich, auf Anordnung des Kommandos, drei Soldaten nach Schöntal auf den Hof von Görtzen geschickt. Sie sollten versuchen, die Deserteure zu erwischen. Die Soldaten saßen bei Görtzens am helllichten Tag unter freiem Himmel und warteten auf die Diebe.

Die Deserteure selbst kamen ja nicht, aber eines Tages stand unerwartet und ganz plötzlich ein Indianer, der bekannte Kazike Caballero, der in der Gegend zu Hause war, vor Görtzens Tür. Zwei der Soldaten waren gerade ins Dorf gegangen, und den dritten, der bei Görtzens geblieben war, hatte der Indianer wohl nicht auf dem Hof vermutet. Der Häuptling hatte einen Karabiner in der Hand; Gört- zen erklärte es sich so, dass die Deserteure ihm das Gewehr ge- schenkt hatten, damit er für sie bei den Mennoniten Lebensmittel erbetteln sollte.

Kazike Caballero war gerade dabei, seine Bitte um Brot vorzutra- gen, als der Soldat, der auf dem Hof gesessen hatte, ihn bemerkte. Der Indianer kam gerade noch fertig, um die Ecke des Hauses zu entwischen. Der Soldat lief ihm nach. Sie liefen um das Haus her- um, und der Indianer stand wieder vor der Tür. Er wollte ins Haus, aber Görtzen hielt die Tür zu.

Da fasste der Soldat den Indianer. Doch der Kazike wehrte sich heftig. Er verlor dabei sei Gewehr, war aber stärker als der Soldat, und nun entspann sich ein heftiger Ringkampf zwischen den bei- den. Sie rollten sich im Sand des Hofes, und Görtzen stand in der Tür und schaute hilflos zu. Auch der Soldat verlor zwischendurch sein Gewehr.

Da sah Görtzen, dass der Soldat sein Messer zog, um dem Indianer zu stechen. Mit einem Ruck löste sich Caballero von seinem Geg- ner und ergriff die Flucht in Richtung Busch. Er lief im Zickzack wie ein Strauß.

Der Soldat sprang auf und ergriff eines der am Boden liegenden Gewehre, um auf den Flüchtenden zu schießen. Doch es war der Karabiner des Indianers, und als er anlegte und abdrückte, knackte es blind. Als der Soldat darauf schließlich sein Gewehr in der Hand hatte und schoss, war Kazike Caballero bereits hinter einer Rizinushecke verschwunden, und die Schüsse trafen ihn nicht. Die Bewohner des Dorfes und die anderen beiden Soldaten waren herbeigeeilt, als sie die Schüsse hörten, doch vom Indianer war nichts mehr zu sehen. Der Soldat zeigte ihnen nur sein Messer, an dem Blutspuren waren.

Die Soldaten untersuchten daraufhin vorsichtig die Umgebung und stellten an den Spuren fest, dass es wohl nur drei Deserteure sein konnten, die sich da im Busch in der Nähe von Schöntal aufhielten. Am nächsten Tag kam ein Lastwagen mit Verstärkung. Die Solda- ten drangen in den Busch ein, und die Deserteure ergaben sich kampflos. Damit hatte der unheimliche Diebstahl bei Görtzens ein Ende.

Kazike Caballero zeigte sich erst viel später wieder, nachdem der Krieg vorbei war.

Die Unglücksnacht von Chortitz: 1. - 2. Februar 1934

zusammengestellt von Uwe Friesen

Da diese Geschichte auch mit dem Thema des Jahrbuches zu tun hat, es aber im Laufe der Jahre einige unterschiedliche Versionen dazu gegeben hat, habe ich einmal in den Quellen nachgesucht und aufgrund der Berichte der Augenzeugen versucht eine wahrheitsge- treue Berichterstattung zu dem Vorfall zu erstellen. Da es eines der ganz wenigen tragischen Zwischenfälle ist, wobei in Menno Leute zu Schaden kamen, ist es von Bedeutung, dieses Ereignis nochmals in diesem Rahmen zu veröffentlichen.

Abram F. Giesbrecht wurde am 28. August 1886 in der Ostreserve in Kanada geboren. Er war mit Aganetha Klassen (Ostreserve in Kanada, 26.11.1894) in der 2. Ehe verheiratet, als er mit der 4. Auswanderergruppe von Kanada nach Paraguay kam. Diese Grup- pe reiste von Manitoba am 26. Januar 1927 ab nach New York. Von da reisten sie weiter mit dem Schiff „Panamerican" bis Buenos Aires. Weiter ging es mit dem Flussdampfer „Apipé" bis Puerto Casado, dem Tor zum Chaco, der neuen Heimat, wo die Gruppe am
24. Februar 1927 ankam.

Mit dem Ehepaar Klassen reisten ihre Kinder Johann (18 Jahre), Abram (15 Jahre), Jacob (9 Jahre), Aganetha (7 Jahre), Anna (5 Jahre), Maria (4 Jahre), Martin (2 Jahre) und Helena (0 Jahre).

Nach der Wartezeit in Puerto Casado und den Siedlerlagern im Chacoinneren siedelte die Familie im Dorf Chortitz, ganz in der Nähe des Siedlerlagers Km 216, an.

Drei Jahre lang marschierten die Militärregimenter durch die Dör- fer der Chacokolonien. Der Transport rollte zur Front - die sich immer weiter weg nach Westen verzog - und zurück. Es gab in die- ser ganzen Zeit wenig Übergriffe vom Militär auf die Siedler in

Menno und Fernheim. Eher gab es zwischendurch einen Handel, wodurch die ausgehungerten Soldaten sich Essen von den Koloni- sten erwarben, denn die Verpflegung der Truppen war sehr be- grenzt. Hin und wieder wurde ein Wassermelonenfeld leergemacht oder ein Ochse kam nicht mehr von der Weide zurück. Die ge- schlachteten Ochsen jedoch wurden nachher sogar vom Oberkom- mando entschädigt.

Im Verlauf des Chacokrieges zogen immer wieder Soldaten durch die Dörfer. Und sie übernachteten da auch. In Halbstadt, Menno, wurde in der Schule für einige Monate ein Militärquartier einge- richtet. Im Normalfall war auch keine große Gefahr von den Mili- tärs zu erwarten. Trotzdem ging man vorsichtig um im Kontakt mit den Soldaten und ihren Vorgesetzten im Verlaufe des Krieges.

Im Großen und Ganzen war das Verhalten des Militärs zu den Siedlern sehr gut. Die Mennoniten, obwohl Fremdlinge im Land, wurden als angenehmes, vertrauliches Siedlervolk geachtet und be- handelt.

Trotzdem gab es einzelne unangenehme Zwischenfälle. In Menno wurden mehrere Mädchen vergewaltigt. Dadurch wurden die Sied- ler selbstredend eingeschüchtert, was sich dann besonders auf die Frauen legte. Daraus ergab sich auch, dass solche Einschüchterun- gen ab und zu auch gezeigt wurden, wo es nicht nötig war, und sol- ches veranlasste dann besonders die Offiziere zu ironischen Be- merkungen. Oft war es auch einfach die Sprachbarriere, die dem besseren Verständnis untereinander im Wege stand.

Ein besonders tragischer Zwischenfall ereignete sich im Dorf Chor- titz am späten Abend des 1. Februar 1934, als die Kriegsfront schon weit im Nordwesten war.

Martin W. Friesen befragte Augenzeugen des Vorfalls und schrieb ihre Erlebnisse auf. (Spätere Überlieferungen weichen an manchen Stellen von den Berichten ab.) Dadurch rückt der Vorfall von Chor- titz in jener Sommernacht näher an uns heran:

Jugendliche aus den Familien Johann W. Fröse und Abram F.

Giesbrecht machten am besagten Abend eine Spazierfahrt zu Freunden nach Straßberg und kehrten etwa um 11 Uhr zurück. Es war eine mondhelle Nacht. Es blieb für einige noch eine kurze Strecke zu Fuß zurückzulegen. Die Straße war hier von dichtem Busch gesäumt. Plötzlich sprangen vier oder fünf Soldaten hervor und stürzten sich auf das eine Mädchen (es war Neta Giesbrecht), das noch wieder loskam und mit andern um Hilfe rief.

Cornelius W. Fröse (wie auch andere) hörte die Schreie und mein- te, übermütige Jungs ließen sich mal wieder gehen. Doch sehr bald merkte er, dass es Not- und Hilfeschreie waren. Rasch zog er sich an und lief auf die Straße und zur Stelle mehr auf dem Ostende des Dorfes, von wo die Rufe kamen. Die Soldaten hatten sich eines der zurückkehrenden Mädchen bemächtigt und zogen damit ab. Diese Soldaten hatten ihr Lager auf Km 216. Onkel Fröse war derjenige, der die Bande auf den Fersen war. Er kam sich alleine vor. Er rief den andern, die hinter ihm kamen zu, sie sollten schnell kommen. Die Soldaten feuerten Schuss auf Schuss über die Köpfe der An- stürmenden, dass die Feuergarben ihnen nur so entgegenrollten. Onkel Fröse erreichte die Horde. Nur mit ein paar festen Handgrif- fen befreite er das Mädchen, das selbst alles Mögliche tat, um sich zu befreien.

Die Soldaten schlugen mit den Gewehrkolben auf Onkel Fröse ein, doch er knickte nicht. Der Vater des Mädchens (47 Jahre) und an- dere Chortitzer waren nun auch schon in der Nähe. Der Vater rief seine Tochter noch zu: „Rann schwind no Hus!" („Lauf schnell nach Hause!) Dann krachte noch wieder ein Schuss - und alles war still. Die rauen Gesellen ergriffen die Flucht.

Erschöpft, nachdenklich und schweigsam gingen Fröse und die an- deren nach Hause. Alle legten sich wieder zur Ruh - erschüttert von dem Ereignis, doch dankbar für die wunderbare Erhaltung in der Gefahr, in der sie gewesen waren. Erst jetzt wurde ihnen wohl so richtig bewusst, dass sie in großer Todesgefahr geschwebt hatten.

Doch sie wussten noch nicht das Ende.

Bald kamen die Giesbrechts Kinder und fragten, wo denn der Vater (Abram Giesbrecht) bliebe, der kehre nicht heim. Die Nachricht wurde das Dorf entlang geschickt. Man dachte schon, die Soldaten hätten ihn mitgenommen, obwohl niemand etwas gemerkt hatte, denn alle liefen ja um ihr Leben, als das Mädchen endlich befreit war. Sie gingen nun die Straße entlang zur Stelle, wo sie von den Soldaten los gekommen waren. Dort fanden sie die Leiche des Vermissten in einer schauerlichen Blutlache, das Gesicht zerfetzt. Die mörderische Kugel war ihm aus nächster Nähe von hinten in den Rücken geschossen worden, wobei sie ihm vorne das Kinn vollständig weggerissen hatte.

Nur denn - das war ja eigentlich das, womit jeder für sich gerechnet hatte, vor allem Cornelius W. Fröse, der so unmittelbar zupackte und das Mädchen von den Rohlingen freimachte. Er empfand es als eine wunderbare Bewahrung durch Gottes Hand, dass die nunmehr erboste Bande ihn nicht einfach erledigt hatte. Er kam, abgesehen von den Hieben, heil davon.

Onkel Fröse war damals ein 47-jähriger Mann und Familienvater, das Mädchen in Not war nicht sein Kind, nicht mal seine Verwand- te. Er aber stürzte sich, indem er sein Leben aufs Spiel setzte, zwi- schen die gierigen Kerle und das verängstigte Mädchen. Bruder Fröse hat diese seine Tat niemals als etwas Besonderes hervorge- tan.

Von der Kolonieleitung hatte man sich auf schnellstem Weg beim Militär gemeldet und diese Tat angezeigt. Soldaten kamen aus dem Militärlager bei Km 216 und die Mörder wurden gefangen und ab- geführt. Allem Anschein nach waren es Deserteure, die schon vor- her einmal in einer Nacht in ein Heim im selben Dorf bei einer Witwe mit etlichen Mädchen versucht hatten einzudringen. Aber aufgrund des Geschrei der Mädchen kamen die Nachbarn herbei und die Soldaten verschwanden. Die Regierung versprach nun, al- les zu unternehmen, um weitere schlimme Vorkommnisse dieser

Art zu vermeiden.

Die Mordtat erschütterte die ganze Kolonie und am 3. Februar wurde Abram Giesbrecht unter Beteiligung vieler Trauergäste dem Schoße der Erde übergeben. Da die Mutter auch erst vor ein paar Monaten gestorben war, blieben die Kinder als Vollwaisen zurück und wurden bei verschiedenen Familien in Menno untergebracht.

Von Giesbrecht wurde anschließend gesagt, dass er wohl eine Vorahnung von seinem schnellen Tode gehabt habe, denn wiederholt hatte er sich in den letzten Monaten geäußert, dass er die Aussaat wohl bestellt habe, aber die Ernte bestimmt nicht einbringen werde.

Ein Grabstein auf dem alten Friedhof in Chortitz erinnert bis heute an den heldenhaften Mann, der sich in die Gefahr von gewalttäti- gen Soldaten begab, um ein unschuldiges Mädchen zu retten, und dabei selber zum Märtyrer wurde.

Von Fröse und den tapfern Männern von Chortitz ist im Nachhin- ein nicht viel geredet worden, vielleicht, weil der Schrecken des Todes größer war als das Bewusstsein der Heldentat. Und doch war es eine Heldentat, der Lebenseinsatz für die Ehre eines anderen, an die es zu erinnern lohnt, wenn das Gebot der Stunde stärker ist als die Angst vor den Kugeln.

Nachtrag - was geschehen sein soll: Wie die Täter dann bestraft worden sind, weiß man nicht. Später belauschte ein Mennosiedler im Hotel von Puerto Casado ein Gespräch unter Spanischredenden, bei dem offensichtlich einer der beteiligten Soldaten einem anderen den Vorfall erzählt. Er meinte, wenigstens ein Mennonit habe doch wohl auch im Krieg fallen müssen.

Bibliografie:
- Im Dienste der Gemeinschaft, Februar 1973, Seite 1 - 2.
- Mennoblatt, Februar 1934
- Mennoblatt, Peter P. Klassen
- Menno Aktuell, Michael Rudolph / Heinrich K. Braun, Juli 2003, Seite 8

Buchbesprechungen

Gebhard, Lilli: *Identitätskonstruktionen russlanddeutscher Mennoniten im Spiegel ihrer Literatur*. Peter Lang 2014, SS. 385

Was ist wichtig, um seine Identität zu bewahren, oder um sie zuerst einmal zu finden? Wie stellt man fest, wer man ist und was einen kulturell von anderen unterscheidet?

Verallgemeinerungen sind leicht gemacht, indem man sagt: „Die Mennoniten", und man bezieht sich aufgrund einer Erfahrung auf viele Menschen, oder: Die Indianer im Chaco …

Frau Lilli Gebhard analysiert in ihrer Dissertation die Identität der russlanddeutschen Mennoniten, die „Aussiedler" wie auch „Russlanddeutsche" sind. Erst durch das nähere Betrachten dieser Grup- pe kann man die Identität derselben konstruieren, ausgehend von ihrer Literatur. Sie untersucht, welche Einflüsse sich auf das Leben auswirken, und wie diese sich dann in der Literatur einzelner Personen oder auch einer Volksgruppe, äußern.

Lebensbeschreibungen, Gedichte und Erzählungen der russlanddeutschen Mennoniten geben Einblick in den Glauben, die christli- che Gemeinschaft, in die Herkunft (kulturell), aber es ist nicht im- mer ganz klar, wer Mennonit ist und wer nicht. Diese inneren Un- terschiede und Abgrenzungen werden von außen oftmals kaum wahrgenommen. Die Verbindung besteht durch Sprache, gemein- same Traditionen, Glaubensüberzeugungen, kulturelle Aspekte und ihre Herkunft.

Die Literatur der russlanddeutschen Mennoniten wird durch die Dichte Beschreibung analysiert und gedeutet. (Dichte Beschrei- bung: Ein Verständnis der Kultur in dem der Forscher eigene Herangehensweisen einbringt und durch die man nicht nur das Sichtba- re erfasst, sondern dahinter Denkstrukturen sieht, und die Bedeu- tung der Handlungen so zu verstehen versucht, wie es der Handelnde (Autor) - möglicherweise - sieht). Dadurch wird klar, dass Begriffe wie Familie, Heimat, Dorf, Gemeinde, Sehnsucht, Him- mel oder Welt eine große Bedeutung haben.

Ein paar Beispiele: HEIMAT nimmt einen sehr bedeutenden Raum ein. Ist es ein Raum, ein Konstrukt, die Geborgenheit, die Herkunft, die vertraute Umgebung, die Gemeinschaft, die Zugehö- rigkeit, oder das Wohlbefinden und sogar die Jenseitsvorstellung? Elternhaus und Dorf bilden Heimat. Heimat ist nach Hause kom- men, ist zu Hause, unter sich, leben. Es drückt eine Verbundenheit aus mit dem Hof, mit dem Haus, mit Menschen, mit gutem Leben, mit Gewöhnung und Familie, aber durch auch Abwesenheit von Angriffen. Und es fließen da Begriffe wie Schutz, Sehnsucht, Himmel und Liebe mit ein. Fremd dagegen ist das, was bedrohlich ist, chaotisch, verunsichernd, fernab von den Lieben.

Heimat ist Annahme, Ruhe, Schutz und Frieden, ein nicht zwin- gender Ort. Aber Heimat ist auch im (der) HIMMEL, das Vater- haus, das hochgelobte Land, das totale Sicherheit gibt. Es ist der wahrhaft paradiesische Ort, in dem Gemeinschaft mit Gott unver- gänglich ist. Deshalb ist der Himmel als neue Heimat Ziel des irdi- schen Lebens, denn da ist kein Leid mehr, das Leben wird in der Gottesbegegnung erfüllt, es bestehen dort innere Ruhe, Stille, völ- lige Zufriedenheit und Unvergänglichkeit.

Alles das wird geschildert aufgrund des innigen Glaubens der Au- toren, die eine tiefe Jenseitssehnsucht äußern. Von diesem End- punkt her wird das Leben auch interpretiert und gelebt, so die Fest- stellung.

Weitere untersuchte Aspekte sind: Heimatlosigkeit, Hoffnung, Fa- milie, die „Anderen", das Dorf und das „Deutschsein" der Menno- niten.

In der Selbstdarstellung sehen sich die russlanddeutschen Menno- niten als: Bauern mit ausgezeichnetem Fachwissen, fleißig, Helfer in Not, Besitzer guter Traditionen und wohlhabend, gepflegt, lei- densfähig, bescheiden, gottesfürchtig und zurückhaltend. Aber es kommen auch Gefühle der Schwäche zum Ausdruck (wie eine Scherbe), man ist klein, wertlos, unsicher, hilfsbedürftig, und das Leben muss bewältigt werden. Vorfahren werden geehrt und Mi- gration ist Teil der Geschichte.

In persönlicher Lebensgeschichte werden Lebenswelten dargestellt, sehr stark geprägt vom Jenseitsdenken. Wichtig ist: Plattdeutsch ist exklusiv, ist eng verbunden mit Glauben. Sprache und Kultur geben, gemeinsam mit der Religion, Identität. Die Dichte Be- schreibung bringt hervor, dass es eine Kollektivsymbolik gibt, um Erlebtes darzustellen (Symbole: Sturm, Kampf, Angriff, Hafen). Sie lehrt, so Gebhard, dass der HIMMEL das Ziel ist und auf ei- nem dornigen, steilen und schmalen Weg erreicht werden kann, al- so durch das Leben hier auf der Erde.

Heimat, Himmel und Sehnsucht bilden das Grundgefühl der russlanddeutschen Mennoniten. Eines dieser Elemente kommt grundsätzlich zum Zuge.

Zugehörigkeit bezieht sich in erster Linie auf Familie, danach aber auch auf Gemeinde (religiöse Überzeugung), die auch als erweiter- te Familie angesehen wird. Aber auch das Dorf gibt Zugehörigkeitsgefühle.

Am Ende wird aufgefordert zu überlegen, wie sich diese Kultur und Literatur weiter entwickeln wird, oder ob sie überhaupt eine Chance hat, als eine Minderheitskultur in einer modernen Kultur ihrer Umgebung zu überleben.

Das Buch gibt einen detaillierten Einblick in Bereiche, die die russlanddeutschen Mennoniten durch ihre Literatur geschildert haben, und dadurch bekommt man manche Einblicke in die Denkstruktu- ren dieser Leute.

Für mich persönlich ist sehr vieles direkt nachvollziehbar, weil …

… meine Vorfahren 1874 aus diesem russlanddeutschen Umfeld ausgewandert sind, und Deutsch, Dorf, Heimat, Himmel und man- ches mehr im sehr ähnlichen Verhältnis erhalten geblieben sind.

… die Lebensgeschichten, die bei uns entstanden sind, ähnliche Inhalte aufweisen und auch manche Parallelen in der Schlussfolge- rung aufweisen.

… das alltägliche Leben sehr stark von Begriffen wie Familie, Heimat, Gemeinde oder Himmel geprägt ist.

… Literatur der Paraguaymennoniten sich im Allgemeinen auch mit ähnlichen Begriffen auseinandersetzt und der Autor bewusst oder unbewusst das Bild der handelnden Personen prägt.

… ich in einem interkulturellen Umfeld lebe, in dem große Unterschiede zwischen den Volksgruppen bestehen, die hier leben, so dass ich lernen muss, die eigene Kultur auch aus der Perspektive anderer zu sehen. Dadurch kann ich auch mein eigenes Handeln bewusster nachvollziehen, begründen oder korrigieren.

Frau Gebhards Studie ermöglicht manche wertvolle Schlussfolge- rung.

Das Buch ist vor allem empfehlenswert für Leute, die sich mit Stu- dien von mennonitischen Gesellschaften, Volksgruppen oder auch einzelnen Personen befassen, um diese von innen zu sehen und ihre Denkstrukturen näher kennen zu lernen, die sich in der Literatur erwiesenermaßen äußern.

Am Schluss des Werkes findet sich eine ausführliche Liste der wissenschaftlichen Literatur, sowie ein detailliertes Quellenverzeich- nis, das für die Arbeit verwendet wurde.

Uwe Friesen

Helmut Isaak, *Meine Memoiren. Aus einem segensreichen Mennonitischen Wanderleben.* Quickborn 2015, 155 SS.

Nachdem der Autor dieser Memoiren die Biographie seiner Eltern verfasst hatte („Glaubet ihr, so bleibet ihr", 2013), unternahm er es, einiges an Erinnerungen seines eigenen Lebens mitzuteilen. Damit ist jedoch keine Fortsetzung oder Ergänzung im Sinne einer Familiengeschichte beabsichtigt, wie manche Leser es womöglich er- warten würden. Der Autor will nur die Schlüsselerfahrungen und Bewertung seines Lebensweges wiedergeben. In der kleinen Dorfgemeinschaft besonders, und in der Siedlungsgesellschaft ebenso, war es zwar unvermeidlich, dass jede Person mit ihrer Fa- milie in Bezug gebracht und charakterisiert wurde. Wenn es in die- sen Memoiren auch ausdrücklich nicht darum geht, diesem Hang Vorschub zu leisten, so zeichnen sie trotzdem ein Bild der Gesell- schaft seiner Herkunft, welches für die meisten der Leser irgendwie vertraut klingen wird. „Die Wahrheit wird euch frei machen. Wel- che Wahrheit?" - So wird der erste Teil des Buches betitelt. Die Frage deutet die Richtung an. Was wahr ist, wird in der kleinen, strikt geführten Siedlungsgemeinschaft nun einmal eng definiert, und verteidigt. Die Zensurmechanismen gegen Personen welche diese Wahrheit implizit oder explizit in Frage stellen, sind vielfäl- tig. Offene Konfrontation dürfte dabei noch als der ehrliche und gesunde Weg gelten; meist handelt es sich aber um Ignorierung, kühler Distanz oder Gerüchte, die gezielt Misstrauen erwecken und eine sinnvolle Rolle in der Gesellschaft so lange erschweren, bis die Person selbst die Konsequenzen zieht und sich anderswo ein Arbeitsfeld sucht. Insofern stehen die von Isaak festgehaltenen Memoiren exemplarisch für manch ein Individuum, manch einer Familie die dadurch „zum Wanderstab" griff. Bei einer Gelegenheit bemerkte der Autor dass „eigentlich jeder gute Mennonit minde- stens einmal im Leben ansiedeln müsse". Er sah diese Pflicht als erfüllt an, nachdem er mit seiner Familie in einem entlegenen Winkel des Sumas Mountain, bei Abbotsford, ein Stück Land erworben hatte, ein Großfamilienhaus aufgebaut, und eine kleine Wirtschaft bestellte.

Typischer jedoch, als diese Siedlungserfahrung, war für ihn ein anderes „mennonitisches Merkmal", nämlich die Mobilität. In jungen Jahren zog es ihn hinaus aus dem engen Chaco, in die große Welt, auf der Suche nach Bildungsmöglichkeiten. Das Bibelseminar in Montevideo wurde in den Jahrzehnten zur idealen Gelegenheit für viele junge Menschen aus dem Chaco. Im Anschluss an das Grund- studium folgten Jahre des kreativen Einsatzes im Chaco, zur Zeit der Bildungsreformen in der Kolonie Menno und der Anfänge der Missionsarbeit unter Paraguayern, entlang des neu entstandenen Transchaco-Weges.

Hierauf folgten Jahre des Weiterstudiums in Amsterdam, wo er Menno Simons im holländischen Original seiner Schriften erfor- schen konnte. Die Absicht dabei war, wenn möglich zu promovie- ren, um anschließend am Bibelseminar in Montevideo (später Asunción) zu unterrichten. Manch ein Hindernis stellte sich nun aber in den Weg, vor allem das Misstrauen einiger Glaubenshüter in der Südamerikanischen Konferenz der Mennonitengemeinden, welche ihm die Frage vorlegten, ob der Prophet Jona im Fisch- bauch gewesen sei? – ja oder nein. Viele Jahre später bemerkt er mit einem Schuss Humor, dass die Konferenz der MBG in Alberta, die ihn zum Prediger ordinierte, ihn bei der Prüfung nicht nach Jo- na im Fischbauch gefragt habe...

Kurz, die Erfahrungen in Paraguay waren Ermunterung genug, nach etlichen Jahren die Einladung zu einem Pastorenamt in Kana- da anzunehmen, und 1981 den Wohnsitz der Familie endgültig in dieses Land zu verlegen. Der größere Teil der Memoiren befasst sich mit dem abwechslungsreichen Arbeitsleben, welches sich in den Jahrzehnten danach entfaltete. Pastorenämter in verschiedenen Gemeinden, mit Gliedern aus ganz unterschiedlichen Hintergrün- den. Einsätze im Ausland, wie auch in sozialer Beratungsarbeit bei den Altkoloniern in Mexiko, Bolivien und bei solchen, die zurück nach Kanada gewandert waren. Bei kurzen Unterbrechungen dieser

Routinearbeit, war es dem Autor auch vergönnt, akademisch zu arbeiten. Dabei verfasste er ein Werk über Menno Simons (Menno Simons and the New Jerusalem), das zu schreiben ihm schon seit den Studienjahren in Holland vorgeschwebt hatte.

Die reichhaltigen Erfahrungen in einem breiten Spektrum des Mennonitentums – neben ökumenischen Begegnungen mit anderen Konfessionen – haben seinen Blick für die unterschiedlichen Glaubenshaltungen des Menschen geschärft. Da die Spannungen im Bereich theologischer Fragen nicht nur persönlich zutiefst empfunden wurden, sondern auch z. T. das Schicksal seiner Familie mitbe- stimmt haben, stellt er zu Beginn des Buches eine Übersicht seines Verständnisses biblischer Wahrheit. Damit werden von vornherein Missverständnisse ausgeräumt, denn das klare Bekenntnis zu einem christlichen, an der täuferischen Tradition orientierten Glaubensle- ben soll keineswegs verheimlicht werden. Rückblickend empfindet Isaak sein bewegtes Leben als Segen. Mitglieder seiner Familie, Menschen, die ihn persönlich kennen, Ex-Studenten, die ihn im Hörsaal erlebt und geschätzt haben, werden dies Buch gern lesen und ihm somit ein Stückweit auf seinem Lebensweg begleiten.

Gundolf Niebuhr

Gerhard Ratzlaff: *Cambyreta ist eine Reise wert,* Asunción 2015, 111 SS.[103]

„Cambyreta ist eine Reise wert", so schreibt Heinrich Ratzlaff in dem Erlebnisbericht über seine Arbeit als junger Lehrer zwischen 1942 bis 1945 in der Urwaldsiedlung Cambyreta in Itapúa. Heute - 70 Jahre danach - ist es eine verwunschene, vielleicht sogar verges- sene Welt, jenes Cambyreta am Ende der damaligen Welt.

Heinrich Ratzlaff bekam als junger Lehrer vom Deutschen Volks- bund den Auftrag, eine Schule zu übernehmen, die wegen der Pro- bleme, die zwischen Nazianhängern und Nazigegnern entstanden waren, nicht mehr funktionsfähig war. Er wagte das Abenteuer in das unbekannte Cambyreta.

Stellen wir uns vor, der Lehrer in unserer Schule schreibt die Schü- ler für das nächste Schuljahr ein. Er fragt: „In welcher Klasse war Ihre Tochter?" – „Das weiß ich nicht so genau, sie war wohl so in der Mitte!" – „Aber sie kann doch lesen und schreiben?" – „Das will ich meinen. Aber meine Frau wird da besser Bescheid wissen."

Und: Woher sollte das Lehrergehalt kommen? Das Schulgeld be- trug nur einige Dutzend Eier pro Kind. Das reichte bei Weitem nicht aus, um einen Lehrer zu löhnen. Die Einkommen der meisten Kolonisten aber waren gering. Da mussten andere Wege gesucht werden.

Andererseits wurde dem neuen Lehrer aus der „grünen Hölle" auch nicht viel Vertrauen entgegengebracht. Dort, wo die Jagdgründe der wilden Indianer liegen, sollte es eine Lehrerausbildungsstätte geben? Abenteuerlust und Mut hätten wohl nicht ausgereicht, das zu bewältigen, was da auf ihn zukam.

Und dann - ging es besser als vorauszusehen gewesen war. Für al-

---

[103] Mennoblatt Nr. 14, 2015, S. 5.

les schien er „gut genug" zu sein, der „neue" Lehrer, weil es über- all und immer an allem fehlte. Nicht nur musste er sich die Schüler erst einmal einzeln „einsammeln", nein, sogar ein Begräbnis anlei- ten und Theateraufführungen mit Jugendlichen organisieren - wer sollte es sonst machen! Das Vertrauen der Siedler, das er gewinnen konnte, war seine Belohnung.

Auch das Schulleben gestaltete sich allmählich lockerer. Und als „Belohnung" für gute Mitarbeit konnte ein Schulausflug zum 12 km entfernt gelegenen Paraná organisiert werden. Dort gab es eine Badestelle, man konnte kurze Bootsfahrten machen und fischen. Für den Rückmarsch brauchte man mehr als zwei Stunden. In man- chem, was der Urwald zu bieten hatte, waren die Schüler dann ih- rem Lehrer überlegen.

Internationale politische Umstände machten seiner Tätigkeit aber nach vier Jahren ein Ende. Der Zweite Weltkrieg hatte seine be- dauerlichen Auswirkungen bis in diese Urwaldsiedlung.

Aber die Verbindung mit Cambyretá wurde nach Jahren wieder aufgenommen, und eine Reihe weiterer Lehrer und Prediger haben auf- bzw. weitergebaut, was Heinrich Ratzlaff einmal angefangen hat. Er selbst hat in den Jahren 1950 bis 1955 Sommerbibelschulen abgehalten - und sein Interesse an der Entwicklung dieser Siedlung niemals verloren. Und die Ergebnisse seiner Tätigkeit sind noch heute in Cambyretá spürbar. Unterhaltsam, spannend, als wäre man mit dabei, so nimmt der Text den Leser gefangen.

Der bekannte Autor Gerhard Ratzlaff hat den Bericht von Heinrich Ratzlaff nun mit Erklärungen versehen, und er schreibt dazu: „Sei- ne Kinder (Lehrer Heinrich Ratzlaffs) haben sich entschlossen, die- ses wertvolle historische Dokument zum Andenken an die beein- druckende Arbeit ihres Vaters für Verwandte, Freunde und Be- kannte zu veröffentlichen."

Es ist wirklich eine Reise wert in eine unbekannte Welt, nach Cam- byretá, wie es vor 70 Jahren war.

Lily August Filadelfia

Tagung - Mennoniten und der Nationalsozialismus

Uwe Friesen

In Münster, Deutschland, fand vom 25. - 27. September des Jahres eine Geschichtstagung bzw. ein Symposium zum Thema „Stimmen, Lebenssituationen, Erfahrungen: Mennoniten in der NS-Zeit" statt.

Mit der Herausforderung, sich dem oben genannten Thema einmal auf einer Tagung zu stellen, hatte sich der Mennonitische Geschichtsverein in Deutschland schon längere Zeit beschäftigt. Der Wunsch, sich einmal öffentlich und ausführlicher mit dem Thema zu befassen, wurde dann an den drei Tagen Wirklichkeit. Es fand ein intensiver Austausch statt über die Rolle, die Mennoniten (Wiedertäufer) in der Zeit des Nationalsozia- lismus zwischen 1933 und 1945 einnahmen. Um einen vielseitigen Ein- blick zu bekommen, waren im Vorfeld möglichst viele Stimmen gesam- melt worden, die die verschiedenen Aspekte der NS-Zeit beleuchteten. Dazu waren Teilnehmer vor allem aus Deutschland angereist, aber auch aus Paraguay, USA und Kanada, Schweiz und Holland.

Organisiert wurde diese Tagung vom Mennonitischen Geschichtsverein in Deutschland. Dieser Verein besteht schon seit 1933 und hat seinen Sitz in Weierhof, Bolanden, wo sich auch die Forschungsstelle mit mehr als 20.000 Büchern, Zeitschriften und Dokumenten befindet, die zur For- schung für Interessenten aus aller Welt zugänglich ist. Außer der For- schungsstelle unterhält der Verein u. a. auch die Mennokate in Bad Ol- desloe bei Hamburg.

Warum Münster für die Tagung? In dieser Stadt ereignete sich die Radi- kalisierung der Täufer. Münster hat als Stadt viel Täuferisches zu bieten;

in der Religionsgeschichte ist diese Episode aus den Jahren 1532-35 oft- mals als ein unsauberer Fleck (nicht nur) in der Täufergeschichte darge- stellt. Es ging auch darum, diese Geschichte einmal aus einem anderen Blickwinkel zu erfahren, was bei einer Führung durch die Altstadt sehr gut gelungen ist und manche negativen Vorurteile, die in Büchern her- vorgehoben werden, konnten abgebaut werden.

Zu den Vorträgen und Zeitzeugenberichten:

Diese waren gezielt so ausgewählt und gestellt, dass zum einen aus der Zeit in Deutschland vor Hitler verschiedene Blickwinkel hervorgehoben wurden, dann aber auch die Haltung der Mennoniten während der NS- Jahre, aus der Sicht der Jugend und auch der Erwachsenen. Viel Beach- tung fand die Jugend in der NS-Zeit, weil sie auf den selbstlosen Einsatz für den Staat und den Führer systematisch organisiert und vorbereitet wurde. Auch in der Schule wurde die NS-Ideologie indoktriniert. Nach dem Zusammenbruch des Nationalsozialismus kam dann auch unter Mennoniten das große Schweigen, das sich zum großen Teil bis heute ge- zogen hat. Die Verschuldung war peinlich, aber eine neue Generation (von Geschichtlern und Interessenten) hat erkannt, dass durch Todschweigen keine Lösung herbeigeführt wird.

Eine ganz besonders persönliche Facette erhielt die Tagung durch die Zeitzeugenbeiträge. So berichtete zum Beispiel Elfriede Lichdi über ihre Mädchenjahre während des Krieges („Helfen ist das wahre Glück der Frau"); andere berichteten von der Front, in die sie als Kämpfer hineinge- raten waren. Kriegserlebnisse der Vorfahren stellte auch Arno Thimm (geboren in Preußen) vor, und auch in Holland wurden Mennoniten durch die Besatzung von den Nazideutschen unterdrückt. Ralf Schowalter be- richtete von seinem Vater, den er eigentlich erst in letzter Zeit durch die Rundbriefe so recht kennen gelernt hat, und er sagte: „Die Mennoniten waren so sehr mit der NS-Materie verwoben, wie ich es mir nie vorge- stellt hätte." In den Rundriefen von Mennoniten aus der Zeit der national- sozialistischen Regierung finden sich Aussagen wie: *„Ich freue mich auf den Einsatz im Krieg - auf den Kampf gegen den Bolschewismus, denn,*

die Stunde der Freiheit bricht an und wir dürfen da mithelfen.“ Andere Zeitzeugen schrieben damals: *„Wir müssen dem lieben Gott jeden Tag dafür danken, dass wir dieses bewegende Ereignis miterleben“; „Alle Soldaten, die hier kämpfen, erledigen Gottesdienst im wahrsten Sinne“;*
„Der Herrgott steht sichtbar auf unserer Seite.“ Der NS wurde also nicht als Einschränkung der Freiheit gesehen.

Es gab auch Stimmen von Mennoniten, die sich gegen die NS-Ideologie stellten. Nicht nur Anpassung, sondern auch Widerstand und Abneigung wurden geäußert. Denn wenn man nur glaubt, was andere glauben, ist der eigene Glaube ja ein toter Glaube. NS und Evangelium waren nicht zu vereinbaren, sagte man, denn beide erhoben Anspruch auf den ganzen Menschen. Wenn Nationalsozialismus auch eine Art Gottesdienst ist, dann sollten Christen sich nicht daran beteiligen.

Die Frage, die sich immer wieder stellte, war: Wie ist die Aufarbeitung der NS-Vergangenheit unter Mennoniten gelaufen? Sind Mennoniten mitschuldig geworden, wenn sie sich nicht gewehrt haben, oftmals auch nicht einmal genau wussten, was geschah, oder wenn sie zu dem, was sie wussten, geschwiegen haben? Die Identifikation vieler Mennoniten mit der NS-Ideologie war vor allem gegen den Bolschewismus gerichtet. Man war der Meinung: Nur ein deutscher Sieg kann bewirken, dass die mennonitische Glaubensgemeinschaft weiter besteht. Da Hitler die ‚Alte Ordnung’ herstellen wollte, haben Mennoniten sich entschlossen, Gleiche unter Gleichen zu sein. Man suchte Anpassung, Integration, Anschluss.

Mennoniten waren schon ab 1919 Mitglied in der NS-Partei (in der SA - Sturmabteilung, in der SS - Schutzstaffel), sie waren Beamte, Politiker, Landräte, Schatzmeister, Offiziere und Soldaten.

Betonung fand quer durch die Tagung: Wir können aus der heutigen Sicht, mit dem Blick zurück, nicht verurteilen, denn wir sind nicht dabei gewesen, wir können urteilen und Schlüsse ziehen, um erneut Fehler vor- zubeugen. Wir sollten nicht bewerten, sondern feststellen. Und wir soll- ten den Mut haben, gegen Unrecht einzustehen, auch wenn es gegen Ob- rigkeiten geht oder wir in der Minderheit sind.

Stimmen von Beteiligten, die selber einen Beitrag geleistet haben oder aber einfach als Zuhörer dabei waren, folgen:

Astrid von Schlachte, Vorsitzende des Mennonitischen Geschichtsverein von Deutschland, sagte: *„Wir hinken in der Aufarbeitung dieses Themas sicherlich hinter anderen hinterher. Wir beabsichtigen mit diesem Sym- posium eine Art Spagat zu schaffen, wobei wir wissenschaftliche Vorträ- ge ganz bewusst aufgesetzt haben, aber dann eben die ausführlichen Sek- tionen, wo wir Zeitzeugen oder auch die Quellen sprechen lassen. Ganz wichtig war uns, dass wir aufarbeiten, dass wir die Quellen sprechen las- sen und dass wir vermeiden zu verurteilen. Dafür sind wir nicht da. Wir wollen die Geschichte sichtbar machen, sichtbar machen was passiert ist und warum etwas passiert ist. Wir wollen die Motive aufdecken, ins Inne- re hineinschauen und uns auch fragen: Warum haben Mennoniten so ge- handelt wie sie gehandelt haben? Wie man sieht, es ist ein Anfang. Wir stehen, was Quellenforschung angeht, gerade mal am Anfang."*

Alfred Neufeld aus Paraguay: *„Das Thema war bisher doch ziemlich stark verdrängt worden. Es ist beeindruckend, wie ehrlich man sich an die bedrückenden Tatsachen heranwagt. Vielleicht fragt man sich, was das mit Paraguay zu tun hat. Nun, die Vernetzungen waren viel stärker als uns heute bewusst ist. Es sind eine Menge Dinge, die in Deutschland ihren Ursprung hatten, die aber unsere Gemeinden und unser lokales, nationalsozialistisches Kapitel sehr stark mitgeprägt hat."*

John Roth aus Goshen, USA: *„Ich denke es ist ganz gut, dass Mennoni- ten zusammenkommen und das Thema öffentlich und respektvoll bearbei- ten und besprechen. Die Frage von der Identität und des Glaubens, von Rassenideologie, das unbequem ist, das steckt irgendwie in unserer Selb- stidentität, die Idee, dass wir genetisch verbunden sind. Das muss kritisch besprochen werden."*

Lene-Marie Funck-Späth aus Deutschland: *„Beeindruckt haben die au- thentischen Berichte über Briefe und Literatur, von den Vätern oder Per- sönlichkeiten, über die Haltung gegenüber Nazideutschland, aber auch über die Ursachen, warum scheinbar eine Welle der Begeisterung auch bei deutschen Christen und bei deutschen Mennoniten entstanden ist. Ei-*

ne Sehnsucht nach etwas Neuem, die Sehnsucht nach einer heilen Welt, die Hitler offenbar vorgaukeln konnte."

Bernhard (Ben) Goossen aus Kansas, USA: "*Viele Stimmen sind herausgekommen. Es sind viele neue Forschungsvorschläge, die hier entdeckt wurden. Es ist überraschend, wie dieses Thema bearbeitet wird, denn vor ein paar Jahren als ich angefangen habe zu forschen, wurde mir gesagt, dass es ist immer noch ein bisschen umstritten ist. Die Leute sind ziem- lich offen und bereit, auch die schwierigsten Themen zu bearbeiten. Es ist wichtig, als Christen und Mennoniten für die Vergangenheit Verantwor- tung zu haben, um heute damit verantwortlich umzugehen.*"

Hans Theodor Regier aus Paraguay: "*Als Mitglied im Beirat des Mennonitischen Geschichtsvereins in Deutschland konnte ich schon bei den Vorbereitungen dabei sein. Es war eine Not da, sich mit dieser Thematik auseinander zu setzen. Interessant war, wie manche doch schockiert dar- über sind, wie die eigenen Geschwister sich in der damaligen Zeit verhal- ten haben. Wie sie ihre Prinzipien und Werte vertreten haben, bzw. nicht vertreten haben, wie sie als Einzelne damit umgegangen sind, wie man sich mitreißen lassen hat von der Hitler-Ideologie. Die Frage für uns ist: Was können wir daraus für unsere heutige Situation lernen? Wie verhal- ten wir uns heute mit dem Erbe der Täufer im Alltag, was bedeutet es für uns im Geschäftsleben, im Gemeindeleben, im kulturellen Bereich?*"

Eduard Thun aus Detmold sagte: "*Es ist wichtig, dass man über diese Zeit redet, dass man die Ereignisse dann auch geschichtlich richtig ein- ordnet. Es soll ja auch dazu dienen, dass wir zum Teil etwas vorsichtiger sind, aber auch etwas offener, auf die politischen Entwicklungen achten, damit es so etwas nicht wieder gibt.*"

Ein weiterer Teilnehmer, Viktor Sawatzki aus Detmold, kommentierte: "*Ich denke, wir sind nicht immer ganz ehrlich mit uns. Ja, wir sagen, wir sind wehrlos, so steht es geschrieben, und damit geben wir gerne ein bisschen an. Aber wenn wir in die Praxis hineinschauen, denke ich, dass es gar nicht stimmt. Wir sind es auf dem Papier, aber nur viel zu wenig. Wir stellen die Ideologie höher als das, was wir leben. Mancher ging ins Militär. Es bedeutet für mich mehr Fragen zu haben als Antworten. Ich sehe hier eine Gefahr: Wenn wir hier ganz groß darüber reden, und aber auch in den Krieg gehen, dann sollten wir doch ganz vorsichtig   sein."*

Gary Waltner, Leiter der Mennonitischen Forschungsstelle am Weierhof: *„Wie ist es so weit gekommen? Was haben die Leute so persönlich er- lebt? Was hat der normale Mensch in der Zeit erlebt, persönlich, in der Familie, in der Gemeinde? Es sind kleine Schritte, die zu etwas Größe- rem geführt haben, und diese kleinen Schritte wollten wir mal etwas nä- her untersuchen. Wir dürfen aber nicht vergessen, dass es eine Diktatur- Zeit war, und dass die Menschen damals persönlich wirklich wenig gegen so einen Staatsapparat setzen konnten. Wir wollen wissen, wie es so weit kommen konnte. Sie wurden ja mitgerissen, und wir wären es ja vielleicht auch. Ich würde mich hüten, hier irgendjemand schuldig zu sprechen, weil ich nicht weiß, wie ich reagiert hätte, hätte ich in dieser Zeit ge- lebt."*

Daniel Stahl, der in Vertretung des Mennonitischen Geschichtsvereins in Paraguay über den Einfluss des Nationalsozialismus unter den Mennoni- ten in Paraguay einen Vortrag brachte, sozusagen einen Blick aus der Ferne, äußerte sich wie folgt zu der Tagung: *„Ich fand es schon sehr auf- schlussreich gesehen zu haben, wie wenig Widerstand es gerade unter den Mennoniten gegeben hat, die hier in Deutschland gelebt haben. Man würde meinen, in einer Gemeinde, in der Wehrlosigkeit und Politik- Enthaltsamkeit lange Zeit so hoch gehalten worden waren, dass es da auch mehr Widerstandskräfte gegen so etwas wie eine NS-Ideologie ge- ben müsste. Doch das war nicht der Fall. Ich denke, dass noch viele Fra- gen offen sind, um dieses Phänomen zu   erklären.*

Mich beschäftigt auch immer noch die Frage, wie es sich erklären lässt, dass auch in Paraguay so viel Sympathie für den Nationalsozialismus entwickelt wurde. Wie kam es dazu, dass die Mennoniten sich als Deut- sche sahen, hier in Paraguay, und dass man meinte, dass man vom Na- tionalsozialismus auch lernen könnte. Eine Schlüsselantwort für mich ist, dass man den Nationalsozialismus als eine Antwort auf den Kommunis- mus gedeutet hat, und dass man meinte, viele der Probleme und gesell- schaftlichen Konflikte in Fernheim hätten ihren Ursprung im Kommu- nismus, und dass man die Rezepte des Nationalsozialismus aufgreifen müsse, um eben diese gesellschaftlichen Probleme begegnen zu können.

Man hat den Nationalsozialismus ja grundsätzlich als nichts anderes verstanden als eine Wiederbelebung des Deutschtums, und insofern meinte man, wenn man in der Bildung mehr Wert auf das Deutschtum legen würde, dass man da auch das Erfolgsrezept desselben kopieren würde. Dass es etwas vorbei ging an dem was Nationalsozialismus eigentlich bedeutet, nämlich Rassenideologie, sozial-darwinistische Idee vom Über- leben des Stärkeren, das hat man gar nicht wahrgenommen. Man hat eben wahrgenommen, was man glaubte, was der Nationalsozialismus sei: Eine stärkere Betonung des Deutschtums.

Wenn wir uns auf die alten täuferischen Wurzeln bekennen, sollten wir in Sachen Politik eine gewisse Enthaltsamkeit üben. Der Grundgedanke war ja der: Durch freie Entscheidung kann man Veränderung bewirken. Nun gibt es aber in den letzten Jahren diese Vorstellung, man könnte über Ge- setze, über Regierungshandlungen christliche Werte hinein implementie- ren. Das denke ich ist eine gefährliche Vorstellung."

Am Ende so einer Tagung entstehen viele Fragen, darunter auch: Lohnt es sich, so ein vergangenes Thema intensiv zu behandeln, zu betrachten? Es wurde auf jeden Fall für bedeutsam erachtet, das Thema einmal in ei- nem öffentlichen Rahmen zu bearbeiten. Und für uns in Paraguay stellt sich die Frage ebenfalls, ob wir das Thema der nationalsozialistischen Zeit hier auch einmal auf einer Tagung erarbeiten sollten, damit die Ge- schichten nicht vergessen werden. Eine Herausforderung, die noch vor uns liegt, obwohl - und das wurde dort auch so gesehen - gerade in Para- guay durch schriftliches Material ziemlich viel zu der völkischen Zeit ge- sagt worden ist; aber eben mehr schriftlich als mündlich.

Protokoll der ordentlichen Jahresversammlung des Vereins für Geschichte und Kultur der Mennoniten in Paraguay am 28.02.2015

Zeit: 16 Uhr

Ort: Aula Loma Plata   22 Personen sind erschienen

1. Uwe Friesen eröffnet die Sitzung und stellt die Tagesordnung vor.

2. Heinrich Friesen leitet in einer Besinnung: Geschichten und Geschichte. Der Geschichtsverein ist gut, denn er hält Geschichte fest und bietet auch Lebensorientierung. Letztes Jahrbuch ent- hält gute Lehrstücke. Lebensgeschichten aufschreiben. Vieles wird nicht festgehalten. Die Geschichte von SMSM dürfte auch einmal geschrieben werden, und ein Team könnte sowas ma- chen. Wir haben Leute, die solche Bücher schreiben können, und es ist eine Aufgabe, wie es auch für die biblischen Schreiber eine Aufgabe war, die Geschichte festzuhalten.

3. Das Protokoll vom 31/1/2014 wird gelesen und angenommen.

4. Jahresbericht von Uwe Friesen. Heinz Dieter Giesbrecht leitet die Besprechung. Die Jahrbücher werden hervorgehoben. Der

Bericht wird angenommen.

5. Kassenbericht: Jacob Harder gibt Erklärungen. Elfriede Siemens stellt den Bericht vor. Die Frage mit dem Buchverkauf wird detailliert. Eine feste Einlage für unser Guthaben können wir noch nicht machen, weil wir als Verein dazu „Socio" werden müssen. Der Vorschlag wird gemacht, zu versuchen, ob wir mehr Zinsen für das Geld bekommen könnten. Jacob Wiebe gibt den Prü- fungsbericht. Der Kassenbericht wird damit zur Annahme emp- fohlen und angenommen.

6. Jahrbuch 2014: Feedback zum Buch wird gewünscht. Junge Schreiber werden gelobt. Die Lebensdauer des Jahrbuches, mit einer Auflage von 500, ist ca. 15 Jahre, die erste Nummer ist praktisch ausverkauft.

7. Jahrbuch 2015: Thema ist: „80 Jahre Chacofrieden". Fabricio Vázquez hat einen Beitrag zugesagt, Hannes Kalisch und Robert Wiens haben zugesagt etwas zu schreiben, andere Schreiber su- chen wir noch. Das Erdöl-Thema wird auch hervorgehoben, als ein Thema das unbedingt Erwähnung finden sollte.

8. Buchveröffentlichungen: Ebooks mit Rudolf Dück. Uwe Friesen informiert kurz hierzu.

9. Aus dem Verein ausgeschieden: Michael Rudolph ist gestorben und Marianne Dyck, Neuland, hat sich abgemeldet.

10. Neue Mitglieder: Normann Wiebe, Ernst A. Eitzen, Freia Stahl, Rodger Töws, Rudolf Dück, Hamburg, Deutschland. Diese Personen werden durch Handaufheben aufgenommen.

11. Symposium: „Mennoniten und soziale Gerechtigkeit" ist ein vorgeschlagenes Thema. Es ist brisant, erhält aber von mehreren Beteiligten Zustimmung. Der Vorstand wird beauftragt, dies Thema für ein Symposium weiter zu definieren und zu entwik- keln.

12. Wahlen: Wir haben bislang keinen formellen Wahlmodus. Der Aufsichtsrat, der heute auch gewählt werden müsste, wird für ein weiteres Jahr bestätigt, damit die Perioden nicht gleichzeitig ablaufen. Christoph Dueck leitet daraufhin die Wahlen für den Vorstand. Heinz Dieter Giesbrecht, der bisherige Stellvertreter, scheidet aus. Gewählt werden: Burt Klassen (Stellvertreter), Uwe Friesen (Leiter), Gundolf Niebuhr (Schreiber), Jacob Har- der (Kassierer), Heinrich Ratzlaff (Beisitzender) für die kom- mende Periode von drei Jahren.

13. Feria de lenguas in Asunción: Uwe Friesen war vom Verein aus auf dieser Veranstaltung dabei, wo die Plattdeutsche Sprache vorgestellt wurde. Die Zeitschrift „Plautdietsch Frind" wird jetzt auch von ihm an die Buchhändel in den Kolonien verteilt. Eine Plattdeutsche Medienkonferenz in Neuland, soll im März statt- finden. Uwe Friesen wird daran teilnehmen.

14. Symposium in Münster: Hans Theodor Regier stellt dies kurz vor. Unter den Mennoniten in Deutschland interessiert man sich auch zunehmend für Familienforschung. Archäon ist eine Initia- tive, um Kirchenbücher zu digitalisieren und ins Netz zu stellen, womit dann geforscht werden kann. Im Jahr 2025 soll das 500. Jubiläum des Täufertums stattfinden. Astrid von Schlachta schickt Grüße an unseren Verein. Sie ist die neue Leiterin des Geschichtsvereins der Mennoniten in Deutschland. Die NS Ta- gung für September dieses Jahres war lange vorbereitet und   die

Themen werden vorgestellt. Leute von hier sind eingeladen, daran teilzunehmen.

Schluss: 17:55

Leiter: Uwe Friesen   Schreiber: Gundolf Niebuhr